戦略の教科書

HBR's 10 MUST READS ON STRATEGY

ハーバード・ビジネス・レビュー
戦略論文
ベスト10

ハーバード・ビジネス・レビュー編集部＝編
DIAMONDハーバード・ビジネス・レビュー編集部＝訳

ダイヤモンド社

HBR's 10 MUST READS ON STRATEGY
by Harvard Business Review

Published by arrangement with Harvard Business Review Press, Brighton, Massachusetts through Tuttle-Mori Agency, Inc., Tokyo

はじめに

経営戦略は会社の方向性を示す「羅針盤」であり、企業経営において欠かすことのできないものです。しかし、多くの企業では、戦略策定に時間をかけすぎて事業機会を失ったり、計画ができても実行までできなかったりします。そのため、経営者の多くが次のような課題に頭を抱えていることでしょう。「ライバル社との区別ができていない」「自社が何をして、何をしないのかが明確ではない」「将来に向けたビジョンがない」「競争の激しい低収益市場で、さらに価格を下げざるをえない争いになっている」「意思決定権が明確ではないため、部門の調整に時間がかかり、迅速に事業が遂行できていない」「戦略がわかりにくいために従業員に浸透していない」――。

米国の名門経営大学院、ハーバード・ビジネス・スクールの教育理念に基づいて、1922年、マネジメント誌*Harvard Business Review*（HBR：ハーバード・ビジネス・レビュー）が創刊されました。同編集部とダイヤモンド社が提携し、日本語版『DIAMONDハーバード・ビジネス・レビュー』（DHBR）を1976年に創刊しました。以来、DHBRは、「優れたリーダー人材に貢献する」という編集方針の下、学術誌や学会誌のような難解さを排し、「実学」に資する論文を提供しています。本誌は、ビジネスパーソンがマネジメント思想やスキルを学ぶツールとして使われたり、管理職研修や企業内大学、さらにビジネススクールで教材として利用されたりしています。

本書は、そのＨＢＲ誌の掲載論文から、同誌編集部が「戦略」の分野で厳選した10本を集めました。これらは、冒頭で挙げたような戦略策定における悩みの解消に役に立つものばかりです。ここで、各論文のポイントをご紹介しましょう。

第1章「戦略の本質」は、ハーバード・ビジネス・スクールのマイケル・ポーター教授の代表的な競争戦略論です。企業は、競争相手よりも高い価格または低いコストのいずれかを達成することによって、業界内で高収益を実現することを明らかにし、価格やコストの違いは「業務効果」と「戦略的ポジショニング」という2つの源泉から生じていることを示します。ただし、業務効果を高めるという、言わば「最高を目指す競争」よりも、ポジショニングによって「ユニークネスを目指す競争」のほうが持続可能性は高いと言い、その理由を明らかにします。

第2章「5つの競争要因」は、1979年にポーター教授が発表し、企業経営に大きな影響を与えた論文の全面改定版です。この論文は、「買い手の交渉力」「サプライヤーの交渉力」「新規参入者の脅威」「代替品・代替サービスの脅威」「企業間競争の激しさ」という、5つの要因があらゆる産業の長期的な収益性を決めるものだと看破します。業界構造を分析し、戦略を立案することの有効性を説きます。

第3章「ビジョナリー・カンパニーへの道」は、世界的にベストセラーとなったジェームズ・コリンズ著『ビジョナリー・カンパニー』のエッセンスが詰まった論考です。企業の長期的な成長の源泉はビジョンにあると説き、そのビジョンには「基本理念」と「目指すべき未来」の2つの柱が必要だと主張します。企業が何を守り、何のために存在しているのか。そのうえで現代において何を達成したいのか。あらためて考えさせられることでしょう。

第4章「ビジネスモデル・イノベーションの原則」は、ハーバード・ビジネス・スクールのクレイトン・M・クリステンセン教授と、その盟友マーク・W・ジョンソンに加え、SAPのヘニング・カガーマン元CEOという豪華な顔触れが執筆した論考です。顧客の片づけたい「ジョブ」が何かを明らかにしたうえで、その「顧客価値の提供」と「利益方程式」、「カギとなるプロセス」に「カギとなる経営資源」という4要素を満たせば、ビジネスモデルを進化させ、高業績に至ることができるでしょう。

第5章「ブルー・オーシャン戦略」は、INSEADのチャン・キム教授らが手掛けた著名な論考です。それまでの競争戦略論では、競争相手を出し抜き、既存市場でより大きなシェアを獲得することが主に語られていました。そのため、多くの企業は過当競争に陥り、「赤い海《レッド・オーシャン》」と化した市場で消耗戦を繰り広げてきました。しかしながら、キム教授らは、競争のない「青い海《ブルー・オーシャン》」を目指すことが高収益を生み出す秘訣だと明かします。

第6章「戦略実行力の本質」は、世界50カ国、1000を超える企業・団体に属する12万5000人のデータベースから、戦略を実行に移す力「戦略実行力」の本質に迫ります。戦略を策定できても、それがうまく実行されない場合に、企業は真っ先に組織構造を変えようと考えてしまいがちです。しかしながら、本稿では組織変更よりも「情報の流れを改善すること」や「意思決定の権限を具体化すること」の重要性を明らかにします。

第7章「ストラテジック・プリンシプル」では、現場や最前線にいるマネジャーが状況に応じて意思決定を迅速に下せる組織こそが理想的だと述べます。とはいえ、そうした組織を目指して権限委譲したとしても、一歩間違えれば、バラバラになって統率の取れない組織になってしまいます。本稿では、戦略のエッセンスを簡潔にわかりやすいフレーズで表現した「ストラテジック・プリンシプル」によってこうした問題を克服できるといいます。「市場で1位または2位を占める。さもなければ撤退する」という、かつてのゼネラル・エレクトリック（GE）のように、誰にでもわかる意思決定基準が求められているのです。

第8章「戦略と業績を乖離させない7つの法則」では、「多くの企業では膨大な時間と労力をかけてつくった戦略であっても、それに見合った実績を上げていないのではないか」という問いかけをします。実際、売上高5億ドル以上のグローバル企業197社を対象にした調査では、全体の37％がその戦略を達成できておらず、その後の業績低迷につながっていました。戦略から実績に至るまでに存在するギャップの原因を特定し、戦略を業績に結び付ける7つのルールを提示します。

第9章「バランス・スコアカードによる戦略的マネジメントの構築」は、ハーバード・ビジネス・スクールのロバート・キャプラン名誉教授が提唱した「バランス・スコアカード」に関連する論考です。財務指標を目標にしたマネジメントを行うと、往々にして長期的戦略・ビジョンとかけ離れてしまうことが起こります。その反省から、本稿では財務の視点だけでなく、顧客の視点、社内の業務プロセスの視点、学習と成長の視点を盛り込むことで、長期戦略と財務との間を、つまり「未来と現在」とをつなぐモデルを構築しました。

第10章「意思決定のRAPIDモデル」の問題意識は、意思決定の所在があやふやであると、企業の競争力の低下を招くということにあります。とりわけ、「グローバル対ローカル」「本社対事業部」「部門対部門」「社内対社外パートナー」において利害対立が起き、意思決定の過程でボトルネックが生じています。そこで、「RAPID」と筆者たちが述べるモデルから、その解消を目指します。ポイントは、誰が助言し、誰が決定権を持ち、誰が実行をするのか明確にすることです。

ポーター教授やキム教授の名著論文を筆頭に、これらの経営戦略の代表的論文としての価値は、いまなお色あせることはありません。その後のさまざまな研究に役立っていることからも明らかなように、課題の設定やその解決策に古くささを感じさせません。企業の抱える根本原因を見つけるための多くの示唆を与えてくれることでしょう（論文中の社名や肩書きなどは当時のまま収録しています）。

DIAMONDハーバード・ビジネス・レビュー編集部

『戦略の教科書』

目次

第6章 戦略実行力の本質──205

第7章 ストラテジック・プリンシプル──237

第1章

戦略の本質

ハーバード大学 ユニバーシティ・プロフェッサー
マイケル E. ポーター

"What Is Strategy?"
Harvard Business Review, November 1996.
邦訳「戦略の本質」
『DIAMONDハーバード・ビジネス・レビュー』2011年6月号

マイケル E. ポーター
(Michael E. Porter)
ハーバード・ビジネス・スクール教授。ハーバード大学のウィリアム・ローレンス司教記念講座ユニバーシティ・プロフェッサー（同大学の全学部で授業を行う資格を有する）。現代の企業戦略論の生みの親とされる。著書に『競争の戦略』『競争優位の戦略』『[新版] 競争戦略論 I・II』（以上、ダイヤモンド社）などがある。

戦略は業務改善ではない

マネジャーたちは、およそ20年の間、新しいゲームルールを学んできた。たとえば、競争や市場の変化に素早く対応できるよう臨機応変でなければならない。ベストプラクティスを実践すべくベンチマーキングを怠ってはならない。効率を高めるために積極的にアウトソーシングする。競争においてライバルの機先を制するためにコアコンピタンスを育成する――。

ポジショニングは、かつては戦略の要とされてきたが、市場しかり技術の変化しかり、現在のような変動の時代にあっては、机上のものにすぎないと一蹴される。新たな教えによれば、いかなる市場ポジションであろうと、すぐさまライバルに真似されてしまうため、競争優位も一時的にすぎないという。

このような考えは間違いとはいえないが、かと言って正しいわけでもなく、むしろ危険であり、多くの企業を共倒れの競争に向かわせている。

たしかに、規制緩和が進み、市場がグローバル化したことで、競争上の障壁は下がりつつある。また各社とも、よりスリムに、より俊敏になろうと、しかるべき努力を傾けているのも事実である。しかし、一部で「ハイパーコンペティション」(注1)と呼ばれるものは、みずから招いたものであり、競争にパラダイムシフトが起こったからではない。

問題の本質は、戦略と「業務効果」（operational effectiveness）を区別していないことにある。

生産性や品質、スピードを追求したことで、数多くのツールと経営手法が登場した。たとえば、TQM（総合的品質管理）、ベンチマーキング、タイムベース競争、アウトソーシング、パートナリング、リエンジニアリング、チェンジマネジメント（変革活動）などである。

これらのおかげで、しばしば大幅な業務改善が実現したが、こうして得られた成果も持続的な収益力には結実せず、多くの企業が落胆した。これらのマネジメントツールは、少しずつ、また知らずしらずのうちに、戦略に取って代わるようになった。そして、経営陣があらゆる分野を改善するように号令をかけたことで、競争力を発揮しうるポジションから遠ざかっていった。

業務効果は必要条件だが十分条件ではない

あらゆる企業において、優れた業績の達成こそ究極の目標であり、そのためには戦略と業務効果の両方が欠かせない。ただし、どのように作用するかはそれぞれ異なる。

差別化を図り、これを維持・継続した場合のみ、ライバルに勝る業績が実現する。そのためには、顧客にこれまで以上の価値を提供する、これまで通りの価値をより低コストで提供する、あるいはその両方によって提供する必要がある。その結果、提供する価値とコストの差し引きで、より高い売上げがもたらされる。すなわち、優れた価値を提供すれば平均単価を上げられる、また効率を高めれば平均単位コストを下げられる。

企業間でコストや価格に違いが生じるのは、つまるところ、客先に出向いたり、最終製品を組み立てたり、従業員を研修したりといった、製品やサービスの企画、生産、販売、配送に必要な活動ゆえである。

これらの活動には、言うまでもなくコストが伴う。そしてコスト優位は、ある種の活動を競合他社より効率的に行うことで実現される。同じく差別化は、どの活動を選択し、それらをどのように実行するかによって実現される。つまり、活動は競争優位の基本単位である。概して、優位性も劣位性も、その企業のあらゆる活動から生じるものであり、一部の活動からではない(注2)。

業務効果とは、類似の活動を競合他社より優れて実行することである。また、業務効果には、むろん業務効率が含まれるが、これだけではない。たとえば製品の欠陥を減らす、より優れた製品をより速く開発するなど、インプット（投入物）を有効活用する活動を意味する。対照的に、戦略ポジショニングは、競合他社とは「異なる」活動を行う、あるいは類似の活動を「異なる方法で」行うことである。

企業間における業務効果の違いは、広く散見される。インプットを他社よりも有効活用できる企業が存在するのは、たとえば無駄な作業をなくす、新しい技術を採用する、従業員を動機付ける、ある種の活動や一連の活動を管理するコツを心得ているといった理由からである。

企業間で収益性が異なるのは、このような業務効果の違いが大きい。なぜならこれが、相対的なコストポジションや差別化のレベルに直接影響を及ぼすからである。

1980年代、日本企業は欧米企業に挑戦したが、その核心こそ業務効果の違いであった。業務効果

図表1-1 業務効果と戦略ポジショニング

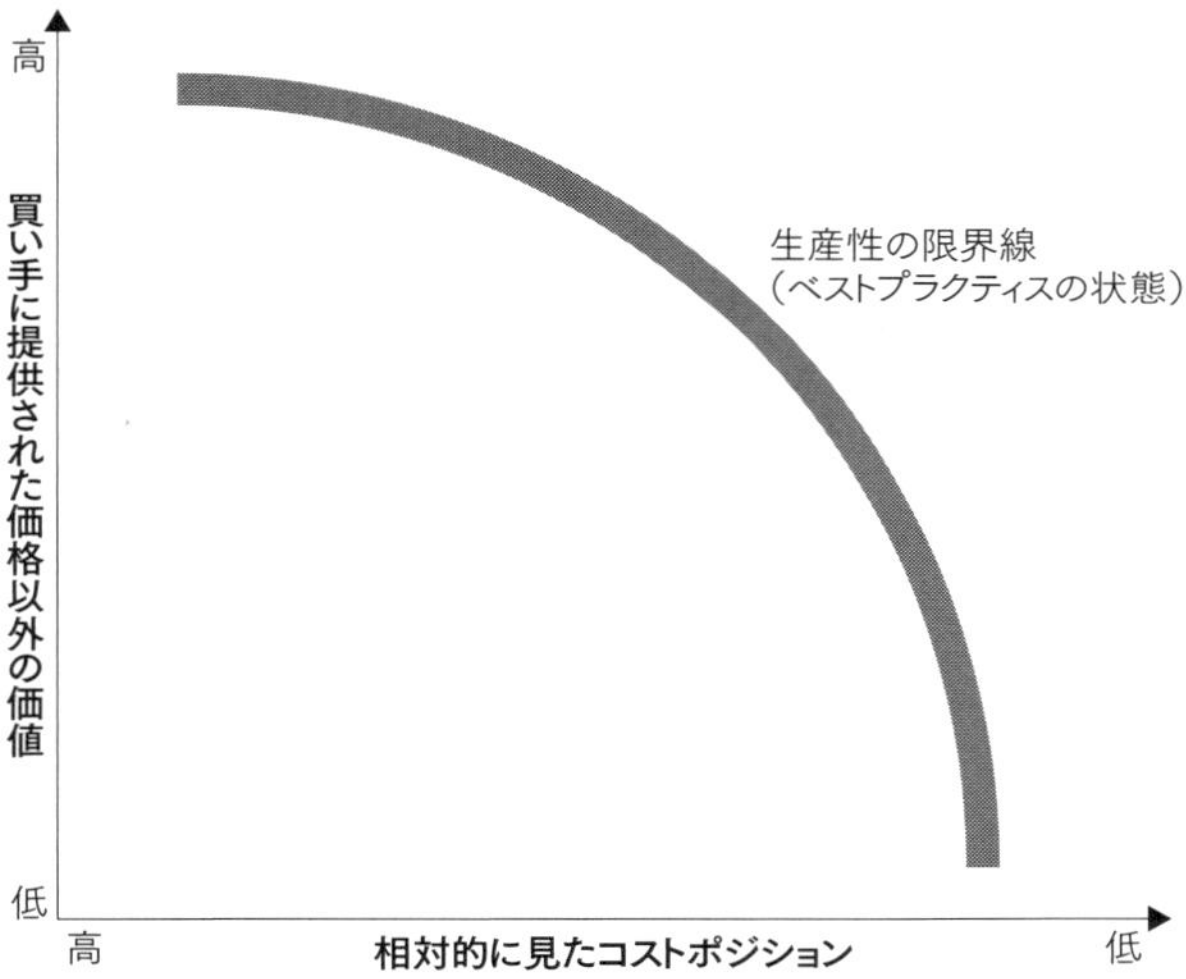

において、日本企業は欧米企業を大きくリードしており、低コストと高品質を同時に実現した。この点については、じっくり検討してみる価値がある。なぜなら、競争に関する近年の考え方は、ここを拠り所にしているからである。

ここで「生産性の限界線」(productivity frontier) について、ちょっと考えてみたい。これは、言わば「ある時点における既存のベストプラクティスすべての合計から成る曲線」である。言い換えると、「ある特定の製品やサービスを提供する企業が、一定のコストの下で利用しうる最高の技術、最高のスキル、最高の経営手法、最高の資材を使用することで生み出しうる最大価値」である（**図表1-1**「業務効果と戦略ポジショニング」を参照）。

生産性の限界線は、個々の活動はもちろん、たとえば受注処理や製造など、複数の活動が関連する活動グループ、企業の活動すべてにも適用できる。業務効果を向上させると、生産性の限界線に近づいていく。そのためには、たとえば設備投資、異質な人材、新たな経営手法などが必要かもしれない。

新しい技術やマネジメント手法が開発される、あるいは新たなインプットが利用できるようになると、生産性の限界線はだんだん外側へ移動していく。

ラップトップコンピュータや携帯通信端末、インターネット、ロータスノーツなどのソフトウェアのおかげで、営業業務における生産性の限界線は再定義され、営業活動と受注処理やアフターサービスなどの活動と連携できる可能性も、大きく高まった。同様に、リーン生産——一連の複数の活動から構成される——によって、製造の生産性と資産の活用度が劇的に向上した。

少なくともここ10年間、マネジャーの頭は業務効果の改善のことでいっぱいだった。ＴＱＭやタイムベース競争、ベンチマーキングなどに取り組み、活動のやり方を変え、それによって無駄を排除し、顧客満足度を高め、ベストプラクティスを実現しようとした。

生産性の限界線が外側に移動すれば、これに遅れまいとして、マネジャーたちは、継続的改善、エンパワーメント、チェンジマネジメント、学習する組織などを取り入れてきた。

また、アウトソーシングやバーチャルコーポレーションが人気なのは、「個々の活動すべてについて、それぞれを専業としている企業と同じくらい生産的に実施することなど不可能に近い」という考え方が広がっていることを示している。

生産性の限界線に近づくにつれて、多くの場合、さまざまな次元でパフォーマンスが同時に改善される。１９８０年代、製品ラインの切り替えという日本企業の手法を導入したメーカーは、低コストと差別化の両方を手にした。欠陥とコストは間違いなくトレードオフであると信じられていたが、業務効果の低さゆえの幻想であったことが判明した。そしてマネジャーたちは、このような偽りのトレードオフを認めなくなった。

高収益を実現するには、業務効果を継続的に向上させることが欠かせない。しかし通常、十分とはいえない。業務効果を基礎として長きにわたり競争を制してきた企業などほとんどないばかりか、ライバルの機先を制することも日に日に難しくなっている。その最大の理由は、ベストプラクティスはあっと言う間に広まることである。

競合他社は、経営手法や新技術、インプットの改善、顧客ニーズにより的確に応える方法など、どれもすぐさま模倣できる。最も一般的な解決策――これはさまざまな状況で利用できる――もあっと言う間に広まる。コンサルタントたちの後押しも手伝って、業務効果の改善手法はいっそう増殖していった。

業務効果をめぐる競争によって、生産性の限界線は外側に移動し、あらゆる企業が底上げされる。ただし、このような競争により、業務効果は間違いなく改善されるが、その代わりどこの企業も似たり寄ったりになる。市場規模50億ドル超といわれる米国印刷業界について考えてみたい。

この業界の主要企業といえば、RRドネリー・アンド・サンズ・カンパニー、ケベコア、ワールド・カラー・プレス、ビッグ・フラワー・プレス・ホールディングがあり、各社がっぷり四つに組んでおり、あらゆる種類の顧客に対応し、同じ印刷技術（グラビア印刷やオフセット印刷など）を提供し、同じ最新機器に大規模投資をし、印刷のスピードを上げ、そして従業員を削減している。

しかし、生産性の向上による成果は、優れた収益力に結実することなく、顧客や印刷機のサプライヤーなどに流れていった。業界リーダーのドネリー・アンド・サンズでさえ、その利益率は1980年代には7%以上だったが、1995年には4・6%以下に下降した。さまざまな業界で、このパターンが繰り返されている。新しい競争を編み出した日本企業ですら、利益率の低さに悩まされ続けている（**章末**「ほとんどの日本企業に戦略がない」を参照）。

業務効果の向上だけでは不十分である第2の理由は、競争の収れん（さまざまなやり方で競争していたが、次第に同質化していくこと）である。これは、静かに進行し、察知するのが難しい。

ベンチマーキングが流行れば、各社とも似通ってくる。効率的なサードパーティに一部の活動をアウトソーシングすれば──多くの場合、他社もアウトソーシングしている──これらの活動は同じようなものになっていく。

品質、サイクルタイム、サプライヤーとの関係などの改善について、競合同士が互いに模倣し合えば、戦略が収れんし、競争は勝者のいないレースとなり、どこの企業も同じ道をたどることになる。業務効果のみを基礎とした競争は、互いにダメージを被り、競争を制限しない限り、やがて消耗戦に発展する。

近年、買収による業界再編が盛んだが、業務効果をめぐる競争という文脈から考えると、腑に落ちる。業績アップへのプレッシャーを受けながらも、戦略的なビジョンがない企業は、他社を買収する以外、名案が浮かんでこない。自立自衛を続けている企業も、その多くが他社より長生きしたにすぎず、真の優位性を備えていたわけではない。

この10年で業務効果は飛躍的に向上したが、その後、多くの企業が利益減に直面している。継続的改善は、マネジャーたちの頭に刻み付けられている。しかし、そのツールのせいで、無意識のうちに横並びと同質化へ向かっていった。

そして業務効果は、次第に戦略の代わりになっていった。その結果が、ゼロサム競争であり、価格の据え置きや引き下げであり、コストへの圧力だった。また、このコスト圧力のせいで、長期投資を諦めることになった。

独自の活動なくして真の戦略はつくれない

競争戦略とは、他社と異なる存在になることである。あえて異なる活動を選択することで、価値を独自に組み合わせ、これを提供できる。

サウスウエスト航空は、中都市の空港と大都市の二次的空港という短距離の2点間を結ぶサービスを低コストで提供している。大空港を使わず、また長距離は飛ばない。同社の顧客には、ビジネス客、家族連れ、学生などがいる。サウスウエストの便の多さと価格の安さに、価格感度の高い旅客が集まってくる。彼ら彼女らは、サウスウエストがなければ、バスか自動車を利用するだろう。またサウスウエストは、他の路線ではフルサービスの航空会社を利用する、利便性を重視する旅客にも選ばれている。

サウスウエストの顧客に関する戦略ポジショニングについて、次のようにいわれる。「サウスウエストは、価格や利便性にうるさい旅客を対象としている」。しかし、戦略の本質は活動にある。すなわち、活動のやり方が競合他社と異なるか、活動そのものが異なる場合である。さもなくば、戦略は、競争の最中でかけ声倒れに終わるマーケティングスローガンと何ら変わらない。

フルサービスを提供する航空会社は、A地点からB地点まで、それがどこであろうと、乗客を運ぶようになっている。たくさんの目的地を用意しており、乗り継ぎ便を利用する旅客も対象としているため、主要空港を中心とした「ハブ・アンド・スポーク・システム」を採用している。快適な乗り心地にこだわる旅客には、ファーストクラスやビジネスクラスといったサービスを提供する。乗り継ぎが必要な乗客のために、運航スケジュールを調整し、手荷物を預かり、これを次の飛行機まで運ぶ。長時間乗り続ける乗客もいるため、食事も提供する。

対照的に、サウスウエストは、独特の路線で利便性の高いサービスを低価格で提供するために、あらゆる活動を特別仕立てにしている。

ゲートでのターンアラウンド時間（折り返し準備時間）はわずか15分で、これにより、サウスウエストの飛行時間は競合他社よりも長く、また飛行機の数が少なくてもたくさんの便を飛ばすことができる。サウスウエストは、機内食も出さなければ、座席指定もない。手荷物を乗り継ぎの飛行機に運ぶこともしなければ、ファーストクラスなどのサービスも提供しない。ゲートでの自動発券によって、顧客は旅行代理店を使わなくなり、サウスウエストも手数料を支払わなくて済む。機種をボーイング737に統一したことで、メンテナンスの効率も高まる。

サウスウエストは、独自にしつらえた活動システムに基づいて、破天荒で得がたい戦略ポジションを獲得している（**図表1－2**「サウスウエスト航空の活動システムマップ」を参照）。フルサービスの航空会社が、サウスウエストが運航している同じ路線で、同じように便利で安いサービスを提供するのは

図表**1-2**｜**サウスウエスト航空の活動システムマップ**

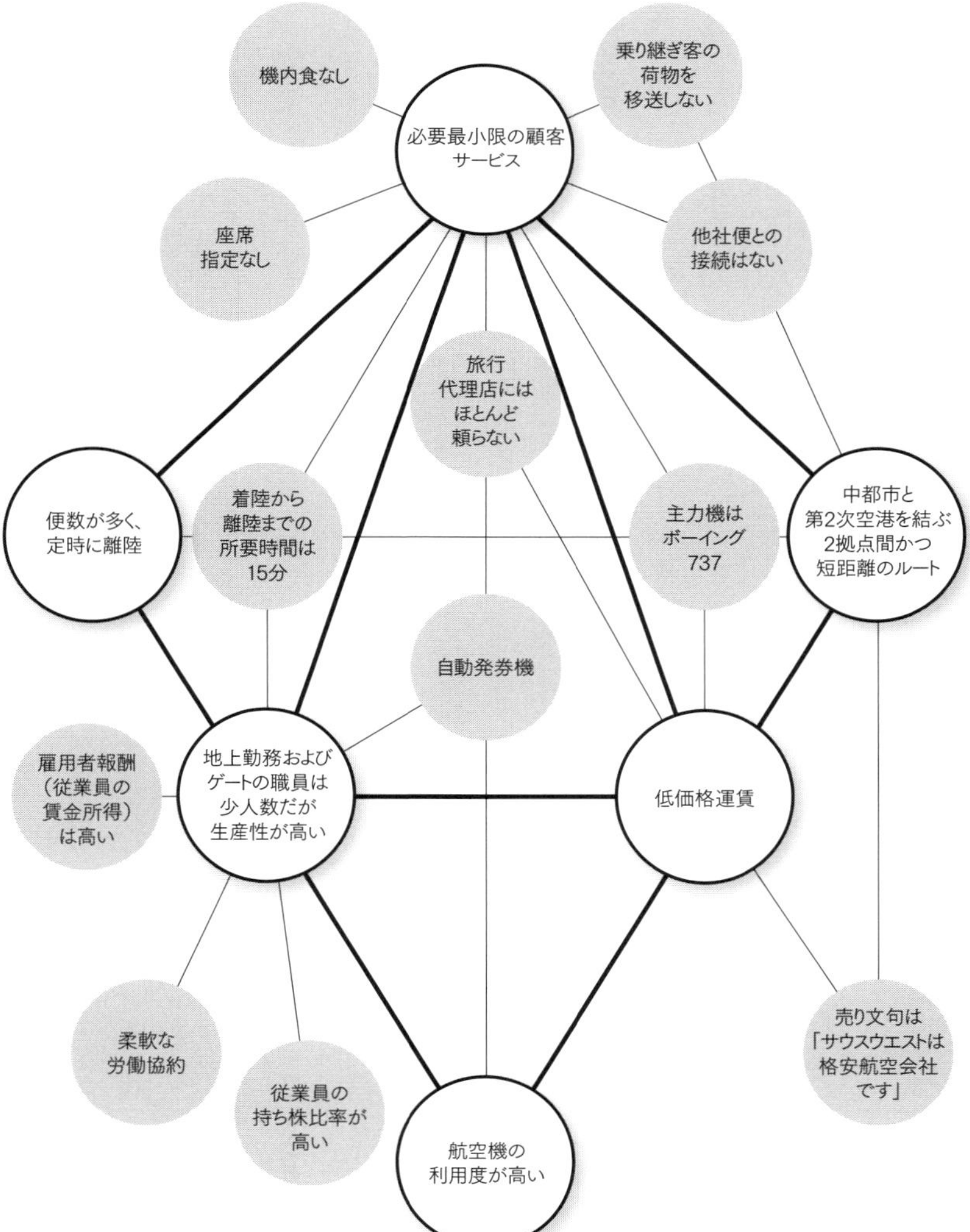

まず無理だろう。

イケアは1943年、スウェーデンのエルムフルト——本社はオランダにある——で創業された家具小売りで、現在はグローバルに事業を展開している。同社の戦略ポジショニングも明快である。

イケアが狙う顧客は、低価格でデザインのよい家具を求める若い世代である。このマーケティングコンセプトを戦略ポジショニングへ昇華させたのは、これを可能たらしめる型破りな活動である。サウスウエスト同様、イケアも競合他社とは異なる方法によって、これらの活動に取り組んできた（**図表1-3**「イケアの活動システムマップ」を参照）。

典型的な家具店を思い浮かべてほしい。ショールームには、製品の見本が展示されている。店内の一角には、25種類のソファが並んでいる。別の場所では、5種類のダイニングテーブルが置いてある。しかしこれらの製品は、顧客のために用意されたものの一部にすぎない。布地の見本帳や木材の板見本は数十種類あり、またデザインもあれこれ選べるため、顧客には何千という選択肢がある。

販売員は通常、顧客に店内を案内し、質問に答え、何を選べばよいのか迷っている顧客の手助けをする。顧客が選び終えると、その注文は外部のメーカーに伝えられる。注文した家具は、運がよければ、6〜8週間くらいで顧客の元に届くだろう。

このバリューチェーンは、オーダーメードとサービスに力点を置いたもので、コストは高くつく。

対照的にイケアは、価格とサービスのトレードオフ、すなわち価格が安ければサービスが悪くてもかまわない顧客を対象としている。

販売員が店内を案内する代わりに、イケアは、わかりやすい店内展示を用意し、セルフサービスを採

図表1-3｜イケアの活動システムマップ

企業は、戦略ポジションを実現するためにふさわしい活動を用意する。活動システムマップは、これら一連の活動において、戦略ポジションがどれくらい考慮されているかを示すものである。ここではイケアの例を挙げよう。

戦略ポジションがはっきりしている企業では、いくつかの「高次元の戦略テーマ」（太線の円で示す）が見つかると同時に、これらと密接に結び付いた一群の活動（その他の円で示す）によって実現されている。

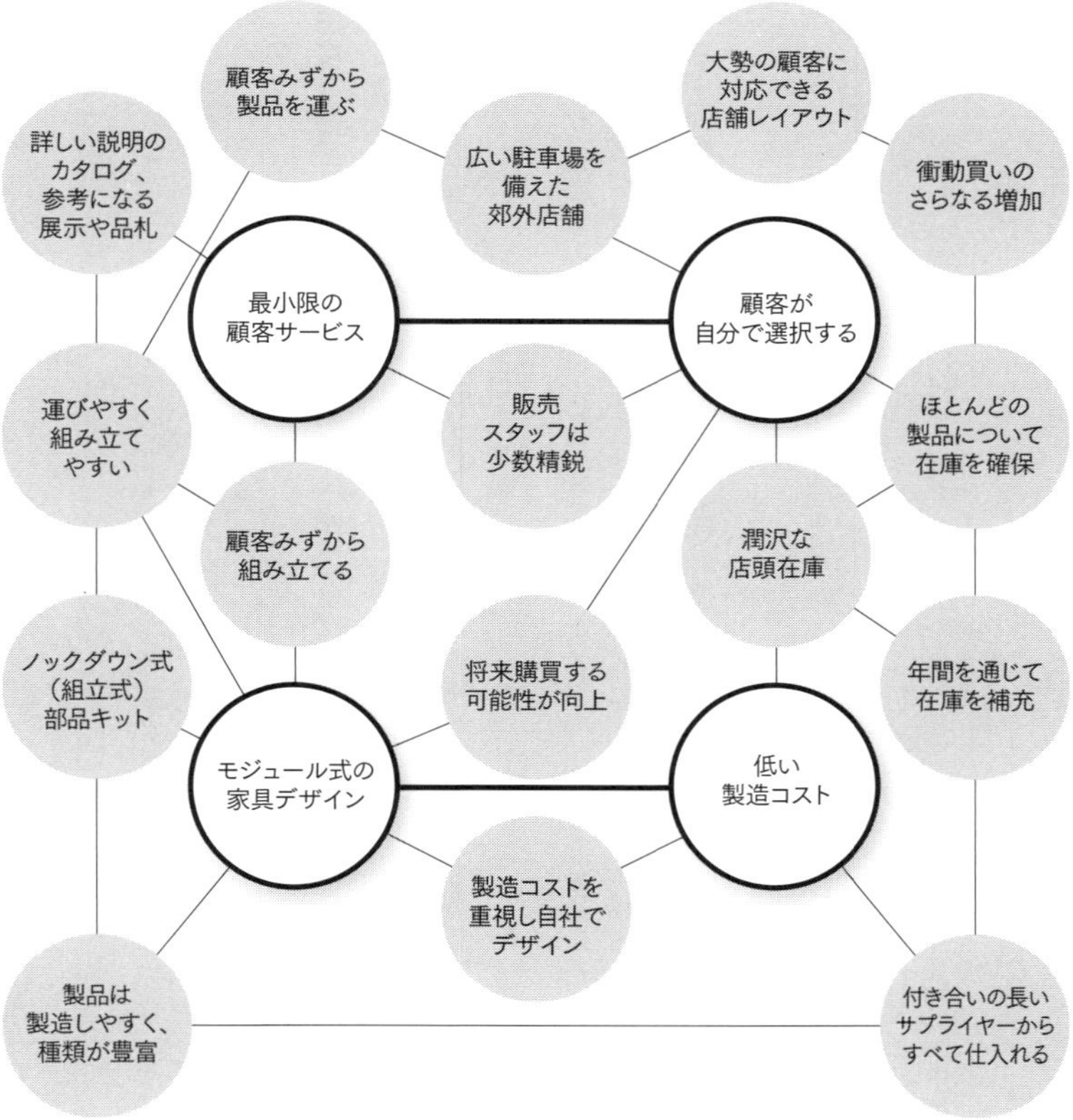

用した。外部のメーカーに頼るのではなく、同社の戦略ポジショニングにふさわしい、低価格でモジュール式の組立家具をみずからデザインした。

イケアは広大な店舗を使って、販売する家具のすべてを、まるで部屋に置かれているように展示する。したがって顧客は、どれとどれを一緒に置くかなどをイメージするために店員に頼る必要もない。

家具を展示しているショールームの隣には倉庫があり、箱詰めされた製品が積まれている。顧客はそこに行き、自分で製品を選んで運ぶことになっている。イケアでは、自動車用ルーフラックも販売しており、これは次に来店した時に返品できる。

この低価格のポジションは、顧客のセルフサービスに負うところが大きいが、その一方でイケアは、他社が提供しないサービスを提供している。その一つが店内の託児所で、遅くまで営業している。

これらのサービスは、同社の顧客固有のニーズに応えたものである。彼ら彼女はまだ若く、また裕福でもなく、しかも幼い子どもを抱えている可能性が高く(しかしベビーシッターを雇ってはいない)、生活のために働いているため、遅い時間に買い物をする必要がある。

3種類の戦略ポジショニング

戦略ポジションは、3種類に分けられる。これらは相互排他的ではなく、重なる場合が多い。

1 バラエティ・ベース・ポジショニング

これは、ある業界の製品やサービスの一部を提供することでポジショニングするものである。私はこう呼んでいる。なぜなら、顧客セグメントではなく、さまざまな種類の製品やサービスから選択し、それに基づいてポジショニングするからである。

バラエティ・ベース・ポジショニングは、さまざまな活動を通じて、業界内で最も優れた製品やサービスを提供できる場合、経済的に正当化しうる。

ジフィー・ルーブ・インターナショナルは、自動車用オイルに特化しており、修理やメンテナンスなどのサービスは提供していない（本稿執筆当時）。そのバリューチェーンは、さまざまなサービスを提供する修理工場よりも、スピードと低価格を可能にしている。多くの顧客がここに魅力を感じて、オイル交換はその専門家であるジフィ・ルーブのところに行き、ほかのサービスは他社に任せるといった具合に、（ワンストップサービスではなく）場合分けをして購買している。

投資信託業界のリーダー企業、バンガード・グループもバラエティ・ベース・ポジショニングの一例である（**図表1-4**「バンガードの活動システムマップ」を参照）。同社は、一般的な株式と債券、マネー・マーケット・ファンド（MMF：公社債を中心とした投資信託）など、運用成績が予測しやすく、かかる費用が最も少ないものを主に扱っている。

バンガードの投資方針は、相対的に高い運用益を毎年出すことであり、大儲けできる可能性があって

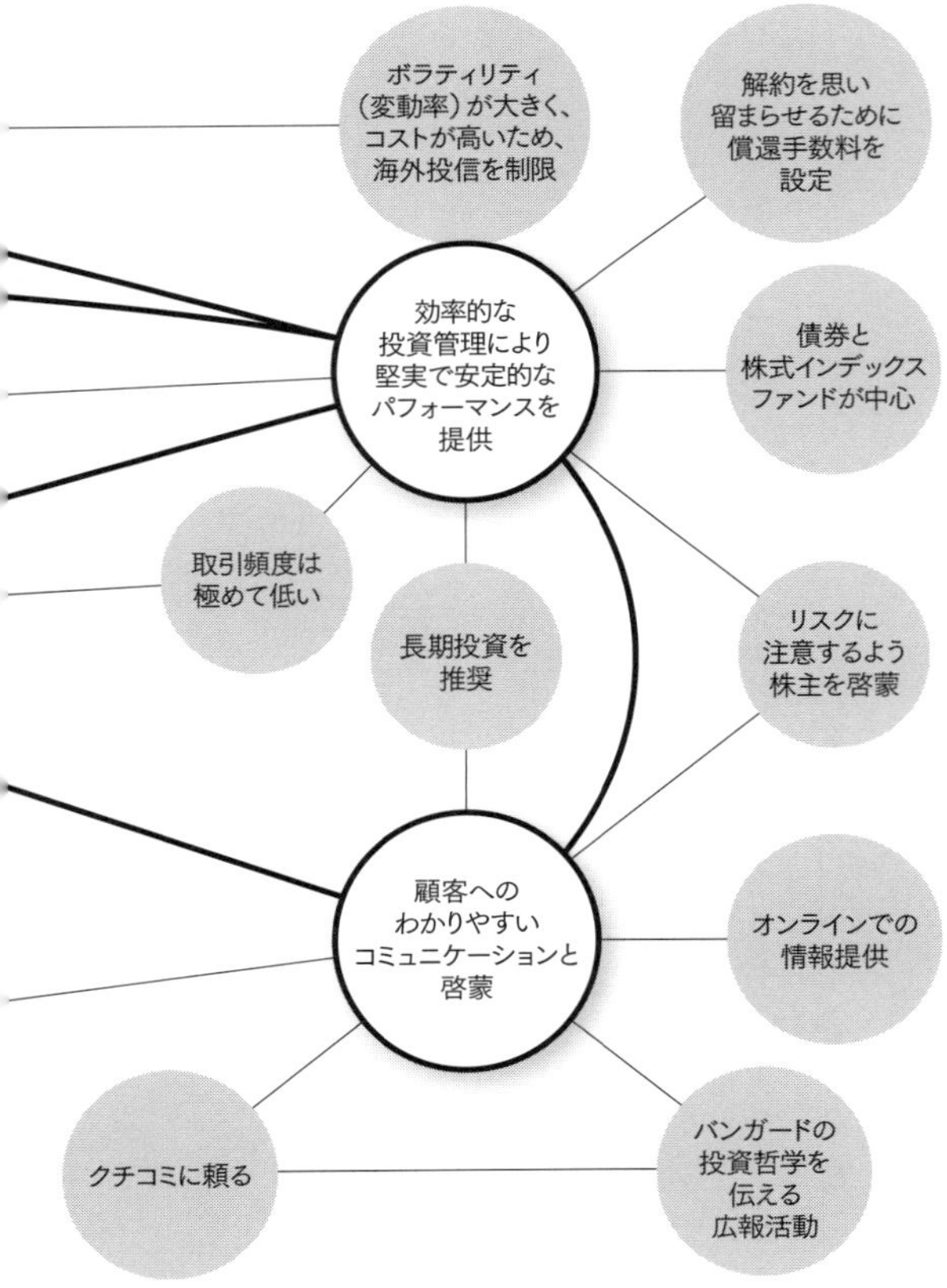
ボラティリティ（変動率）が大きく、コストが高いため、海外投信を制限
解約を思い留まらせるために償還手数料を設定
効率的な投資管理により堅実で安定的なパフォーマンスを提供
債券と株式インデックスファンドが中心
取引頻度は極めて低い
長期投資を推奨
リスクに注意するよう株主を啓蒙
顧客へのわかりやすいコミュニケーションと啓蒙
オンラインでの情報提供
クチコミに頼る
バンガードの投資哲学を伝える広報活動

図表**1-4** | **バンガードの活動システムマップ**

活動システムマップは、戦略との適合性を検証し、これを強化するうえで効果的といえる。そのプロセスを進めるには、以下のように自問する必要がある。

第1に、「各活動は、総合的に見たポジショニング、すなわち製品の幅、対応するニーズ、アクセスする顧客のタイプと齟齬を来していないか」である。あわせて、各活動の責任者に、「社内の他の活動によって、あなたの活動のパフォーマンスはどれくらい改善あるいは毀損されているか」を尋ねる。第2に、「それぞれの活動を相互に強化させる方法はあるか」を問う。そして最後の質問は「ある活動を変えると、他の活動をやる必要がなくなるか」である。

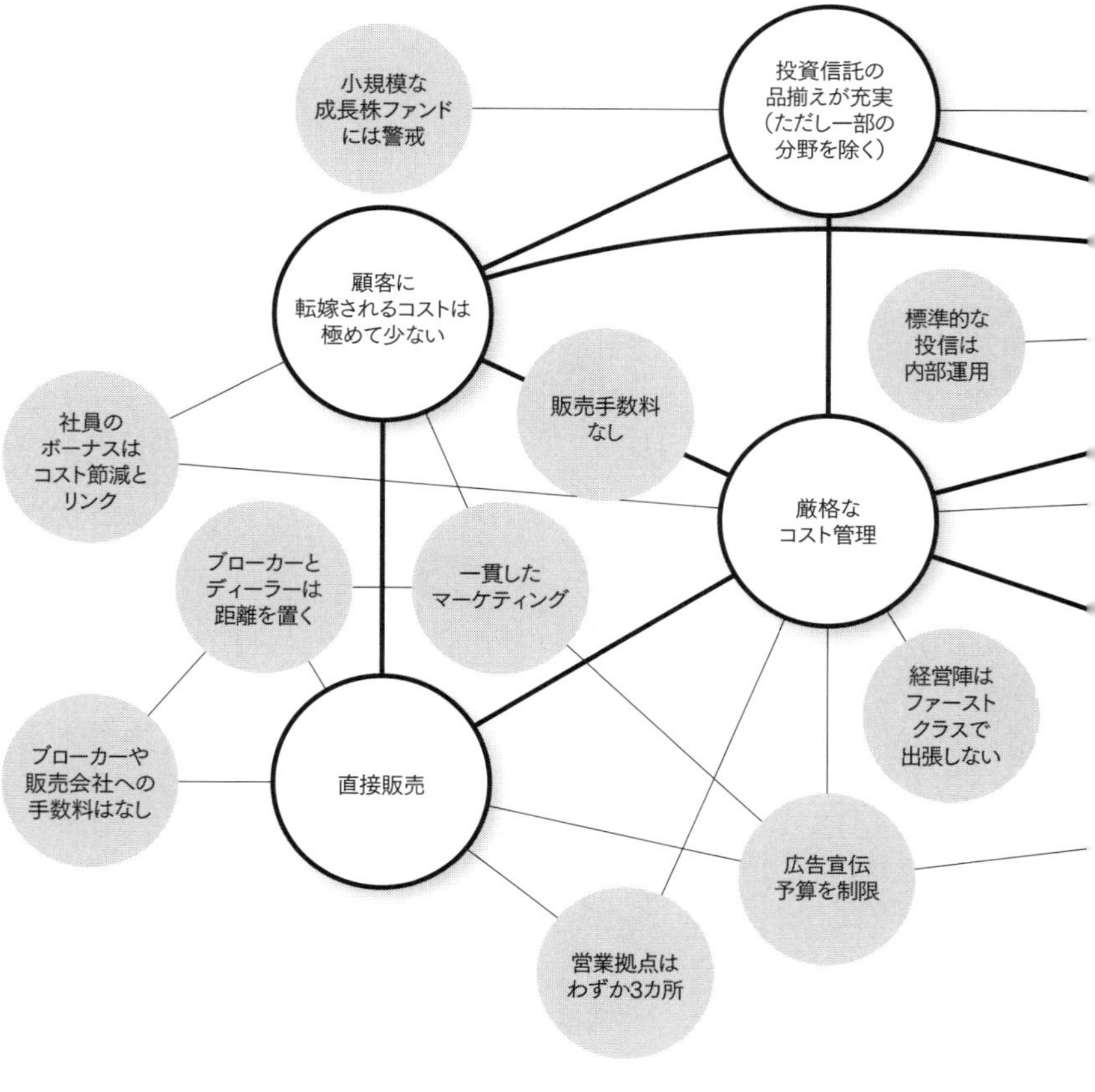

も、あえてこれに背を向ける。そのため、インデックスファンドで有名である。また、金利先物取引をしたり、利ざやの薄い株式を買ったりはしない。

同社のファンドマネジャーたちは、積極的に売買することはほとんどなく、それによってコストが抑えられる。加えて、短期売買を控えるよう、顧客に釘を刺す。取引頻度が増えれば費用もかさむし、ファンドマネジャーも新たに資金を用意したり買い戻し資金をさらに積み上げたりするために、売買を増やさざるをえなくなる。

バンガードは、販売チャネル、顧客サービス、マーケティングについても、低コストをモットーとしている。たいていの投資家が、そのポートフォリオにバンガードの投信を入れており、予想利回りの高いものや、ある分野に特化したものは他社から購入している。

ある種のサービスは、優れたバリューチェーンの賜物であり、バンガードやジフィ・ルーブのサービスを利用する人たちはこのバリューチェーンに魅力を感じている。バラエティ・ベース・ポジショニングは、さまざまな顧客に広く対応できるが、多くの場合、これらの顧客が抱えているニーズの一部だけに対応するものでもある。

2 ニーズ・ベース・ポジショニング

これは、ある顧客グループのニーズのほとんど、あるいはすべてに対応するもので、私はこう呼んでいる。あるセグメントの顧客をターゲティングするという伝統的な考え方に近い。

このポジショニングが必要になるのは、ニーズがさまざまに異なる顧客グループが存在する時で、これらのニーズに応えるにはそれにふさわしい活動を組み合わせるのが最善と考えられる時である。価格感度が比較的高い顧客グループの中でも、求める製品はそれぞれ異なれば、必要な情報量やサービス、サポートも異なる。イケアの顧客は、このような顧客グループの典型である。同社は、ターゲット顧客のインテリアに関するニーズの一部だけでなく、すべてに応えようとする。

同じ顧客でも、そのニーズが状況によって、あるいは取引の種類によって変わってくる場合、ニーズ・ベース・ポジショニングの変化形が必要になる。同じ人でも、出張の時と家族旅行の時ではニーズが異なるかもしれない。また、缶を購入する企業、たとえば飲料品メーカーなどは、いつもの業者から仕入れる場合と他の業者から仕入れる場合では、えてしてニーズが違うものである。

顧客ニーズの観点から自社事業について考える場合、ほとんどのマネジャーが直感的に想像するのではなかろうか。しかし、ニーズ・ベース・ポジショニングで重要な要素はけっして直感的なものではなく、しばしば見過ごされる。

ニーズが異なるからこそ、有益なポジショニングが見つかるが、そのニーズを満たすには各活動の組み合わせも異なっていなければならない。そうでなければ、あらゆるライバルが同じニーズに応え、ポジショニングに関する独自性も価値も存在しないことになる。

プライベートバンキング業界を見てみると、たとえばベッセマー・トラスト・カンパニーが対象としている顧客は、投資可能な資産が最低500万ドルで、所有資産を維持しつつ富を増やしたいと考えている人々である。

ベッセマーでは、ベテランのアカウントマネジャー（顧客担当者）１人が14の顧客を担当し、個別のサービスを提供できるよう、その活動を組み立ててきた。顧客とのミーティングは、オフィスではなく、たとえば顧客の牧場やヨットの上で行われることが多い。同社はまた、さまざまなサービスをカスタマイズして提供している。投資はもとより、動産や不動産、石油やガスへの投資、競走馬や航空機なども管理する。

プライベートバンキングでは、主要製品はローンであることが多いが、ベッセマーの顧客がローンを必要とすることはめったになく、取引残高や売上げの中のごく一部を占める程度である。

ベッセマーでは、アカウントマネジャーに高額な報酬を支払い、営業コストに占める人件費の割合も非常に高い。しかし、対象顧客を棲み分けたことで、そのＲＯＥ（自己資本利益率）は、プライベートバンキング業界の中で最高といわれる。

一方、シティバンクのプライベートバンキング部門は、25万ドル以上の資産を有する顧客を対象としている。ベッセマーの顧客とは対照的に、彼ら彼女らは、住宅ローンから資金調達まで、ローンの利便性を重視する。

同行のアカウントマネジャーは、つまるところ融資担当である。顧客がローン以外のサービスを必要とすれば、これらアカウントマネジャーは、シティバンクの専門家と引き合わせ、あらかじめパッケージ化された商品を提供する。

シティバンクの活動システムは、ベッセマーほどの特別仕様ではなく、アカウントマネジャー１人で１２５人の顧客を担当できる。顧客とのミーティングは、オフィスで半年に1回、しかも大口顧客のみを対象としている。

ベッセマーとシティバンクはそれぞれ、プライベートバンキング業界の異なる顧客グループのニーズに応じて、各活動を調整してきた。どちらのバリューチェーンも、確実に利益を上げつつ、これら2つの顧客グループのニーズを同時に満たすことはできない。

3 アクセス・ベース・ポジショニング

このポジショニングの基盤となるのは、アクセスの方法の違いによって顧客をセグメンテーションすることである。ニーズは他の顧客と同じでも、どのように各活動を組み合わせれば、顧客をアプローチできるか、その方法が異なる場合がある。

なおアクセスの方法は、顧客の所在地や規模、また顧客に最も効果的にアプローチするために通常とは異なる活動システムを必要とする「何か」によって決まる。

先の2つのポジショニングに比べて、アクセス・ベース・セグメンテーションは一般的でないばかりか、あまり理解もされていない。

カーマイク・シネマズは、人口20万人以下の都市や街だけで映画館を運営している。大都市と同じ入場料は取れない小規模市場で、カーマイクはどのように稼いでいるのだろうか。その秘密は、無駄という無駄を排除した、各活動の原価構造にある。

小都市の住人であるカーマイクの顧客たちは、標準化された低コストのシネマコンプレックス（同じ施設内に複数のスクリーンがある映画館）、つまり大都市の映画館に比べて、スクリーンの数が少なく、上映技術がそれほど優れていなくても気にしない。同社独自の情報システムとマネジメントプロセスを導入したことで、運営スタッフの必要性をなくし、支配人が1人いれば事足りるようになった。

またカーマイクは、集中購買、（その地の利による）低い家賃と人件費、2％という本社間接費（業界平均では5％）のおかげで、他社よりも優位にある。また、狭い地域社会で商売していることで、非凡な個人技といえるマーケティングが可能になる。支配人は常連客と顔馴染みで、映画館に来てくれるよう個人的に頼むことができる。地元唯一でなくとも、地元一の映画館――地元の高校のアメフト部と競合することが多い――になることで、カーマイクは、上映したい映画を確保できると同時に、配給でも好条件を引き出せる。

地方の顧客と都市部の顧客における違いは、活動が異なるアクセスの一例といえる。そのほか、多数の顧客ではなく少数の顧客を、あるいは人口密度の低い地域ではなく高い地域の顧客を対象とした場合、これら2つのグループが同じニーズを持っていても、マーケティング、受注処理、ロジスティックス、販売後のアフターサービスなどを最も効果的に組み合わせる方法も違ってくるだろう。

ポジショニングは、ニッチ市場をあぶり出すことだけではない。何を起点にするかによって、ポジショニングは広くもなれば、狭くもなる。

イケアのように焦点を絞った企業は、一部の顧客の特殊なニーズに狙いを定め、それにふさわしい形に各活動を設計する。このように焦点を絞った企業は、ライバルが対象をより広くし、過剰なサービス（したがって高価格）を受けている顧客グループ、あるいはおざなりな扱い（したがって低価格）を受けている顧客グループを成長源としている。

たとえばバンガードやデルタ航空など、対象が広い企業は、さまざまな顧客にサービスを提供し、共通のニーズに応えられるように各活動を設計している。これらの企業は、特殊な顧客グループの特殊なニーズについては、部分的に対応するか、無視する。

バラエティ・ベースであろうと、ニーズ・ベースであろうと、アクセス・ベースであろうと、またこれらの組み合わせであろうと、ポジショニングには、それぞれにふさわしい活動の組み合わせを整えることが不可欠である。なぜなら、ポジショニングは「供給側《サプライサイド》」の差異の関数、すなわち活動の違いによって決まる結果であるからだ。

しかし必ずしも、「需要側《デマンドサイド》」の差異の関数、つまり顧客の違いで決まるとは限らない。特にバラエティ・ベース・ポジショニングとアクセス・ベース・ポジショニングは、顧客の違いにはいっさい影響されない。

ただし実際には、製品やサービスの種類やアクセスの方法が異なると、顧客ニーズの違いが生じる。たとえば、カーマイクの顧客たちは小都市の住人であり、その嗜好、すなわち彼ら彼女らのニーズゆえに、もっぱらコメディやウェスタン、アクション映画、ファミリー映画が上映される。カーマイクは、NC－17（No One 17 and Under Admitted: 17歳以下は入場禁止）指定の映画はけっして上映しない。

ポジショニングを定義することで、本題である「戦略とは何か」の答えについて議論できる。

戦略は、独自性と価値の高いポジションを創造することであり、ポジションには活動の違いが伴う。唯一にして理想のポジションなるものがあるならば、戦略は無用である。企業に求められることは至極明快である。ポジションを発見し、これを最初に手に入れることである。

戦略ポジショニングの本質は、競合他社とは異なる活動を選択することである。ある活動群と同じ活動群を行うことが、あらゆる種類（バラエティ）の製品やサービスを生み出し、あらゆるニーズを満たし、あらゆる顧客にアクセスする最善の方法であるとすれば、他社はすぐさまこれを踏襲すればよく、また業務効果によって業績は決まることだろう。

戦略ポジションにはトレードオフが不可欠

しかし、独自のポジションを選択するだけでは、持続的優位は保証されない。高い価値が得られるポジションならば、ライバルが真似しようとすることだろう。その方法は、次の2つのうちのどちらかである。

第1の方法は、みずからを好業績企業と重ね合わせるように、ポジショニングし直す（リポジショニング）ことである。たとえば、百貨店のＪＣペニー・カンパニーはかつて、シアーズ・ローバック（現シアーズ）とそっくりだったが、リポジショニングによって高所得者向けに最新流行の非耐久消費財を販売するようになった。

第2の方法で、よく見られる模倣の種類は、両天秤をかける（ストラドリング）ことである。このような企業は、既存のポジションを維持しながら、うまくいっているポジションのいいとこ取りをする。

こうして、従来からの各活動に新しい特徴やサービス、技術を追加する。

どのような市場ポジションであろうと、ライバルはこれを模倣できるとする説がある。航空業界は、これを検証する格好の事例といえる。どの企業も、他の航空会社の活動をほとんど模倣できるように見える。実際、同じ飛行機を購入したり、ゲートを借りたり、他社の機内食や発券手続き、手荷物サービスなどを真似したりできる。

コンチネンタル航空は、サウスウエストがうまくやっている様子を見て、両天秤をかけることにした。フルサービスを提供する航空会社としてのポジションを維持しながら、サウスウエストに倣って、2点間ルートを多数用意した。同社はこのサービスをコンチネンタル・ライト（1993年に設立されたが、95年に閉鎖）と名づけた。機内食もファーストクラスもないが、とにかく便数を増やし、運賃を下げ、ゲートでのターンアラウンド時間を短縮した。

コンチネンタルは、これ以外のルートではフルサービスを続けたため、引き続き旅行代理店やさまざまな機種を利用し、荷物の預かりや座席指定などのサービスを提供した。

しかし、戦略ポジションは、他のポジションとの間にトレードオフが存在しなければ持続しない。ある活動とある活動が相容れない時、トレードオフが生じる。

トレードオフとは、手っ取り早く言えば、あるものを増やすと、必ず別のものが減ることである。航空会社の場合、機内食を出すかどうかの選択がある。出すならば、コストが上がり、ゲートでのターンアラウンド時間も長くなる。一方、出さないという選択も可能である。しかし、両方いっぺんにはできない。もしもそうすれば、とんでもない非効率が生じる。

トレードオフのために選択する必要が生じるが、トレードオフのおかげでリポジショニングする企業や両天秤にかける企業から我が身を守ることができる。石鹸のニュートロジーナ（1994年にジョンソン・エンド・ジョンソンが買収）について考えてみよう。

ニュートロジーナは、バラエティ・ベース・ポジショニングを取っており、「肌にやさしい」、pH《ペーハー》バランスを考えた低刺激石鹸を基本としている。同社は、皮膚科医を回る大規模な営業部門を擁しており、そのマーケティング戦略は石鹸メーカーというより製薬会社のそれに近い。医学専門誌に広告を出し、医師にダイレクトメールを送り、医学関連のカンファレンスに参加し、スキンケア・インスティテュートという研究所を抱え、ここでR&Dに取り組む。

このポジショニングを強化するために、ニュートロジーナは当初、流通経路は薬局に限定し、価格競争を回避した。また、くずれやすい石鹸用の型打ち（型に押し付けて成形すること）のために、製造プロセスに時間と資金を傾けた。

このポジションを選択するに当たり、ニュートロジーナは、たいていの消費者が石鹸に求める、体臭を防止・除去するデオドラントや皮膚軟化剤などを使わなかった。スーパーマーケットで販売したり値下げなどのプロモーションを展開したりすれば大量販売も可能だったが、あえて背を向けた。理想の石鹸をつくるために、生産効率の犠牲も辞さなかった。

そもそものポジショニングにおいて、ニュートロジーナは、このようなトレードオフを築き上げ、またこのトレードオフのおかげで、同社は模倣者から守られたといえる。

トレードオフが生まれる3つの理由

❶イメージや評判の一貫性

トレードオフが生じる理由は3つある。第1の理由は、イメージや評判の一貫性が損なわれた場合である。ある価値を提供することで知られている企業が、別の種類の価値を提供すれば、あるいは相容れないものを並行して売ろうとすれば、信用を失い、顧客を混乱させ、かつての評判までも傷つけてしまうだろう。

たとえば、石鹸のアイボリーのポジションは、ふだん使う廉価な石鹸の定番であり、ニュートロジーナの高級かつ医学的な評価の高いイメージに一からつくり直すのは至難の業であろう。市場規模の大きい業界の場合、イメージを刷新するには、一般的に数千万ドル、時には数億ドルかかり、これが模倣への一大障壁になっている。

❷活動の一貫性

第2の理由はさらに重要なもので、トレードオフが活動そのものから生じる場合である。

他社とは異なるポジション（これにふさわしい活動に調整することを伴う）を選択すれば、製品の仕様、設備、従業員の行動、スキル、マネジメントシステムも変わってくる。

トレードオフは、ある意味、機械や人間、システムの柔軟性の欠如を物語っていることが多い。イケアがコストを下げるために各活動を調整し、組み立てや配送を顧客の手に委ねれば、より高いレベルのサービスを求める顧客の満足度は低くなるだろう。

トレードオフは、もっと身近なものかもしれない。一般的に、ある活動が過剰あるいは不足していると、価値が破壊される。

たとえば、ある営業担当者が、ある顧客には高いレベルのサポートを提供していたが、別の顧客には何もできなかったとする。すると、この営業担当者の能力は（そして、彼もしくは彼女のコストの一部分も）、この2番目の顧客においては無意味なものだったといえる。

しかし、活動の種類を限定すれば、生産性を向上できる可能性がある。高次元のサポートを常に提供することで、この営業担当者の学習効率が高まり、営業活動の範囲が広がる。

❸調整と統制の限界

第3に、社内の調整と統制が限界に達すると、トレードオフが生じる。競争の方法が2通りあり、どちらかを選択した場合、シニアマネジャーは組織上の優先順位を明らかにしたといえる。対照的に、あらゆる顧客にあらゆることを提供しようとする企業では、社員たちは具体的なフレームワークがないまま日々の業務上の判断を下すことになるため、社内のあちこちで混乱が生じかねない。

ポジショニングのトレードオフは、競争には付き物であり、そして戦略の本質である。トレードオフゆえに選択の必要性が生じ、自社が提供するものをあえて制限する。また、リポジショニングや両天秤にブレーキをかける。なぜなら、これらのアプローチは、自社の戦略を蝕み、既存の活動の価値を下げるからである。

トレードオフのために、コンチネンタル・ライトは結局離陸できなかった。数億ドルを失い、CEOは解任された。飛行機の出発が遅れ、そのせいでハブ空港は混雑し、しかも乗り継ぎ客が荷物を運び出すため、ゲートでのターンアラウンドもたついた。便の遅延や運休により、1日に1000件もの苦情が寄せられた。

コンチネンタル・ライトには価格競争するだけの余力はなく、加えて旅行代理店に標準的な手数料を支払うこともままならなかった。とはいえ、親会社のコンチネンタルは、代理店なしではフルサービス事業を続けられない。そこで、すべての便の手数料を一律に引き下げた。

これと同じく、運賃がはるかに安いコンチネンタル・ライトの旅客に同じマイレージサービスを提供する余裕もなかった。やむなくもう一度マイレージサービス全体でマイル基準を一律引き下げた。その結果招かれたのが、旅行代理店とフルサービスの顧客の怒りであった。

コンチネンタルは、同時に2つの方法で競争しようとした。一部のルートでは低コストを、それ以外のルートではフルサービスを試み、この両天秤のツケは高くついた。

これら2つのポジションの間にトレードオフがなければ、コンチネンタルは成功していたかもしれない。とはいえ、トレードオフが存在しないということは、一面では危険であり、たらればの話は頭の中から消し去るべきである。

質というものは無料では得られない。サウスウエストの利便性という、ある種の質の高さは、たまたま低コストで成り立っている。なぜなら、あれほど便の数を増やせるのは、短時間のターンアラウンドや自動発券など、さまざま作業を低コストで行っているからである。しかし、航空会社の質に関する別の側面、たとえば座席指定、機内食、手荷物の移送などは、その提供にコストがかかる。

一般的に、コストと品質という偽りのトレードオフが生じるのは、主に重複や無駄があったり、統制がおざなりだったり、正確さに欠けていたり、調整が不十分だったりする時である。

コストと差別化を同時に改善できるのは、その企業が生産性の限界線から大きく後れを取っている時か、限界線が外側に移動している時だけである。また限界線上にある時、言い換えれば、その企業がベストプラクティスを実現している時には、コストと差別化がまさしくトレードオフになる（**章末**「基本戦略を再考する」を参照）。

本田技研工業（ホンダ）とトヨタ自動車はここ10年ほど、生産性で優位に立っていたが、その後限界線に達した。

1995年、高くなった自動車価格に異議を唱える顧客が増えてきたことで、ホンダは、いくつかの特長を削ぎ落とすことが低価格車をつくる唯一の方法であると思い至った。米国では、顧客に気づかれないことを祈りつつ、シビックの後輪のディスクブレーキを低コストのドラムブレーキに変更し、また後部座席の布地を安いものに変えた。

トヨタは、日本で一番売れているカローラのバージョンを、バンパーを塗装せず、より低コストの座席を使って発売した。トヨタの場合、顧客はそっぽを向き、このニューモデルは早々に引っ込められた。

ここ10年間、業務効果を大幅に向上させる中で、マネジャーたちは「トレードオフは解消することが望ましい」という考え方を身につけてきた。しかし、トレードオフがなければ、持続的優位は獲得できない。また、その場に留まるにはますます速く走り続けなければならない。

「戦略とは何か」という問いに立ち返るに当たって、トレードオフを理解することで、我々はその答えに新たな側面を見出した。戦略とは、競争においてトレードオフをつくることなのである。

戦略の本質とは、「何をやらないか」を選択することである。トレードオフがなければ、選択する必要はなく、したがって戦略も無用である。優れたアイデアは、どのようなものであれ、すぐさま模倣できるだろうし、またされるだろう。この場合もやはり、繰り返すが、業績は業務効果に左右されることになる。

「適合性《フィット》」によって競争優位と持続可能性が強化される

どのポジショニングを選択するかによって、どのような活動を行うのか、各活動をどのように組み合わせるのか、またどのように関連させるのかが決まる。業務効果とは、個々の活動や機能を優れて実施することにまつわるものだが、戦略とは、さまざまな活動を結び付けることに関するものである。

サウスウエストは、ゲートでのターンアラウンド時間を短縮したことで、便の数を増やし、1機当たりの活用度を高めた。これは、高い利便性と低コストというポジショニングに不可欠である。それにしても、サウスウエストはどのようにやっているのだろうか。

ゲートや地上業務を担当する職員たちに高給を支払っていることも、その答えの一部といえる。そして、ターンアラウンド作業において彼ら彼女らの生産性が高いのは、労働協約が柔軟な内容であることも大いに関係している。

とはいえ、何より重要な部分は、サウスウエストはどのように他の活動を行っているのかにある。同社では、他社のターンアラウンド時間を長引かせている活動、すなわち、機内食、座席指定、乗り継ぎ客の手荷物の移送をしない。また、遅延の原因となる混雑を避けるため、利用空港やルートを選んでいる。ルートとその距離を厳しく制限することで、一機種――すべてボーイング737である――に統一することができた。

サウスウエストのコアコンピタンスは何だろうか。また、ＫＳＦ（主要成功要因）は何だろうか。正解は「すべて」である。サウスウエストの戦略は、各活動を一つのシステムにまとめ、その全体を包含したものであり、単なる部分の寄せ集めではない。同社の競争優位の源は、どのように各活動を適合させ、どのように強化させるのか、その方法にある。

この「適合性《フィット》」によって、各活動が最強度でつながった強力なバリューチェーンが生まれ、これが模倣者への障壁となる。

サウスウエストでも、優れた戦略を有する企業と同じく、各活動が相互に補完し、真の経済価値を創出している。たとえば、ある活動のコストを下げられるのは、他の活動がそのように作用するからである。同様に、ある活動によって顧客にもたらされる価値が高まるのも、他の活動がその活動を強化しているからである。このように戦略上の適合性から、競争優位と非凡な収益性が生み出される。

適合性の3種類

職能間の方針が適合していることの重要性は、戦略において古くから考えられてきたことの一つである。しかし経営課題においては、次第にほかのものに取って代わられてきた（**章末**「戦略に関する2つの見解」を参照）。

そして、企業を全体として見るよりも、マネジャーは、コアコンピタンス、最重要資源《クリティカル・リソース》、KSFなどに注目するようになった。

しかし実際には、適合性は、多くが認識している以上に、競争優位の核を成す構成要素なのである。適合性が重要なのは、個々の活動が相互に影響することが多いからである。たとえば、その企業の製品が優れた技術を備えており、マーケティングにおいて顧客をしっかりサポートすることが強調されている場合、営業部門が有能であれば、優位性はいっそう高まるであろう。

多品種少量生産ができる生産ラインの価値がより高まるのは、完成品在庫を最小化できる在庫システムと受注処理システムが組み合わさった時、また営業プロセスが特注生産について説明し、その受注を増やすように設計されている時、あるいは製品の種類が豊富で顧客の特殊ニーズにも対応可能であることを宣伝できる時である。

このような補完性は、戦略におおむね共通するものである。活動間の適合性には、多くの企業に適用できる基本的なものもあるが、どのような適合性が最も価値が高いかは、戦略によって変わる。それは、

適合性がポジションの独自性を高め、トレードオフを増幅させるからである。(注3)

適合性には3種類ある。なお、これら3つは重なり合う部分がある。

❶戦略と活動のシンプルな一貫性

第1の適合性は、ある活動（あるいは機能）と戦略全体の間における「単純明快な一貫性」（simple consistency）である。

たとえばバンガードでは、あらゆる活動を低コスト戦略に連動させている（図表1－4「バンガードの活動システムマップ」を再度参照）。ポートフォリオの入れ替えを最小限に留めているため、高給のファンドマネジャーは必要ない。みずから組成した投信をみずから直販しているため、仲介業者に手数料を支払わなくて済む。広告も極力控え、PRとクチコミに頼っている。なお、コストの節約度が従業員のボーナスに反映される。

一貫性があるからこそ、活動の競争優位は積み上がり、陳腐化したり相殺されたりすることもない。また一貫性ゆえに、顧客、従業員、株主たちに、戦略をわかりやすく伝えられる。そして一貫性のおかげで、社内が一丸となり、戦略を実行しやすい。

❷活動の相互補完性

第2の適合性は、「各活動が相互に補強する」（activities are reinforcing）場合に起こる。

ニュートロジーナは、宿泊客のために皮膚科医推薦の石鹸を使いたいと考えている高級ホテルに売り込む。ホテル側は、他社の石鹸にはホテル名を入れるように求めるが、ニュートロジーナにはそのパッケージの使用を特別に認めている。

高級ホテルに宿泊してニュートロジーナの石鹸を使えば、後日それを薬局で買い求めたり、医師にその石鹸について尋ねたりする可能性が高まる。

こうして、対医療機関と対ホテルへのマーケティングは互いに補強し、マーケティングコストも全体として低下する。

別の例として、文具のビックを紹介しよう。同社は、よくある廉価なペンを、種類を限定して販売している。ほぼすべての主要顧客——小売店向け、業務用、販促ノベルティ用、景品用——に向けて、ほぼすべての流通チャネルを利用している。

競合他社も、バラエティ・ベース・ポジショニングの下、広範な顧客層を相手にしているが、ビックも同じく、多くに共通するニーズ（安物だが、ペンとして最低限の条件を満たしている）を強調し、広範囲を網羅するマーケティング手法（大規模な営業部門と大量のテレビCM）を用いる。

ビックでは、たとえば、製品では製造しやすいデザインを追求し、工場ではコスト削減を徹底し、購買では原材料費を最小限に抑え、部品が高くつく時は必ず内製化するなど、ほぼすべての活動にわたって一貫性を追求し、その恩恵に浴している。

ただしビックでは、第1の単純明快な一貫性を超えて、各活動が相互に補強している。同社は、衝動買いを促すために、たとえば小売店の店頭に展示したり、パッケージを頻繁に変更したりしている。小売店での販売には、大規模な営業部門が必要だが、ビックのそれは業界一の規模で、競合他社よりも長けている。

さらに、このような店頭活動、大量のテレビCM、パッケージの変更を組み合わせることで、これらの活動を単独で実施した場合よりも、衝動買いをより増やすことが可能になる。

❸労力の最適化

第3の適合性は、活動間の相互補強を超えるもので、私は「労力の最適化」(optimization of effort)と呼んでいる。

SPA（アパレル製造小売り）の元祖ギャップは、店でほしい商品が必ず買えることこそ戦略の要であると考えた。すべての商品を店先に揃えるには、店舗在庫を置くと同時に、倉庫から補充する必要がある。

そこでギャップは、定番商品を3つの倉庫からほぼ毎日補充することで、労力を最適化している。その結果、大量の店舗在庫を抱えずに済む。補充に重点を置いているのは、同社が定番商品を比較的少ない色数で展開するというマーチャンダイジング戦略にこだわっているからである。

同規模の小売業の在庫回転率は年3～4回だが、ギャップのそれは7・5回である。さらに、この迅速な補充のおかげで、6～8週間という短いモデルチェンジのサイクルを低コストで実現できる。(注4)

労力の最適化の最たる基本形は、冗長性を排除し無駄を最小化するために、活動間での調整や情報交換を行うことである。ただし、それよりも高次元の最適化もある。

たとえば、ある製品デザインを選択することで、アフターサービスをなくすことが可能になったり、顧客にそのようなサービス活動を処理させたりもできる。同様に、サプライヤーや流通チャネルを調整すれば、最終顧客の啓蒙といった活動の必要性もなくなる。

以上3つの適合性すべてにおいて、個々の部分ではなく、全体が重要である。競争優位は、「活動システム全体」に起因している。実際、活動間の適合性によって、コストが大幅に低下したり、差別化がいっそう強化されたりする。

競争における各活動の価値――あるいは、それに関連したスキルやコンピテンシー、経営資源など――は、システムや戦略から切り離すことができない。したがって、企業競争に関して、そこでの成功を、個々の強み、コアコンピタンス、最重要資源などによって説明しようとすると、間違いにつながる可能性が高い。強みについて列挙してみれば、それらはさまざまな職能部門にわたるものであり、ある強みは他の強みと関係している。

そこで、さまざまな活動に関わるテーマ、たとえば低コスト、顧客サービスにおける特殊なアイデア、提供する価値に関する特殊な概念から考えることが有益である。これらのテーマは、各活動が緊密に連携し合う「組織」において具体化される。

適合性と持続性

活動間の適合性は、競争優位だけでなく持続可能性においても、その基礎となるものである。

競合他社にすれば、相互に関連している活動システムを完璧に模倣するのは、営業部門のある手法を真似たり、同様のプロセス技術を導入したり、製品に同じ特徴を取り入れたりするより、ずっと難しいだろう。活動システムに基づくポジションは、個々の活動に基づくポジションよりも、はるかに持続可能性が高い。

次の簡単な計算について考えてみたい。いかなる活動でも、競合他社がそれを完璧に模倣できる確率は1より小さい。活動システム全体を模倣すれば、0・9×0・9＝0・81、また0・9×0・9×0・9×0・9＝0・66といった具合に、確率はいっきに下がり、模倣はまったく非現実的である。

既存企業がリポジショニングや両天秤を試みようとすれば、多くの活動を設計し直さなければならない。新規参入者は、ライバルである既存企業が直面するようなトレードオフに遭遇することはないが、それでも模倣するには大きな障壁が立ちはだかる。

ある企業のポジションが、第2もしくは第3の適合性による活動システムに基づくものならば、その優位性はいっそう持続性が増すだろう。そのような活動システムは、その本来の性質により、外部から解明するのは通常難しく、したがって模倣が難しい。たとえライバルが、どのように各活動が相互に関連しているのか、活動システムの内部を明らかにしても、それを再現するのは難しいだろう。

事実、適合性を実現するのは難しい。なぜなら、複数の部門にまたがる意思決定や行動を統合する必要があるからだ。活動システム全体を完璧に模倣しようとしても、一部の活動しか真似できず、全体を再現できないため、得られるものはほとんどない。業績は、上がるどころか、下がる可能性すらある。サウスウエストを模倣しようとしたコンチネンタル・ライトの悲劇を思い出してほしい。

最後に、活動間の適合性があると、業務効果の改善への圧力やインセンティブが生まれ、これにより模倣はますます難しくなる。

適合性が存在するということは、ある活動のパフォーマンスが低いと、他の活動もうまくいかなくなるという意味である。その結果、弱みが露呈し、ライバルから目をつけられやすくなる。反対に、ある活動が改善されれば、他の活動にも好影響が及ぶともいえる。活動間の適合性が高い企業は、ライバルから狙われにくい。戦略とその実行に優れていると、優位性のみならず、模倣を阻む障壁が高まる。

各活動が相互に補完している場合は、競合他社がこれを模倣しようとしても、システム全体を同じにできない限り、得られるものはほとんどない。このような状況では、「一人勝ち《ウイナー・テイクス・オール》」の競争になりやすい。

業界一の活動システムを構築した企業、たとえばトイザらスは、チャイルド・ワールド（１９９２年破綻）や、ライオネル・レジャー（１９９３年破綻）など戦略が似通ったライバルに大きく水を空け、勝利した。既存のポジションを踏襲して二番手や三番手の模倣者になるよりも、多くの場合、新たな戦略ポジションを見つけるほうが賢明といえる（**章末**「新たなポジションを見出すには」を参照）。

最も発展性の高いポジションは、活動システムがライバルのそれと相容れないものである。なぜなら、そこにトレードオフが存在するからである。そして、個々の活動をどのように構成し、どのように統合するかは、戦略ポジショニング次第である。

活動システムの視点から戦略を考えると、組織構造、各システムや各プロセスがなぜ戦略に従うべきなのか、その理由がはっきりする。このことを裏返せば、戦略に従って組織を調整すれば、補完性もより実現しやすくなり、持続可能性にも貢献する。

戦略ポジショニングは、立案から見直しまでという1回のサイクルではなく、どうやら10年もしくは10年超の期間で考える必要がありそうだ。一つのポジショニングを継続することで、各活動や活動間の適合性が改善され、それにより組織として戦略にふさわしい能力やスキルが得られる。また、その企業らしさも強化される。

反対に、ポジショニングを頻繁に変更すると、コスト高になる。各活動を再構成しなければならないだけでなく、システム全体についても再調整しなければならないからである。また、戦略が振り子のように揺れていると、これに対応できない活動も出てくる。

戦略を何度も変えたり、最初のポジションがはっきりしなかったりすると、横並びに走ったり、あるいは各活動が重複して構成されたり、職能間に一貫性がなかったり、組織内に不和が生じたりする。

戦略とは何か。もう、この問いへの答えを出せるだろう。戦略とは、企業の活動間の適合性をつくり出すことである。戦略が奏功するかどうかは、いくつかではなく、どれくらい多くのことをやるか、そしてそれらをいかに統合するかによる。

活動間に適合性がなければ、メリハリの利いた戦略もない。ましてや持続可能性など望むべくもない。そして、マネジャーは各職能を監督するという単純な仕事に戻り、組織の相対的な業績は業務効果に左右されることになる。

戦略を再発見する

なぜこんなに多くの企業に戦略がないのか。なぜマネジャーは戦略を選択しないのか。またどうして以前に立案した戦略を、ありきたりなもの、あるいは曖昧なものにしてしまうのか。

選択の欠如

戦略への脅威は、技術進歩や他社動向など、社外から生じる、と一般的には考えられている。たしかに外部における変化も問題だが、戦略をより脅かすものは実は社内にある。健全な戦略も、競争についての間違った見方、組織の機能不全、そしてとりわけ成長への欲求によって、腰砕けになっていく。

戦略を選択する必要性について、マネジャーたちは混乱している。大半の企業が、生産性の限界線にはおよそ届かないところで経営している時は、トレードオフは考えなくてよいように思える。したがって、順調に成果を上げている企業は、成果が上がっていないライバルを、あらゆる面に一斉攻撃をかけるべきかに見える。

有名な経営評論家から「トレードオフについて考える必要はない」と聞かされ、マネジャーたちは「トレードオフを考えるなど、弱点があることを示すようなものだ」と、強気の姿勢を見せるようになった。

しかし、ハイパーコンペティションが起こるという予測があると、これにたじろぎ、競合他社をそっくり真似しようとする。また、企業変革の視点から考えるよう説かれると、あらゆる新技術を追いかけてしまう（**章末**「新しい業界や技術が登場した時」を参照）。

業務効果の追求は、わかりやすく、すぐやれるところが魅力である。ここ10年ほど、マネジャーたちは、可視化と定量化できる形で業績を改善するように要求されてきた。業務効果を改善するプログラムがはたして優れた収益性につながるかについては判然としないが、前よりよくなることは間違いない。

ビジネス書やコンサルタントのせいで、他社が何をしているのかという情報が氾濫し、ベストプラクティスを求める心理に拍車がかかった。このように業務効果を競うレースに参加したことで、なぜ戦略が必要なのか、多くのマネジャーがわからなくなっている。

戦略の選択を回避したり、また曖昧にしたりする理由は、ほかにもある。業界内の常識はしばしば払拭しがたく、同質化競争に陥りやすい。「顧客第一主義《カスタマーフォーカス》」を誤解して、あらゆる顧客に対応し、流通チャネルから上がってくる要求すべてに応えなければならないと考えるマネジャーもいる。これを「柔軟性を失いたくないからである」とうそぶく人もいる。

組織の実態も、戦略の足かせになる。トレードオフはやっかいであり、間違った選択を下して責められるより、何も選択しないほうが賢明な場合もある。一種の群集行動から、各社真似し合う。それは、ライバルは自分たちの知らないことを知っていると思い込んでいるからである。

新たに権限委譲された社員たちは、改善できるところをもれなく探し出そうと必死になるが、えてして大局観がなかったり、トレードオフを認識する観点が欠けていたりする。評価の高いマネジャーや社員を失望させたくないために、戦略の選択に躊躇する場合がある。

成長の罠

さまざまな理由の中で、戦略を機能不全に陥らせる最大のものは、おそらく成長への欲求であろう。トレードオフや何らかの制約は、成長を阻害するものに見える。たとえば、ある顧客グループにはサービスを提供するが、その以外は対象外とした場合、売上げはいずれ伸び悩むものと思われるし、また実際どこかで頭打ちになる。

低価格を訴え、広範を対象とした戦略では、製品の特徴やサービスに敏感な顧客からの売上げが減る。また差別化戦略では、価格感度の高い顧客からの売上げが減る。

マネジャーたちはいつも、これらの制約を少しずつでも減らしたいと思っており、それゆえ戦略ポジションを曖昧にしていく。最終的には、成長への圧力、あるいは対象市場のまぎれもない飽和により、製品ラインを拡大したり、新たな特徴を追加したり、ライバルの評判のサービスを真似したり、プロセスを同じにしてみたり、時には買収に走り、ポジションを広く取る。

メイタグ(2006年にワールプールが買収)は長年にわたり、信頼性と耐久性の高い洗濯機と乾燥機を製造し、のちに食器洗浄機もつくるようになったが、ここに集中することで成功の基盤を築いた。ところが、あらゆる種類の製品を販売するというアイデアが、業界内の常識として台頭してきた。業界の成長の遅さ、そして幅広い製品を扱う家電メーカーとの競争が懸念された。メイタグは、製品ラインを拡大してほしいと、販売店から迫られただけでなく、顧客からもそう求められた。

そこで、冷蔵庫に調理用器具と、その製品ラインを拡大した。ブランド名にはメイタグ、そして買収したジェン・エアー、ハードウィック、ストーブ、フーバー、アドミラル、マジックシェフなどを用い、しかしそのポジションはバラバラであった。

メイタグは大きく成長を遂げ、1985年の売上高は6億8400万ドルだったが、最高を記録した1994年は34億ドルになった。しかし、ROS（売上高利益率）は低下した。1970年代から80年代は8～12％の間にあったが、1989～95年は平均1％以下だった。コスト削減により、1996年以降、この値が改善する可能性もある。しかし、メイタグの収益性の基盤は、いまでも洗濯機であり、食器洗浄機である。

ニュートロジーナも、同じ罠にはまってしまったのかもしれない。1990年代初頭、米国国内の販路を広げ、ウォルマートなどの量販店でも販売するようになった。ニュートロジーナというブランド名の下、アイメーク・リムーバーやシャンプーなど、さまざまな製品に進出していった。これらの製品はニュートロジーナ独自のものではなく、同社のイメージは希薄化し、ついには価格プロモーションを始めるようになった。

成長を追求する中で妥協し、一貫性が損なわれると、自社独自の製品や対象顧客によって築いてきた競争優位が崩れてしまう。さまざまな方法を並行させて競争しようとすると、混乱を招き、組織内のモチベーションと基軸が失われる。

利益は落ちるが、売上げが伸びているため、間違っていないように思える。マネジャーたちは取捨選択ができず、いっそうの拡大に着手し、そして妥協する。各社とも、お互いを真似し続け、どうにもならなくなってようやくこのサイクルが止まり、合併あるいは当初のポジションに戻るための事業縮小という結末を迎える。

利益ある成長

ここ10年間、リストラクチャリングやコスト削減が続いたが、いまでは多くの企業が成長に目を向け始めている。成長に注力すると、しばしば独自性が曖昧になり、妥協を生み、適合性を低下させ、ついには競争優位が弱体化していく。実際、成長の追求によって戦略は蝕まれる。

では、戦略を維持し強化する成長策とは、いかなるものだろうか。大まかに申し上げれば、戦略ポジションを掘り下げることに集中し、拡大したり妥協したりしないことである。

その一策として、戦略の延長線上、すなわち競合他社が見出しえない、あるいは単独ではコスト高となる製品やサービスを提供するために、既存の活動システムを活用することが考えられる。言い換えれば、次のように自問するとよい。「自社の相互補完的な活動を踏まえると、どのような活動、どのような製品特性、どのような競争のやり方が可能であり、またコストがかからないか」

ポジションを掘り下げるとは、活動をより特徴的なものにし、適合性を高め、理解のある顧客に向けてより的確に戦略を伝えることにほかならない。しかし多くの企業が、精査や戦略とのすり合わせを怠ったまま、人気の機能、あるいは製品やサービスに飛び付くという安易な成長策に走る。また、自分たちでは大した価値を提供できない顧客や市場を新たなターゲットとする。

成長可能性は高いが、独自性に欠ける分野に専念するよりも、優位な分野において、さまざまなニーズを奥底まで掘り下げ、さまざまな種類の製品やサービスを提供したほうが、成長スピードも速く、収益性も高いことが多い。

いまや全米最大の映画館チェーンとなったカーマイクの場合、ひたすら小さな市場に専念してきたことが急成長の理由である。同社は、買収した一部に大都市の映画館があっても即売却してしまう。グローバル化することで、多くの場合、戦略を曲げることなく成長を実現できる。何しろ大規模な市場が開かれており、焦点が絞られた戦略には打ってつけである。

また、国内で事業を拡大するよりグローバルに拡大したほうが、自社ならではのポジションや自社らしさを活用したり強化したりしやすい。

業界内で事業を拡大して成長を目指すならば、独立した部門をいくつかつくり、それぞれに異なるブランド名を冠し、独自の活動を行わせるとよい。これが戦略へのリスクを最も抑えられる方法の一つである。

メイタグは、まさしくこの問題で苦しんだ。一方で、高級ブランドと廉価ブランドを戦略ポジションが異なる部門として分割した。その一方で、クリティカル・マス（市場で最低限必要な供給量）を確保するために、全ブランドを傘下に収める家電会社を設立した。

しかし、設計、製造、配送、顧客サービスを共用すれば、均質化は避けられない。ある部門が異なるポジションと異なる製品で競争しようとした場合、何らかの妥協はやむをえないだろう。

リーダーシップの役割

明確な戦略を考案する、そのように立案し直す際（章末「独自性の核を発見し、戦略を取り戻す」を参照）、組織的な問題が障害になることが多く、そのような場合、リーダーシップがカギを握る。組織内に選択やトレードオフを嫌う反対勢力が多数いる状況にあっては、これらに対抗し、戦略を正しい方向へと導く明確かつ知的なフレームワークが必要である。またそれ以上に、率先して選択を下す、強力なリーダーの存在が欠かせない。

多くの企業において、リーダーシップは、業務改善の調整、取引や交渉といった仕事へおとしめてしまった。しかし、リーダーの役割はそれよりも広範で、はるかに重要である。

ゼネラルマネジャーの仕事は、個々の職能を管理する以上のものである。その核となるのは戦略である。すなわち、自社ならではのポジションを定義し、これを伝え、トレードオフを生み出し、活動間に適合性をつくり出す――。

リーダーは、組織を集中させて自社の独自性を守る一方、どのような顧客ニーズや業界の変化に対応すべきかを判断する規律を示さなければならない。下位のマネジャーには、このような視点がなく、戦略を貫くという信念もない。しかも、妥協する、トレードオフをなくそうとする、競合他社を模倣するといったプレッシャーが常に存在する。

したがって、リーダーの仕事の一つが、組織メンバーに戦略について教えることであり、そして「ノー」と言うことである。

戦略は、「何をすべきか」のみならず、これと同じくらい重要である「何をすべきでないか」を示す。実際、制約を設けることはリーダーの役割の一つである。どの顧客グループに向けて、どの製品を提供し、どのニーズに対応するかを決めるのが、戦略立案の基本である。

しかし、それ以外の顧客やニーズには対応しない、ある種類の特徴またはサービスは不要であると決定することも戦略の基本である。それゆえ戦略には、明確な規律とコミュニケーションが要求される。

社員たちは、個々の活動あるいは日常業務上の判断におけるトレードオフゆえに生じる選択に対処しなければならないが、そのためのガイドとなるよう、戦略をわかりやすく伝えることが重要である。

業務効果の向上は、経営上不可欠な部分とはいえ、それは戦略ではない。両者を混同してしまうと、無意識のうちに競争に関する考え方が退化し、その結果、多くの業界において競争の収れんが招かれた。それは誰のためにもならないばかりか、回避可能である。

業務効果と戦略は、明確に区別されなければならない。どちらも重要だが、そもそも別物である。

業務効果においてやるべきことは、トレードオフが存在しないところでは、もれなく継続的改善を推進することである。これを怠ると、いかに優れた戦略を有する企業であろうと、もろさが生じる。業務効果においては、不断の改革に取り組み、柔軟性を確保し、ベストプラクティスの実践にひたすら努めることが望ましい。

一方、戦略においては、独自のポジションを定義し、まごうかたなきトレードオフをつくり出し、適合性を強化するのが正しい。

そのためには、自社のポジションを強化・拡大する方法をたえず模索する必要がある。戦略には、規律と継続性が求められる。そして、排除すべきはよそ見と妥協である。

戦略の継続とは、競争を固定的に認識するという意味ではない。業務効果を継続的に向上し、生産性の限界線を右側へ押し広げて、かつ活動間の適合性を強化しながら、独自性の拡充にたえず努めなければならない。実際、戦略を継続することにより、組織の継続的改善の効果を高めるべきである。

業界に大きな構造的変化が起こった時には、戦略を変更する必要があるかもしれない。事実、新しい戦略ポジションは業界構造の変化から生まれてくることが多く、また過去に縛られない新規参入者のほうが、たやすく新しいポジションを見出すものである。

とはいえ、新たなポジションを取捨選択するに当たっては、新たなトレードオフを発見し、かつ新しい相互補完的な活動システムをてこに持続的優位を構築する能力を身につける必要がある。

ほとんどの日本企業に戦略がない

日本企業は1970年代および80年代、TQMや継続的改善といった慣行を真っ先に取り入れ、業務効果の領域において世界的革命を起こした。その結果、日本製造業は長きにわたって、コストと品質の両方で優位性を享受してきた。

しかし日本企業が、本稿で論じるような戦略ポジションを明確に確立したことはめったになかった。ソニー、キヤノン、セガなど、戦略ポジションを築いた日本企業もあるが、どちらかといえば例外である。

ほとんどの日本企業は、互いに真似し、押し合いへし合いをしている。各社とも、ほぼあらゆる種類の製品、機能、サービスを提供しており、またあらゆる流通チャネルに対応し、どこの工場でも同じようにつくられている。

このような日本流の競争については、その危険性が理解され始めている。

1980年代、欧米のライバルたちは生産性の限界線からはほど遠く、このままずっとコストと品質の両面で勝ち続けられるように思えた。実際、日本企業各社は、自国経済の拡大とグローバル市場への進出によって成長を果たした。彼らの勢いを止めることは、およそできそうになかった。しかし、業務効果の差が縮まってくると、日本企業は次第に自縄自縛に苦しみ始めた。

もし、業績を悪化させ、共倒れを招きかねない戦いから逃れようというのであらば、日本企業は戦略を学ばなければならない。そのためには、打破しがたい文化的障壁を乗り越える必要がある。

日本はコンセンサスを重視することで知られ、また企業では、個人間の違いを強調するより、むしろ調整する傾向が強い。かたや、戦略には厳しい選択が求められる。日本人には、顧客から出されたニーズすべてに応えるために全力を尽くすという、サービスの伝統が深く染み付いている。このようなやり方で競争している企業は、そのポジションが曖昧になり、あらゆる顧客にあらゆるものを提供するはめになる。

【注】

日本に関するこの記述は、榊原磨理子氏の協力の下、筆者と竹内弘高氏の研究に基づいてまとめたものである。

基本戦略を再考する

1980年に上梓した拙著『競争の戦略』の中で、業界内には選択すべき戦略ポジションが存在することを示すために、私は「コスト・リーダーシップ」「差別化」「集中」という「基本戦略」(generic strategy)の概念を提示した。戦略ポジションについて多くの人にわかりやすく説明するうえで、基本戦略はいまなお便利である。たとえば、バンガードはコスト・リーダーシップ戦略の一例であり、イケアは限られた顧客グループに対するコスト・ベースの集中戦略の一例である。ニュートロジーナは集中しながら差別化を図っている。

ポジショニングの基盤、すなわち「バラエティ」(種類)、「ニーズ」「アクセス」を検討することで、これら基本戦略の理解はより具体的になる。たとえば、イケアとサウスウエスト航空はコスト・ベースの集中戦略だが、イケアは顧客グループのニーズに、またサウスウエストはある種のサービスに焦点を絞っている。

基本戦略のフレームワークは、私が「異なる(3つの)戦略に内在する矛盾」と呼ぶ状態に陥るのを回避するには、いずれかの戦略を選択しなければならないことを示している。両立しないポジション同士の活動を比較すれば、そこにはトレードオフが存在するが、これこそがこの矛盾にほかならない。

コンチネンタル・ライト(コンチネンタル航空がサウスウエストに対抗するために1993年に立ち上げた格安航空会社。しかしわずか2年で撤退)がその典型であり、同時に2つの方法によって競争したが、うまくいかなかった。

戦略に関する2つの見解

❶過去10年間、暗黙の了解とされてきた戦略モデル
- 業界の中に理想的な競争ポジションは1つしかない。
- あらゆる活動をベンチマーキングし、ベストプラクティスを実践する。
- 積極的にアウトソーシングし、効率を高めるために他社と提携する。
- わずかなKSF（主要成功要因）と重要資源、そしてコアコンピタンスが、優位性の源泉となる。
- 競争上の変化と市場内の変化のすべてに、柔軟かつ迅速に対処する。

❷持続的な競争優位
- 競争において、その企業独自のポジションを確保する。
- 戦略にふさわしい活動を整える。
- 明確なトレードオフと、競合とは異なる選択をする。
- 競争優位は各活動間での適合性から生じる。
- 持続可能性は活動システム全体から生じるものであり、その一部からではない。
- 業務効果は所与の要件である。

新たなポジションを見出すには

戦略的に競争するとは、新たなポジションを見つけるプロセスと考えられる。そこは、既存のポジションから顧客を獲得する、あるいはまったく新しい顧客を市場に招き入れるポジションである。

たとえば、スーパーマーケットは単一カテゴリーの品揃えを充実させることによって、多くのカテゴリーを網羅しているが個々の品揃えは限られているデパートから、市場シェアを奪い取る。また通販会社は、利便性を重視する顧客を狙い撃ちする。

原則的には、新しい戦略ポジションを見つけるに当たって、既存企業も起業家も同じ課題に直面する。しかし現実には、新規参入者のほうが勝っていることが多い。

戦略ポジショニングはわかりにくいことが多く、それを見出すには創造性と洞察力が要求される。そして、新規参入者はしばしば、ずっと手つかずで、単に既存企業が見逃していた、またとないポジションを見つけ出す。たとえばイケアは、いままで無視され、放ったらかしにされていた顧客グループを見出した。家電量販店のサーキット・シティ・ストアーズ（リーマンショックの影響を被り、2008年11月にチャプターイレブンを申請し、その後清算された）は1993年、カーマックス（こちらはいまなお「フォーチュン500」の常連）を立ち上げ、中古車販売事業に参入したが、その際、隅々まで洗車する、製品保証をつける、いっさいかけ値なし、自社ローンを上手に利用してもらうなど——いずれも既存企業でもやれたことであった——顧客に喜ばれるような活動を新たに用意した。

新規参入者は、かつては競合他社のものだったポジション、すなわち何年にもわたって模倣したり、他の事業と二股をかけてきたりしたせいで譲り渡さざるをえなくなったポジションを占有することでも、成長を享受しうる。

また、他業界から参入してきた企業の場合、他の事業での優れた活動を利用することで、新たなポジションを創造できる。カーマックスは、在庫管理やクレジット販売など、サーキット・シティで蓄積した家電小売りのノウハウを大いに活用した。

大半において、新しいポジションは変化から生じてくる。たとえば、新たな顧客グループの台頭や購買チャンスの発生、社会の発展によって生じた新たなニーズ、新しい流通チャネルの登場、新技術の開発、新しい機器や情報システムの利用といった変化である。

このような変化が生じると、その業界の長い歴史など気にしない新規参入者は、新たな競争のやり方を見出す可能性が高い。既存企業とは異なり、新参者は柔軟である。なぜなら、既存の活動とのトレードオフに直面しないからである。

新しい業界や技術が登場した時

新たに登場した業界、あるいは革命的といえる技術変化のさなかにある業界で戦略を立案するのは、やっかいな仕事である。このような業界では、顧客ニーズ、何より望まれる製品やサービス、それを提供するうえで最もふさわしい活動と技術の組み合わせを考えるに当たり、極めて高い不確実性に直面する。

この不確実性ゆえに、模倣したり両天秤をかけたりする。見誤ったり出遅れたりするリスクは許されないため、あらゆる特性に合わせ、新しいサービスをすべて提供し、あらゆる技術を開発する。

このような業界の発展期には、その業界の基礎となる「生産性の限界線」が形成されるか、もしくは引き直される。このような時期には、爆発的成長によって多くの企業に利益がもたらされる。とはいえ、その利益は一時的なものだろう。なぜなら、模倣と戦略の横並びのせいで、最終的に業界の収益性が損なわれるからである。

好業績を続ける企業は、いち早く競争上のポジションを独自に定義し、これを自社の各活動において具体化するところだろう。とはいえ、新興業界にあっては、他社を模倣する時期があるのも、それは致し方ない。ただし、そのような期間が生じるのは、むろん望ましい状況だからではなく、不確実性が高いことを意味している。

ハイテク産業では、この模倣期が必要以上に続くことが多い。技術改革そのものに興奮し、製品に機能──そのほとんどがまず使われない──を盛り込むが、業界全体の価格は下がっていく。トレードオフが考慮されることなど、めったにない。

株式市場からの圧力に応えるために成長に拍車をかけようとして、各社ともあらゆる製品分野に進出する。基本的な優位性を有する少数の企業は発展できるが、大半は誰も勝者になれない過当競争へと向かう。

皮肉なことに、有名ビジネス誌は、過去のルールが通用しない新しい競争の時代に突入した証拠として、目下注目されている新興業界に焦点を当て、このような特例的なケースを取り上げる傾向がある。しかし現実には、真実はその逆である。

独自性の核を発見し、戦略を取り戻す

ほとんどの企業において、その最初の成功は、独自の戦略ポジションの賜物であり、そこにはまがうかたなきトレードオフが存在していた。各活動は当初、そのポジションに即したものだった。

しかし時間の経過、そして成長への圧力のせいで、最初はほとんど気づかないが、妥協が生まれる。そして、その時は賢明に思えた改善を重ねていく中で、次第に多くの有名企業がライバルと同質化していく。

ここで問題になるのは、これまでのポジションがもはや有効でなくなった企業ではない。彼らの課題は、まさしく新規参入者のように、一からやり直すことである。問題なのは、利益は月並みで、明確な戦略を持っていない企業である。

製品の種類を増やし続け、新たな顧客グループに対応し続け、また競合他社の行動を模倣していると、その確固たる競争上のポジションを失う。典型的には、他社の製品やサービス、業務慣行を真似し、さまざまな顧客グループに売り込もうとする。

このような企業が戦略を取り戻すには、いくつかの手法がその助けとなろう。まずやるべきことは、みずからを見つめ直してみることである。有力企業には「独自性の核」(core of uniqueness) が存在しているものだ。次の問いに答えることで、それを見極められる。

● 我々の製品やサービスの中で、一番特徴的なものはどれか。

- 我々の製品やサービスの中で、一番収益性が高いものはどれか。
- 我々の顧客の中で、満足度が最も高いのは誰か。
- どの顧客、流通チャネル、購買機会が、一番収益性が高いか。
- バリューチェーン内の活動の中で、他社と最も差別化されており、かつ最も効果的なものはどれか。

独自性の核の周りには、長年にわたって積み重ねられてきたものがある。戦略の基礎となるポジショニングを実現するには、フジツボのようにへばり付いたものを取り除かなければならない。

製品やサービスの一部、あるいは顧客の一部が、売上げと利益の大部分を生み出していることもある。であるならば、独自性の核にいま一度目を向け、各活動をそれに即したものにすることが課題となる。独自性の核とはいえない顧客や製品は、売却されたり、放っておかれたり、また自然消滅させるために価格を上げたりする可能性がある。

自社の歴史からも、何らかの示唆が得られるだろう。創業者のビジョンは何か。自社の礎となった製品は何か、またどのような顧客だったのか等々——。過去を振り返ることで、最初の戦略をあらためて検証し、それがいまなお有効かどうかを判断してみる。すなわち、過去のポジショニングは、現在の技術や状況にふさわしい形で利用可能なのかを確認するのである。

このような考え方によって、過去の戦略を甦らせ、かつての強みを取り戻せるかもしれない。このような取り組みを通じて、組織は活気付き、自信が芽生え、不可欠なトレードオフを実現できるようになる。

【注】

（1）ダートマス大学タックスクール・オブ・ビジネス教授のリチャード・ダベニーがその著書 *Hypercompetition*, Free Press, 1994.（未訳）の中で提唱した概念。業界内の各企業がそれぞれ戦略的に行動するせいで競争が過熱し、やがて過当競争に発展し、ついには業界の収益性（魅力度）が低下していくという。

（2）拙著 *Competitive Advantage*, Free Press, 1985.（邦訳『競争優位の戦略』ダイヤモンド社、１９８５年）の中で初めて「活動」の概念を提示し、この概念によって競争優位を説明した。本稿は、同書における議論を発展させたものである。

（3）ポール・ミルグロムとジョン・ロバーツは、相互補完的な機能システムの経済性、また活動や機能の経済性について研究し始めている。彼らが焦点を当てているのは、相互補完的な活動の組み合わせである「近代製造業」の台頭であり、企業は外的変化に対する組織内の反応を一元化して処理する傾向があり、職能部門のマネジャーたちを連携させるための中央による調整、すなわち戦略の必要性である。最後の点は、長らく戦略の基盤として考えられてきたことを踏まえたものといえる。以下の論文を参照されたい。

－Paul R. Milgrom and D. John Roberts, "The Economics of Modern Manufacturing: Technology, Strategy, and Organization," *American Economic Review*, Vol. 80, No. 3, June 1990, pp.511-528.

－Paul R. Milgrom, Yingyi Qian, and D. John Roberts, "Complementarities, Momentum, and Evolution of Modern Manufacturing," *American Economic Review*, Vol. 81, No. 5, December 1991, pp.84-88.

－Paul R. Milgrom and D. John Roberts, "Complementarities and Fit: Strategy, Structure, and Organizational Changes in Manufacturing," *Journal of Accounting and Economics*, Vol.19, March-May 1995, pp.179-208.

（4）小売業の戦略については、Jan Rivkin, "The Rise of Retail Category Killers," January 1995.（未公開の報告書）を参考にした。ギャップのケーススタディは、ハーバード・ビジネス・スクール博士課程（当時。現在ペンシルバニア大学ウォートンスクール教授）のニコライ・シジェルコウが用意した。

第2章

5つの競争要因

ハーバード大学 ユニバーシティ・プロフェッサー
マイケル E. ポーター

"The Five Competitive Forces That Shape Strategy"
Harvard Business Review, January 2008.
邦訳「競争の戦略」
『DIAMONDハーバード・ビジネス・レビュー』2011年6月号

マイケル E. ポーター
(Michael E. Porter)
ハーバード・ビジネス・スクール教授。ハーバード大学のウィリアム・ローレンス司教記念講座ユニバーシティ・プロフェッサー（同大学の全学部で授業を行う資格を有する）。現代の企業戦略論の生みの親とされる。著書に『競争の戦略』『競争優位の戦略』『[新版] 競争戦略論 I・II』（以上、ダイヤモンド社）などがある。

競争はどこで起こっているのか

戦略担当者の仕事は、突き詰めれば、競争を理解し対処することである。しかし往々にして、狭義に競争を定義してしまい、いま直接対峙している企業との間だけで起こっているものを競争と見なしがちである。

しかし、利益をめぐる競争は、「業界内の企業」のみならず、さらに他の競争要因、すなわち「顧客」（買い手）、「サプライヤー」「将来の新規参入者」「代替品」が含まれる。対立関係を広義にとらえると、これら「５つの競争要因《ファイブ・フォース》」が明らかになるが、これによって業界構造が決まり、かつ業界内でどのような競争が繰り広げられるか、その性質も方向付けられる。

業界によって異なっているように見えるが、収益性の基本ドライバー（促進する要素）は同じである。たとえば、グローバル化している自動車業界は、世界規模の美術品市場、規制の厳しい欧州の医療サービス業界と何ら無関係に見える。これら３つのケースそれぞれについて業界内の競争と収益性を理解するには、５つの競争要因という視点から各業界の基本構造を分析しなければならない（**図表２-１**「５つの競争要因」を参照）。

航空、繊維、ホテルなど、これらの競争要因が顕著に作用する業界では、魅力的なＲＯＩを実現できる企業は稀である。ソフトウェア、清涼飲料、トイレタリーのように、各競争要因の影響がほどほどの

図表2-1｜5つの競争要因

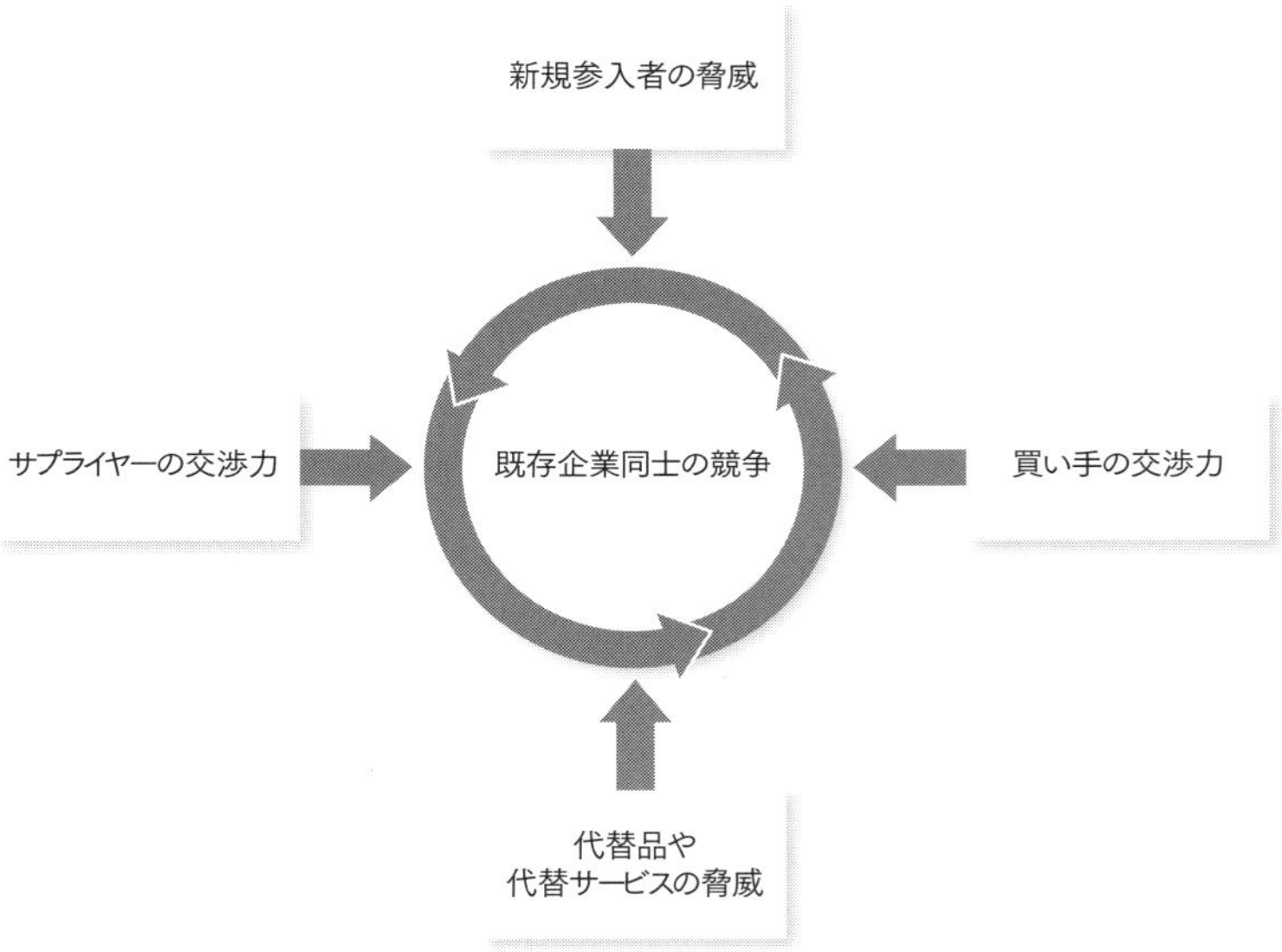

業界であれば、多くの企業が儲けを手にすることができる。

つまり、業界の基本構造が競争と収益性を決める。その業界がどのような製品やサービスを生産しているのか、新興産業か成熟産業か、ハイテクかローテクか、規制が厳しいか緩やかかとは関係がないのだ。

業界の短期的な収益性には、天候や景気循環など、数多の要因が影響を及ぼしうるが、業界の中長期的な収益性を決定付けるのは業界構造であり、これを具体化したものが先の各競争要因である（**図表2-2**「米国の業種別平均ＲＯＩＣの分布（1992〜2006年）」、**図表2-3**「米国の各業界の収益性」を参照）。

これら競争要因とその根本にある原因を理解することで、現時点において業界

図表2-2｜米国の業界別平均ROIC分布（1992〜2006年）

ROIC（投下資本利益率）の平均値は、業界によって大きく異なる。たとえば、1992年から2006年の間で見た米国の各業界の平均ROICは、ゼロ以下から50%以上に分布している。高いのは清涼飲料や市販ソフトウェアなどの業界で、その収益性は対象期間を通じて、航空業界のほぼ6倍である。

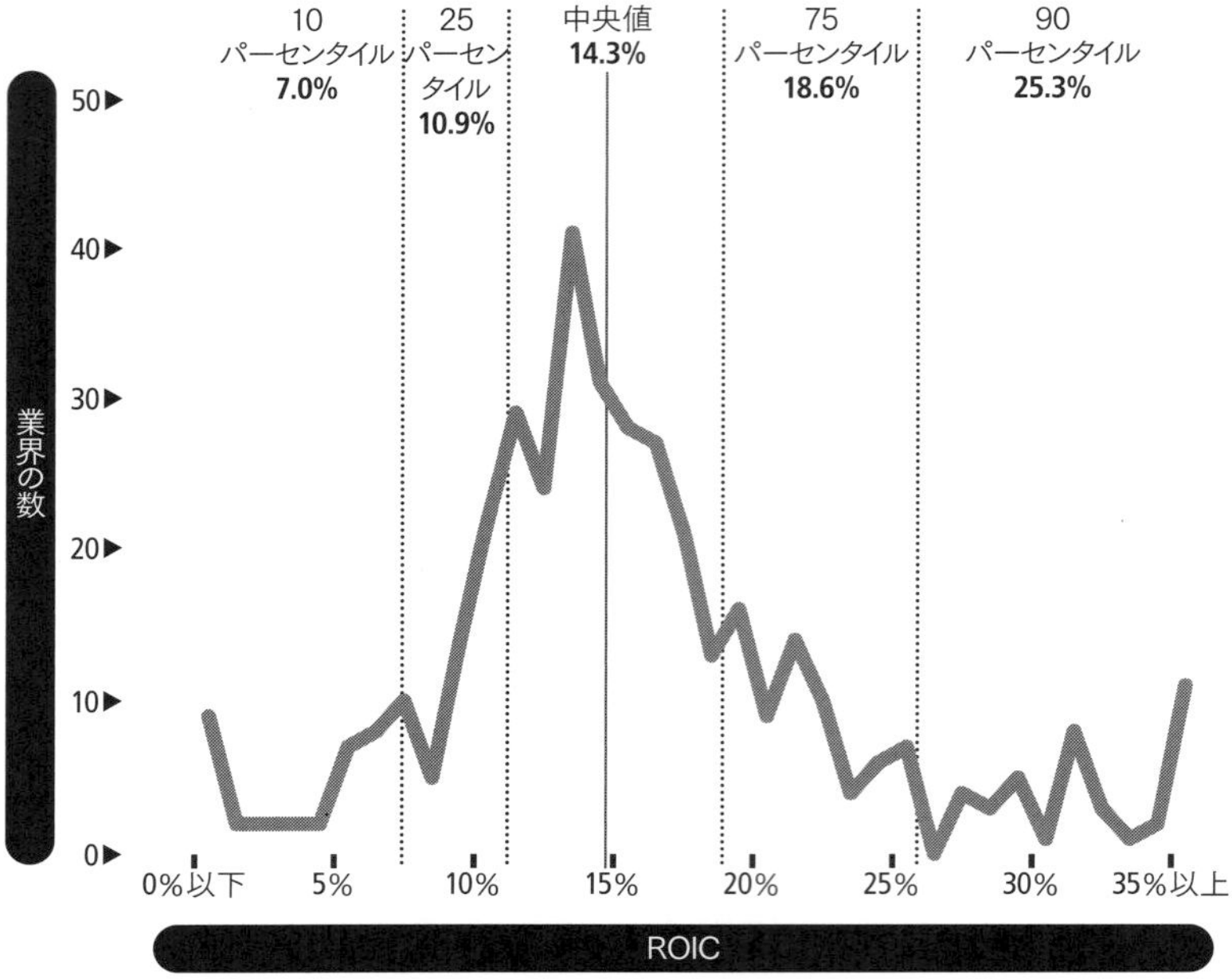

出所：スタンダード・アンド・プアーズ、コンピュスタット、および筆者の計算

ROICは、株式投資のみならず戦略立案においても適切な収益性指標といえる。ROS（営業利益率）（注1）や利益成長率は、業界内で競争するうえで必要な資本を説明しない。本稿では、ROICを計算するに当たり、支払金利前税引前利益（注2）÷（平均投下資本－余剰現金）を用いている。またこの指標は、各企業や各業界の資本構造と税率における固有差を調整してくれる。

（注1）ROS（Return on Sales）は、支払金利前税引前利益を売上高で除すことで求められる。
（注2）多くの場合、税引後営業利益（NOPLAT：Net Operating Profit Less Adjusted Tax）を用いる。

図表2-3｜米国の各業界の収益性

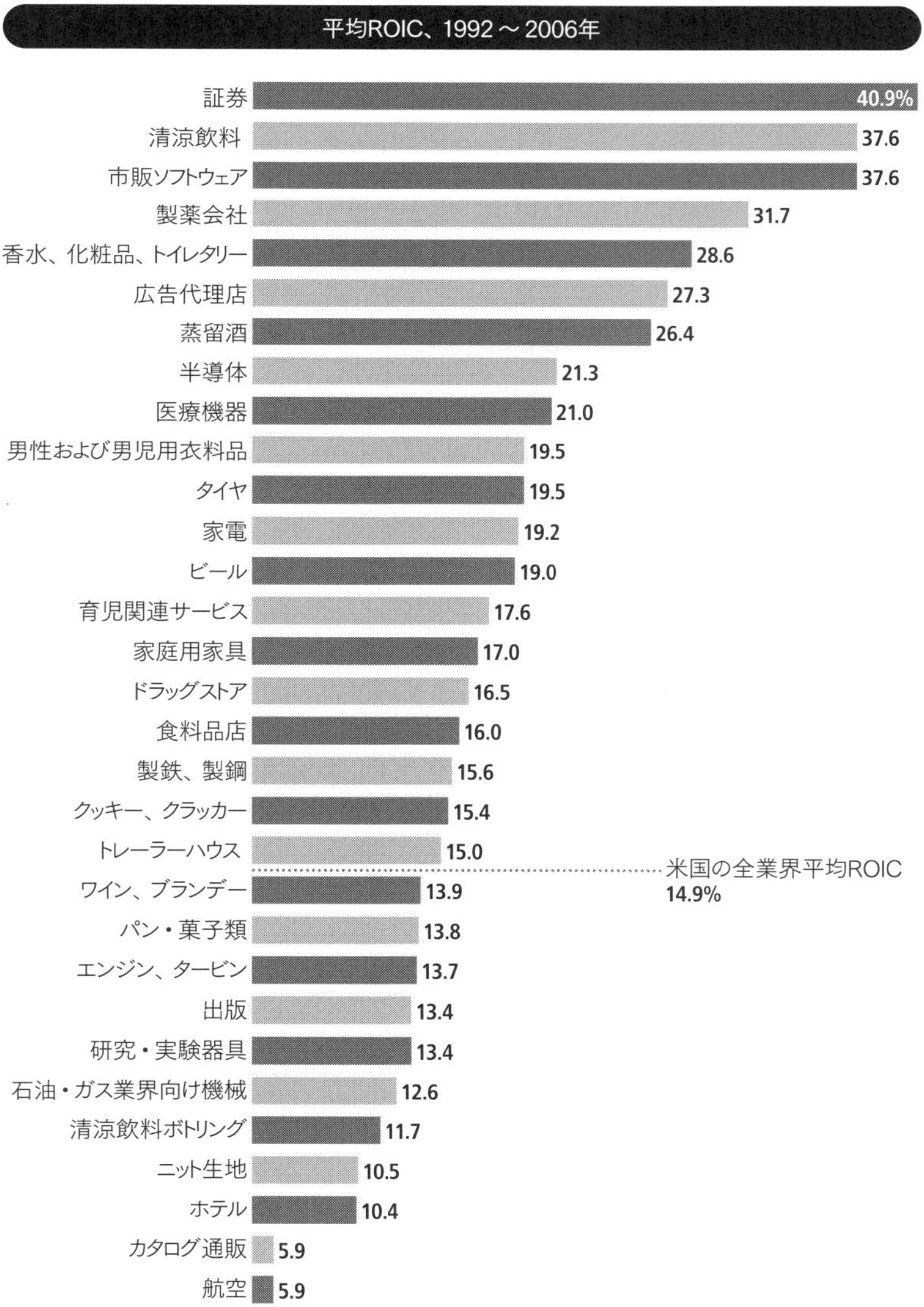

出所：スタンダード・アンド・プアーズ、コンピュスタット、および筆者の計算

の収益性を支えているものは何かが明らかになるばかりか、競争（および収益性）を予測したり、競争に影響を及ぼしたりするうえで長期的に使えるフレームワークが得られる。

戦略担当者は、自社のポジションと同じく、業界構造の健全性についても競争上の関心事とすべきである。また、戦略上有効なポジションを確保するためにも、業界構造の理解が欠かせない。

以下に示す通り、各競争要因から身を守り、これらを自分たちに有利なものにしていくことは、戦略上極めて重要である。

競争を左右する「5つの競争要因」

5つの競争要因それぞれの影響力はどれくらいか、それは業界によって異なる。

商業用航空機市場では、市場を二分する航空機メーカーであるエアバスとザ・ボーイング・カンパニーのつばぜり合い、および航空機を大量発注する航空会社の交渉力という2つの要因が優勢で、新規参入者の脅威、代替品の脅威、サプライヤーの交渉力は比較的穏やかである。映画館業界では、その代替を果たす娯楽の増加、また不可欠なインプット（投入物）である映画を供給する映画製作会社や配給会社の交渉力が無視できない。

最も優勢な競争要因（複数の場合もある）が、業界の収益性を決定し、戦略の立案においては何より重要である。とはいえ、最重要視すべき競争要因が常に一目瞭然とは限らない。たとえば、日用品を扱う各業界では、たいてい企業間競争が激しい。とはいえ、これが収益性を制限する要因ではないかもしれない。

一例を挙げれば、イーストマン・コダックや富士フイルムなど、世界をリードする写真フィルムメーカーがデジタル写真の出現で学んだように、写真フィルム業界の収益性が低下したのは、優れた代替品のせいだ。このような状況下では、いかに代替品に対処するかが戦略上の最優先課題となる。

業界構造は、一連の経済特性や技術特性に起因するものであり、これらが各競争要因の影響力を左右する。以下では、既存企業、すなわちその業界にすでに参入している企業の立場から、これらのドライバーについて検証していく。本稿の分析は、新規参入を検討している企業が直面する課題を理解することにも即応用できる。

競争要因1―新規参入者の脅威

業界に新規参入してくる者は、新たな生産能力があり、また市場シェアを奪取しようと意欲満々である。そのため、価格やコスト、迎え撃つために必要な投資（の対売上高比率）に引き下げ圧力がかかる。

とりわけ、新規参入者が他の市場から多角化を図っている場合だ。たとえばペプシコがボトル飲料水業界に参入した時、マイクロソフトがインターネットブラウザーの提供を始めた時、アップルが音楽配信事業に進出した時のように、競争を刷新しようと既存能力やキャッシュフローをてこにしてくる可能性もある。

それゆえ、新規参入者の脅威は、業界の潜在利益に上限をつくる。この脅威が大きければ、既存企業は新たなライバルを阻止するために、値下げをしたり投資を増やしたりしなければならない。たとえば、高品質であるスペシャルティコーヒー販売への参入障壁は比較的低い。それはつまり、スターバックスは店舗の改装やメニューの見直しに積極的に投資しなければならないという意味である。

業界への新規参入の脅威は、現在の参入障壁がどれくらい高いか低いか、また新規参入者が既存企業の反撃をどの程度予測するかによる。参入障壁が低く、なおかつ、新規参入者が既存企業からの反撃はほとんどないと予想している場合、新規参入の脅威は高まり、業界の収益性は抑え込まれる。収益性の低下が招かれるのは、実際に起こるかどうかにかかわらず、まさしく新規参入に脅威を抱くことによる。

参入障壁

参入障壁とは、新規参入者に対して既存企業が有する優位性である。主に次の7種類がある。

❶供給側《サプライ・サイド》の「規模の経済」

規模の経済が生じるのは、大量生産によって単位当たりコスト（限界費用）が低く抑えられる場合である。大量生産すれば、固定費を分散したり、より効率的な技術を導入したり、あるいはサプライヤーから有利な取引条件を引き出したりできるからである。

供給側に規模の経済が働いていると、これが参入障壁となる。なぜなら、新規参入に意欲的な企業も、既存企業を押しのけるために大規模参入するか、コスト劣位を受け入れるかのいずれかを強いられるからである。

規模の経済は、バリューチェーン内のあらゆる活動で見られる。どれが最も重要かは業界によって異なる。(注1)半導体チップ業界の場合、R&D、チップ製造、B2Cマーケティングに規模の経済が働き、インテルなどの既存企業はこれに守られている。スコッツ・ミラクル＝グロ・カンパニーのような園芸用品を扱う企業では、サプライチェーンとメディア広告における規模の経済が何より重要である。宅配業の場合、全国的な物流システムとITに規模の経済が働いている。

❷需要側《デマンド・サイド》の「規模の利益」

規模の利益（benefits of scale）——「ネットワーク効果」としても知られる——は、ある企業の製品に対する買い手の「支払意思額」（WTP：willingness to pay）がその製品の購買者数が多くなるにつれて高まる業界で生じる。

大きな買い物をする場合、買い手は大企業のほうを信頼するかもしれない。IBMがかつて世界一のコンピュータメーカーだった頃、「IBMを買ってクビになった者はいない」といわれていたのを思い出してほしい。

買い手はまた、同じような顧客と多数つながる「ネットワーク」に参加していることに価値を見出すかもしれない。たとえば、ネットオークションの参加者がイーベイに集まるのは、ここが最大の取引候補を擁しているからである。

需要側に規模の利益が働いている場合、新規参入者から購入するという顧客の購買意欲が制限されること、また新規参入者は顧客基盤を拡大するまで価格を低く抑えなければならないことから、参入障壁となる。

❸顧客のスイッチングコスト

スイッチングコストは、買い手がサプライヤーを変更する場合に生じる固定費である。このようなコストが発生するのは、買い手が業者を変更する場合、たとえば製品仕様の変更、新製品を利用するための従業員研修、プロセスやITシステムの更新を行わなければならない時かもしれない。

スイッチングコストが高ければ高いほど、新規参入者は顧客の獲得に苦労することになる。ERP(統合型業務ソフトパッケージ)は、スイッチングコストが極めて高い製品の一例である。

たとえば、ひとたびSAPのERPを導入した場合、新たなITベンダーに変更するコストは、そこに組み込まれているデータ、SAP仕様になっている社内プロセス、広範な研修の必要性、各種アプリケーションのミッション・クリティカル（24時間365日、信頼性や耐障害性を確保する必要性）などについて考えると、天文学的に高くなる。

❹資金ニーズ

競争するうえで巨額の投資が必要な場合、そのことが参入障壁となる。たとえば、各種設備のほか、顧客への信用供与、在庫の積み増し、参入当初の損失の穴埋め資金などに投資する必要があるだろう。

特に、テレビCM枠の買い付けやR&Dなど、回収できるかどうかわからず、それゆえ資金手当ての難しい支出に資金を振り向けなければならない場合、参入障壁は高くなる。

大企業ならばその資金力ゆえに、どのような業界でもたいてい参入できるだろうが、分野によっては巨額の資金が必要になるため、参入できる企業は限られる。逆に、確定申告代行サービスや短距離貨物輸送といった分野はわずかな資金で済むため、参入しようと思えば簡単である。資金ニーズのみが参入障壁になることもあるが、それでも程度というものがあり、甘く見積もってはいけない。

業界に旨味があり、それが続くと予想される場合、また資本市場が効率的な場合、投資家は新規参入者に必要資金を提供するだろう。

たとえば、拡大志向の強い航空会社は、高価な航空機の購入資金を調達できる。それは、航空機の転売価値が高いからである。これこそ、ほとんどすべての地域に路線が張りめぐらされている理由の一つである。

❺企業規模と無関係な既存企業の優位性

既存企業の中には、企業規模とは関係なく、将来のライバルが持ちえないコスト上あるいは品質上の優位性を備えているところがあるかもしれない。このような優位性は、独占的な技術、最高の原材料への優先的アクセス、地の利、揺るぎないブランド・アイデンティティ、さらには生産効率を向上させる方法を学習できる既存企業ならではの経験の蓄積などに起因している可能性が高い。

そこで新規参入者は、このような優位性をあえて無視する。たとえば、ディスカウント小売業として成り上がったターゲットやウォルマートなどは、これまでデパートが地盤を固めてきた地域のショッピングセンターではなく、独自の場所に店舗を構えている。

❻流通チャネルへの不平等なアクセス

新規参入者は、言うまでもなく製品やサービスの流通チャネルを確保しなければならない。たとえば新しい食品を販売しようと思えば、値引きや販促、懸命な営業努力などによって、スーパーマーケットの棚から他の商品を移動させなければならない。

卸売りや小売りのチャネルが限られていればいるほど、また既存のライバルによる流通チャネルの締め付けが厳しければ厳しいほど、新規参入は難しくなるだろう。時には、この障壁があまりに高いため、新規参入者は流通チャネルを迂回したり、独自のチャネルを開拓したりしなければならなくなる。新興の格安航空会社（LCC）は、旅行代理店（運賃の高い既存航空会社をひいきしがちである）が介在するのを避けて、旅客にインターネットで予約するように勧めてきた。

❼政府の引き締め政策

政府の政策そのものが、新規参入を妨げたり促したりすることもあれば、他の参入障壁を高めたり取り払ったりすることもある。また、政府みずから、許認可制や外資規制等によって特定業界への新規参入を制限したり禁じたりする場合もある。酒類販売、タクシー、航空会社などの規制業種が端的な例である。

政府の政策は、特許制度を拡大適用することで独占的な技術を模倣から保護したり、新規参入者には逆風となる環境規制や安全規制によって（既存企業に）規模の経済を働かせたりして、参入障壁を高めることがある。

もちろん、逆に参入しやすくなる場合もある。直接的な支援としては補助金が、また間接的な支援としては政府が基礎研究に資金を拠出し、新旧問わずどの企業にもその研究結果を利用できるようにし、規模の経済が働きにくくすることなどが考えられる。

参入障壁は、新興企業、外資、関連業界の企業など、新規参入を検討している企業の能力に照らして評価すべきである。本稿の事例が示すように、戦略担当者は、参入障壁がまさに立ちはだかっていようと、新規参入者は創造的な方法を見つけて、これを乗り越えてくる可能性があることを忘れてはならない。

予想される既存企業からの反撃

新規参入を検討している企業が既存企業の反応をどのように予測するか、これも参入するか見送るかの判断を左右する。反撃が激しく長期化するようであれば、その業界に参入した場合の潜在利益は資本コストを下回る可能性がある。既存企業は、新規参入者一社に対する公式発言や対応を通じ、参入を検討している他社に向けて「市場シェアを死守する」というメッセージを送ることが多い。

次のような反撃が予想される場合、新規参入者は尻込みするだろう。

●新規参入者に対して、既存企業が猛烈な反撃に出たことがある。

●既存企業は、たとえば余剰資金、融資枠、生産能力、流通チャネルや顧客への影響力など、反撃するための資源が潤沢である。
●既存企業が、いかなる犠牲を払ってでも市場シェアを守る、あるいは業界内は固定費が高く、それゆえ価格を引き下げ、過剰設備をフル稼働させようという動機が生じたことで値下げに踏み切ろうとしている。
●業界の成長スピードが遅く、既存企業から横取りしない限り、必要な販売量を確保できない。

参入障壁と予想される反撃について分析することは、虎視眈々と新規参入を狙っている企業にすれば、極めて重要である。その際、当該業界に進出することで得られる収益性が大規模投資によって損なわれることなく、参入障壁を乗り越える方法を見つけることが課題となる。

競争要因2―サプライヤーの交渉力

交渉力の大きいサプライヤーは、他社よりも高い価格を課す、サービスの質を制限する、業界内の企業にコストを転嫁するなどして、さらなる価値を獲得できる。

コストの上昇分を価格に転嫁できない業界の場合、交渉力の大きいサプライヤー（労働力の提供者を含む）が収益性を低下させる可能性がある。たとえば、マイクロソフトがＯＳの価格を上げたことで、ＰＣメーカー各社の収益性が落ち込んだ。ＰＣメーカーは、移り気な顧客をめぐって激しい競争を展開しており、値上げしようにもその余地は限られていた。

企業は、活動のためのインプットを得るために、さまざまなサプライヤーグループに依存している。サプライヤーの交渉力が大きくなるのは、たとえば次のような場合である。

●売り先である業界よりも、サプライヤーの数が絞り込まれている。たとえば、マイクロソフトがOS市場で独占に近い状態にあること、またPCの組立メーカーが乱立していることなどがその典型である。

●サプライヤーグループが、売上げの面でその業界にあまり依存していない。多くの業界に納入しているサプライヤーは、それぞれの業界から最大限の利益を絞り取ることをためらったりしないだろう。一方、サプライヤーグループの販売量や利益の大半が特定業界で占められている場合、サプライヤーは、ほどほどのプライシングによって当該業界を守ろうとしたり、R&Dやロビー活動などを支援したりするだろう。

●業界内の企業がサプライヤーを変更する際、そのスイッチングコストが高い。たとえば、専用の付属機器やサプライヤーの機器（金融の専門家たちに利用されているブルームバーグの情報端末など）を操作する方法の研修に多額の投資を傾けてきた場合、企業はサプライヤーを変更しにくい。また、（飲料メーカーと容器メーカーのように）企業の生産ラインにサプライヤーの生産施設が隣接している場合もある。スイッチングコストが高ければ、業界内の企業はサプライヤー同士を争わせることも難しい（同様に、サプライヤーにもスイッチングコストがかかるかもしれないことに留意しなければならない。これにより、サプライヤーの交渉力が制限される)。
●サプライヤーが差別化された製品を提供している。治療効果の高い特許薬を提供する製薬会社は、模倣薬(既発品と同じ主成分の薬)やジェネリック薬を提供する製薬会社よりも、病院、HMO(会員制健康医療機関)をはじめ、医薬品の買い手への交渉力が強い。
●サプライヤーグループが提供するものの代替品がない場合。たとえば、パイロットの労働組合は、航空会社に対する交渉力はかなりのものである。これは、コックピットに入る訓練を積んだパイロットの代わりがいないことも理由の一つになっている。
●サプライヤーグループが当該業界を川下統合する可能性がかなり高い。このような場合、業界内の企業がサプライヤーよりも儲けすぎていると、サプライヤーの市場参入を招くことになる。

競争要因3―買い手の交渉力

有力顧客は、有力サプライヤーとは逆に、値下げを迫り、かつ品質やサービスの向上を求め(したがってコストが跳ね上がる)、通常は業界内の企業同士を競わせ、業界全体の収益性の犠牲の下、より多くの価値を獲得しうる。

業界内の企業より立場が強く、これをてこに交渉してくる場合、特に価格感度が高く、主にその影響力を使って価格に引き下げ圧力をかけてくるような場合、買い手の交渉力は大きいといえる。その交渉力は、サプライヤーの場合と同じく、顧客グループによって異なる。次のような場合、顧客グループの交渉力は大きい。

●買い手の数が少ない、あるいは買い手がサプライヤー一社の規模を超えて大量購入する。情報通信機器、海洋油ガス田の掘削、大量生産される基礎化学品《バルク・ケミカル》など、顧客の固定費が高い業界では、大口顧客の交渉力はとりわけ強大である。固定費が高く、限界費用が低いと、競合各社には、値引きしてでも設備を常時稼働させなければならないというプレッシャーが、いっそうのしかかってくる。

●その業界の製品が標準化されている、あるいは差別化されていない。買い手は同等の製品をいつでも調達できるため、サプライヤー同士を競わせる傾向が見られる。

●買い手がサプライヤーを変更しても、そのスイッチングコストは低い。

●サプライヤーが大儲けしている場合、買い手は川上統合を試み、その業界の製品をみずから内製する可能性がかなり高い。清涼飲料やビールなどのメーカーは長年、容器の内製をちらつかせ、時には実際に生産して、容器メーカーの力を抑えてきた。

買い手グループの価格感度が高くなるのは、次のような場合である。

●買い手がその業界から購入する製品が、その買い手の原価構造もしくは調達予算においてかなりの部分を占める。買い手は、消費者が住宅ローンを比較するように、あちこち物色し、粘り強く交渉する。逆に、製品が買い手の原価構造や支出において取るに足らない程度であれば、一般的に買い手の価格感度は低くなる。

●買い手グループの利益が小さく、現金が不足している、あるいは調達コストを下げる必要に迫られている。逆に、儲かっており、現金も潤沢な買い手は、一般的に価格感度が低い（もちろん、当該製品が買い手の原価構造においてそれほどの部分を占めていない場合である）。

●買い手が調達する製品が、買い手の製品やサービスの質にほとんど影響しない。反対に、調達する製品次第で品質に大きな影響を生じる場合、買い手は通常あまり価格にこだわらない。たとえば、大手映画製作会社が撮影用の高品質カメラを購入またはレンタルする場合、価格は気にせず、最新機能付きで信頼性の高いものを選ぶ。

●その業界の製品が買い手の他のコストにあまり影響を及ぼさない場合、買い手は価格にこだわる。反対に、その業界の製品やサービスが、パフォーマンスの向上あるいは人件費や原材料費などのコスト削減によって、通常の何倍も儲かる場合には、買い手はたいてい価格よりも品質に関心があるといえる。このような製品やサービスの例に、税務会計や油田検層（地下の油井の状況を測定する）があり、このおかげで買い手はコストを節約できるばかりか、利益を生み出すことすらある。同様に、たとえば投資銀行業務など、パフォーマンスが低いとコスト高や面倒な事態を招きかねないサービスには、価格にこだわらない傾向がある。

以上のような買い手の交渉力の源泉は、その大半が消費者でも法人顧客でも等しく当てはまる。消費者も、法人顧客同様、差別化されていない製品や、自分の所得に照らして高額な製品、あるいはそれほど性能が重要ではない製品を購入する場合、価格感度が高くなりやすい。大きな違いは、消費者は要求が漠然としていて、その定量化が難しいことだ。

中間顧客、すなわち製品を購入するもののエンドユーザーではない顧客（たとえば組立業者や流通チャネルなど）も、他の買い手のように同じ方法で分析できるが、一つ加えておくべき重要な点がある。中間顧客が大きな交渉力を発揮できるのは、川下の顧客（中間業者の顧客やエンドユーザーなど）の購買意思決定に影響を及ぼせる場合である。家電製品や宝石を扱う小売業、農機販売業などは、最終顧客に強い影響を及ぼす流通チャネルの好例である。

生産者は、特定の卸売業者や小売業者と独占契約を結んだり、エンドユーザーに直接マーケティングを展開したりして、流通チャネルの影響力を弱めようとする。部品メーカーは、川下の顧客が自社の部品を選ぶようにすることで、組立業者への影響力を強化しようとする。自転車部品や甘味料などに、そのような例が散見される。

デュポンは、カーペット用素材ステインマスター（２００３年、同ブランドを扱うインビスタ〈旧デュポン・テキスタイル・アンド・インテリア〉をコーク・インダストリーズに売却）を、これを直接購入するカーペット製造業者のみならず、川下の消費者に向けて宣伝することで、大きな影響力を獲得した。デュポンはカーペット製造業者ではないが、多くの消費者がステインマスターのカーペットをほしがった。

競争要因4―代替品の脅威

代替品は異なる形で、ある業界の製品と同等もしくは類似の機能を果たす。テレビ会議は出張の代替品であり、プラスチックはアルミニウムの、メールは速達郵便の代わりである。買い手の業界の製品が代替品に奪われる時、その脅威が川下において、あるいは間接的に生じることがある。

たとえば、都市部の多世代住宅が郊外の一戸建て住宅に取って代わると、ガーデニング関連の製品やサービスが脅威にさらされる。航空会社や旅行関連のウェブサイトが旅行代理店に取って代われば、旅行会社向けのソフトウェアに危機が及ぶ。

代替品は常に存在しているが、当該業界の製品とあまりにも違っているため、見落とされやすい。つまり、父の日のプレゼントを探している人にすれば、ネクタイの代替品は電動工具かもしれない。なお、その製品なしで済ませる、新品ではなく中古品を購入する、自前で済ませる（たとえば製品やサービスの内製化）なども、代替の一種といえる。

代替品の脅威が大きいと、業界の収益性が低下する。代替品や代替サービスが現れると、価格に天井が生じ、業界の潜在利益は抑え込まれる。製品性能やマーケティングなどの手段によって代替品を遠ざけないと、その業界の収益性は、おそらく成長性も鈍化することだろう。

代替品は、通常時における利益を制限するだけでなく、好況時にその業界が得るはずの大きな儲けをかすめ取っていく。新興経済では、携帯電話を最初にして唯一の電話として選ぶ消費者が多く、固定電話の需要が伸び悩んでいる。

代替品の脅威が高まるのは、次のような場合である。

●代替品によって、その業界の製品よりもコストパフォーマンスの高いトレードオフが生まれる。また、代替品の相対的価値が高いほど、業界の潜在利益は抑え込まれる。たとえば、従来の長距離電話会社は、ボネージやスカイプなど格安のインターネット電話サービスの出現に苦しんでいる。同様にレンタルビデオ店は、ケーブルTVや衛星放送のビデオ・オンデマンドサービスの出現、ネットフリックスなどのオンラインDVDレンタルサービス、グーグルが運営するユーチューブなどのインターネット動画サイトの台頭に悩まされている。

●買い手が代替品に乗り換えるスイッチングコストが低い。たとえば、特許のあるブランド薬からジェネリック薬への乗り換えは通常わずかなコストで済むため、ジェネリック薬への切り替え（そして価格の下落）が大規模かつ急速に進んでいる。

●戦略担当者は、他業界での変化、すなわちこれまでなかった魅力的な代替品の登場に十分注意すべきである。たとえば、プラスチック素材の改良により、多くの自動車部品で鉄の代わりにプラスチックを利用できるようになった。このように、一見関連がなさそうな業界における技術の変化、あるいは競争の不連続性によって、業界の収益性が大きく影響されることがある。もちろん代替品の脅威を、収益性と成長性を飛躍させる幸先となるよう、当該業界に都合よく導くことも可能である。

競争要因5―既存企業間の競合

既存企業間の攻防を見ると、価格競争、新製品の投入、広告キャンペーン、サービスの改善など、その多くがお馴染みのものである。ただし過当競争が起こると、業界の収益性が制限される。競争によって業界の収益性がどれくらい抑え込まれるかは、第1に企業間競争の激しさ、第2に何に基づいて競争しているかに左右される。

競争が最も激しいのは、次のような場合である。

●ライバルが無数に存在する、その規模や影響力がほぼ同等である。このような状況下では、競合同士が互いの事業を侵害せざるをえなくなる。業界リーダーがいないと、業界全体にとって望ましい慣行が徹底されない。

●業界の成長率が鈍い。低成長はシェア争いに拍車をかける。

●撤退障壁が高い。撤退障壁は参入障壁と表裏一体で、極めて専門的な資産、特定事業への経営陣の思い入れなどによって高まる。これらの撤退障壁があると、たとえ利益がわずかでも、また赤字であっても、市場から退出できない。このような病んだ企業が居座っているせいで、過剰設備が適正水準以上に稼働し続け、この結果、健全な競合他社の収益性も落ち込んでしまう。

●ライバルたちが、業界内のリーダーシップを握ろうとして、その事業に全力を投入している。当該業界の経済実績を上回る目標を設定している場合、とりわけそうである。事業に全力を傾ける理由はさまざまである。たとえば、政府系企業には、雇用や威信といった目標があるかもしれない。大企業の事業部門ならば、イメージアップのため、あるいはあらゆる製品やサービスを提供するために、その業界で参入しているのかもしれない。また、メディアやハイテク業界などの分野では、個性やエゴのぶつかり合いのせいで、競争が過剰になり、その結果収益性が損なわれる。

●互いをよく知らない、異なるアプローチで競争している、目標が異なるといったせいで、各企業が発しているシグナルを読めない。

競争の度合いは、競争がどれくらい激しいかだけではなく、どのような面で競争しているかをも反映している。どの次元で競争が起こっているのか、そして競合他社も同じ次元で競争に集中しているのかが、収益性に大きな影響を及ぼす。

競争が単に価格のみに向かっていくと、価格競争によって業界の利益は顧客に移るため、収益性は大打撃を被る。値下げに踏み切ると、通常、競合他社はこれを見て、対抗してくる。こうして、やられたらやり返すが続く。また、値下げ合戦が続くと、顧客は製品の特性やサービスに関心を払わなくなっていく。

価格競争が起こりやすいのは、次のような場合である。

●ライバル同士が同じような製品やサービスを提供しており、買い手のスイッチングコストが低い。

このため競合他社は、顧客を獲得するために値下げに踏み切る。長年にわたる航空料金の価格戦争は、同業界のこのような状況を反映している。

●固定費が高く、限界費用が低い。これにより各社には、価格を自社の平均費用以下、時には限界費用まで引き下げ、多少なりとも固定費の回収に貢献すべく、顧客を少しずつ奪取しようというプレッシャーが重くのしかかってくる。製紙、アルミニウムなど素材業界の多くは、特に需要が低迷した場合、この問題に苦しむ。運送業も一定の配送ルートを抱えているため、量の多寡にかかわらず、サービスを提供しなければならない。

●効率を高めるために、生産能力を大々的に増強しなければならない。ポリ塩化ビニール業界のように、生産能力の大規模な拡張が必要とする場合、業界内の需給バランスが崩れ、またその拡張は長期にわたることが多く、過剰生産と値引きが繰り返される。

●製品が陳腐化する。これが起こると、まだ製品の価値があるうちに、値引きして売り払ってしまおうという誘惑にかられる。多くの製品やサービスが、一般に考えられている以上に陳腐化しやすい。トマトが腐れば価値を失うように、コンピュータの各種モデルもすぐ時代遅れになって陳腐化する。情報もすぐ広まったり古くなったりして陳腐化する。ホテルのルームメークなどのサービスも、使われなければ利益は回収できないという意味で、陳腐化しやすい。

製品特性、サポートサービス、納期、ブランドイメージなど、価格以外の次元で競争している場合、業界の収益性は損なわれにくい。顧客が享受する価値を高め、かつ高価格を維持できるからである。

また、主にそのような次元で競争することで、代替品と比較してその価値を向上できると同時に、参入障壁を高くできる。価格以外の競争でも、業界の収益性を蝕むレベルまで発展することもあるが、価格競争の場合よりも可能性は低い。

どのような面で競争しているのかと同じく、同じ次元で競争しているのかどうかも重要である。競合他社のすべて、またはその多くが同じニーズに応えようとする場合、あるいは横並び競争になる場合、ゼロサム競争が生じる。

このような場合、一人勝ちが起こり、それ以外は損を被り、その結果、業界の収益性が低下する。価格競争は価格以外での競争よりもゼロサムゲームになるリスクが高いが、各社が当該市場のセグメンテーションを怠ることなく、異なる顧客に低価格を提供することに努めれば、そのような事態は起こらないかもしれない。

競合各社が、異なる価格、異なる製品やサービス、異なる機能、異なるブランドアイデンティティを組み合わせ、異なる顧客セグメントのニーズに対応しようとする場合、競争がプラスサムゲームになることも、また業界の平均収益性を向上させることもありうる。

そのような競争は、より多くの顧客グループのニーズを満たすことになるため、平均収益性を押し上げるだけでなく、その業界を拡大させる可能性がある。さまざまな顧客グループを抱えている業界では、プラスサム競争のチャンスはより大きいといえる。

戦略担当者は、競争の基本構造をきちんと理解しておくことで、時には競争をプラスサムゲームへと転換させることができる。

競争要因《フォース》と誤解されやすい要素《ファクター》

業界構造――5つの競争要因の強さにおいて明らかになったように――によって、業界の長期的な収益性は決まる。なぜなら、その業界が生み出す経済価値の分配、すなわち、業界内の企業はどれくらいこれを確保し、駆け引きの中で顧客やサプライヤーがどれくらい持ち去り、また代替品や新規参入者によってどれくらい抑え込まれるかは、業界構造に左右されるからだ。

5つの競争要因をもれなく検討することによって、戦略担当者は、特定の要素《ファクター》に引きずられるのではなく、業界構造全体に注意を払うようになる。加えて、一過性の要素ではなく、業界構造に関わる条件に目が向くようになる。

特に、その業界の目に見える属性を基本的な業界構造と取り違えるという、よくある落とし穴にはまらないことが肝要である。では、以下について検討してみたい。

業界の成長率

急成長を遂げている業界は常に魅力的であると思うのは、よくある誤解である。業界が成長すると、競争は沈静化する。パイが大きくなり、各社すべてにチャンスが与えられるからである。しかし、急成長によってサプライヤーの影響力が増す可能性もあれば、また参入障壁が低いと、高成長ゆえに新規参入者を招き入れることになる。

新規参入がなくても、顧客の影響力が強かったり、代替品が魅力的だったりすると、高水準の成長率が収益性を保証するわけではない。事実、急成長しているPC業界などは、近年最も利益の薄い業界になっている。成長性に焦点を絞るのは、悪しき戦略的意思決定の大きな一因である。

技術とイノベーション

先端技術やイノベーションは、それだけで業界構造を魅力的（または魅力に乏しいもの）にするわけではない。ありふれたローテク業界でも、買い手の価格感度が低い場合や、スイッチングコストが高い場合、あるいは規模の経済のために参入障壁が高い場合には、ソフトウェア業界やインターネット業界などライバルたちを呼び寄せる魅力度の高い業界よりも、よほど収益性が高いことがある。(注2)

政府

政府を第6の競争要因と見るのもよろしくない。なぜなら、政府の介入は本来、業界の収益性にとってプラスにもマイナスにも作用しないからである。政府が競争に及ぼす影響を理解するには、政府の各政策によって5つの競争要因にどのような影響が生じるのかを把握するのが一番の方法である。

たとえば、特許は参入障壁を高め、業界の収益性を引き上げる。逆に、政府が労働組合に有利な政策を打ち出せば、サプライヤーの影響力が増し、収益性が低下する。たとえば破産規則が、市場退出することなく再建に取り組むことを破綻企業に認めるものだと、過剰生産や過当競争が起こりかねない。政府は、さまざまなレベルで、またさまざまな政策を通じて活動しており、個々の政策はさまざまな形で業界構造に影響を及ぼす。

補完的な製品やサービス

補完品とは、業界の製品と一緒に利用される製品やサービスのことをいう。2つの製品を組み合わせて使ったほうが、それぞれの製品単独の価値を合計した場合よりも顧客が得られる便益が高まる場合、それは補完品といえる。たとえば、コンピュータのハードウェアとソフトウェアは一緒に使ってこそ価値があるが、別々では無意味である。

近年、戦略研究者たちが、補完品の役割、それがとりわけ顕著なハイテク業界にスポットライトを当ててきた。(注3) しかし補完品は、けっしてハイテク産業だけに見られるものではない。たとえば自動車の価値は、ガソリンスタンド、ロードサービス、自動車保険といった補完品を利用できる場合などに高まる。

補完品は、それが業界の製品への需要全体に影響を及ぼす場合、重要になりうる。しかし政府の政策と同じく、補完品は業界の収益性を決定付ける第6の競争要因ではない。なぜなら、補完品の影響力が大きいからといって、必ずしも業界の収益性にマイナス（またはプラス）に働くわけではないからだ。むしろ、5つの競争要因に影響を及ぼすことで、収益性に作用する。

収益性への影響を確認するために、戦略担当者は、補完品が5つの競争要因すべてに及ぼすプラスとマイナスの影響を調べなければならない。

補完品の存在は、参入障壁を高くもすれば低くもする。アプリケーションソフトの場合、その補完品であるOSの生産者、とりわけマイクロソフトがアプリケーションを簡単に書ける一連のツールを提供したことで、参入障壁が低くなった。逆に、ビデオゲーム機のように、補完品の生産者を集める必要性がある場合、参入障壁は高くなる。

補完品の存在は、代替品の脅威にも影響を及ぼす可能性がある。たとえば、代替燃料自動車が既存の自動車に取って代わるのを難しくしているのは、それにふさわしい燃料補給所が必要だからである。その一方、補完品によって代替が容易になりうる。たとえば、アップルのｉＴｕｎｅｓのおかげで、ＣＤはいっきにデジタル配信音楽に取って代わられた。

補完品は、業界内の競争に、プラスにも（補完品がスイッチングコストを上げる場合など）マイナスにも（製品の差別化を無意味にしてしまう場合など）作用する。また、買い手やサプライヤーの影響力に関しても、同様の分析が当てはまるだろう。

補完品の業界との取引条件をみずからに有利になるように変えて、競争することもある。ビデオレコーダーを製造する日本ビクター（ＪＶＣ）は、映画ビデオを発売する際には同社の規格を使うよう、各映画会社を口説き落とした。ただし、おそらくライバルであるソニーの規格のほうが技術的には優れていたが――。

補完品を見極めることも、分析作業の一部である。政府の政策や重要な技術の場合と同じく、戦略における補完品の重要性は、５つの競争要因に照らした時、最もよく理解できる。

業界構造の変化

以上、ある特定の時点における競争要因について見てきた。業界構造は比較的安定していること、業界の収益性の違いは時間が経過しても実はそれほど変わらないことがわかった。とはいうものの、業界構造はたえず微調整が重ねられており、たまに突然変化したりする。

業界構造の変化は、業界の内外から生じる。業界の潜在収益性を高めることもあれば、低下させることもある。技術の変化、顧客ニーズの変化などによって起こるかもしれない。5つの競争要因は、業界が発展していくうえで最も重要なものは何かを特定し、かつ業界の魅力度に影響を及ぼすものは何かを予測するためのフレームワークとなる。

新規参入者がもたらす脅威の変化

前述した7つの参入障壁のいずれかに変化が生じると、新規参入者の脅威は高まることもあれば低下することもある。

たとえば、特許が切れれば、新規参入者が押し寄せてくるかもしれない。メルクの高コレステロール血症治療薬ゾコールの特許が切れた日、製薬会社3社がこの市場に参入した。逆に、アイスクリーム業界では、商品が増えすぎて、物理的に制約のある食料品店の冷凍庫がいっぱいになり、北米や欧州では新たなアイスクリーム製造業者が流通にアクセスしにくい状況になっている。

有力なライバルの戦略上の意思決定によって、新規参入者の脅威に大きな影響が及ぶことが多い。1970年代から、ウォルマート、Kマート、トイザらスなどの小売業者は、莫大な固定費を伴う、新たな調達システム、物流システム、在庫管理技術を採用し始めた。ここには、物流センターの自動化、バーコード化、POS端末なども含まれる。これら一連の投資のおかげで、規模の経済が働き、中小小売業者の参入（既存の小規模プレーヤーの生き残りも）がいっそう難しくなった。

サプライヤーまたは買い手の交渉力の変化

サプライヤーや買い手の交渉力を支えている要素が時間の経過とともに変化すると、その影響力が増大したり低下したりする。

グローバル化している白物家電業界では、エレクトロラックス、ゼネラル・エレクトリック（GE）、ワールプールなどが、小売チャネルの統合（家電専門店の衰退、米国におけるベスト・バイやホーム・デポといった大型量販店の台頭など）によって圧迫されている。

他の例として、旅行代理店が挙げられる。彼らは、主要サプライヤーである航空会社に依存していた。しかしインターネットによって、航空会社は航空券を消費者に直接販売できるようになり、代理店手数料を引き下げるための交渉力が大幅に高まった。

代替品の脅威の変化

時間の経過とともに代替品の脅威が高まったり低下したりするのはたいてい、技術進歩によって新たな代替品が登場する、コストパフォーマンスの比較優位に変化が生じるためである。

初期の電子レンジは大型で、価格も2000ドルを超えており、既存のオーブンの代替品としてはお粗末だったが、技術進歩によって手強い代替品となった。またコンピュータのフラッシュメモリーは、容量の小さいハードディスクの有用な代替品になるまでに改良されている。入手しやすさや補完品生産者の業績に関する動向も、代替品の脅威を変化させる。

競争の新たな基盤

競争は通常、必然的に時間とともに激しさを増していく。業界が成熟化すれば、成長は鈍化する。業界内の慣行が定着し、技術が広がり、消費者の嗜好が絞られるにつれて、各社とも同質化してくる。そして、業界の収益性が低下し、非力な企業は退出を強いられる。このような物語が繰り広げられている業界は、テレビ、スノーモービル、電気通信機器など、枚挙に暇がない。

価格競争をはじめ、さまざまな競争に激化していく傾向が見られるが、回避できないわけではない。米国のカジノ業界では、この数十年間、激しい競争が繰り広げられてきたが、そのほとんどは、新たなニッチ市場や地理的セグメント（たとえばリバーボート〈船上カジノ〉、有名不動産、米国先住民保留地、海外進出、家族客などの新たな顧客層）を探すという方向でのプラスサム競争であった。そのため、価格を引き下げたり、勝者が得る報酬を釣り上げたりする直接対決はあまりなかった。

M&Aによって新たな能力や競争手法が持ち込まれると、業界内の競争は変質する。あるいは、技術イノベーションによって競争のやり方が変わる。個人向け証券の業界では、インターネットの出現によって限界費用が下がり、しかも差別化が難しくなり、これまで以上に手数料競争が激化することになった。

業界によっては、コストや品質の向上のためではなく、競争の激化に歯止めをかけようとして合併や統合に向かう企業がある。しかし、競合他社を排除することはリスクの高い戦略である。5つの競争要因が教えるところでは、目の前のライバルを排除して棚ぼた利益が転がり込んでくると、新手が登場したり、顧客やサプライヤーの反感を買ったりすることが多い。

ニューヨークの銀行界では、1980年代と90年代、マニュファクチャラーズ・ハノーバーとケミカル・バンク(1991年に合併)、チェース・マンハッタン・バンク、ダイム・セービングス・バンクなど、商業銀行や貯蓄銀行の統合が急増した。しかし、今日のマンハッタンのリテールバンキング業界を見ると、ワコビア、バンク・オブ・アメリカ、ワシントン・ミューチュアル(2008年9月に破綻し、JPモルガン・チェースが買収)などの新手が参入しており、かつてないほど多様化している。

優れた戦略の4条件

業界内の競争を形成する競争要因を理解することが、戦略立案の出発点である。業界の平均収益性はどれくらいか、時間とともにどのように変化してきたかについて、すべての企業が知っておくべきである。5つの競争要因から考えることで、業界の収益性がなぜ現在のレベルなのか、その理由がわかる。これを踏まえたうえで、業界の諸事情を戦略に反映させることができる。

競争要因から、競争環境の最も重要な側面が明らかになる。また、企業の強みと弱みを評価する基準にもなる。すなわち、買い手、サプライヤー、新規参入者、競合他社、代替品に対する自社の立ち位置がわかる。

何より大切なのは、業界構造がわかれば、どのような戦略行動が自社に有利に働くのかが見えてくることだ。それには、次のようなものが含まれる。

- 現在の競争要因により適切に対応できるよう、自社をポジショニングする。
- 競争要因における変化を予測し、それを逆手に取る。
- 自社に有利な業界構造を新たに生み出すために、各競争要因のバランスを図る。

これらの可能性を組み合わせてうまく利用するものが、最も優れた戦略といえる。

自社のポジショニングを考える

戦略とは、各競争要因に対する防衛策を講じること、あるいは各競争要因の影響が最も小さいところを業界内に見出すことと考えることもできる。パッカーの大型トラック市場でのポジショニングについて考えてみたい。

大型トラック市場の業界構造は、なかなかやっかいである。まず、買い手の多くが車両を多数保有する運送業者、もしくは大手リース会社であり、トラックを大量購入するに当たってはその影響力を行使して値引きを要求してくる。ほとんどのトラックが規制基準に従って製造され、その機能も同じであるため、価格競争がはびこっている。資本集約的であるため、競争が熾烈であり、景気循環の下降期にあってはとりわけそうである。また労働組合は、サプライヤーとして大きな影響力を行使している。18輪トラックに直接取って代わる代替品はほとんどないとはいえ、トラックの買い手は、貨物鉄道など無視できない代替サービスに直面している。

このような状況下、パッカー──同社はワシントン州ベルビューに本社を置き、北米の大型トラック市場で約20%のシェアを誇る──は、ある顧客層に焦点を絞るという選択を下した。それは、個人運送業者、すなわちトラックをみずから所有し、荷送人と直接契約を結ぶドライバー、あるいは大手トラック会社の下請けをやっているドライバーである。

トラックの買い手として、このような小規模運送業者の影響力は知れている。また、トラックという製品への愛着が強く、しかも経済的にも依存しているため、価格感度は低い。彼らの時間の大半はトラックとともにあり、自分のトラックに誇りを持っている。

パッカーは、個人運送業者を念頭に置き、一連の機能、たとえば立派な仮眠スペース、豪華な革張りシート、防音の運転席、しゃれた外装などの開発にかなりの投資を傾けてきた。また、同社のディーラー網は全国津々浦々に広がっており、そこに行けば、買い手はソフトウェアを使って、トラックに自分らしさを演出するオプションを数千種類の中から選択できる。このような特注トラックは、在庫を持たない受注生産で、6~8週間で納車される。

パッカーのトラックは、空気力学を考慮した設計で、燃費を削減し、他のトラックよりも中古価値が高い。また、パッカーのロードサービスやITを利用した交換部品の配送システムのおかげで、トラックの故障時間を短縮できる。

個人運送業者にすれば、これらはすべて重要である。だからこそ、パッカーの顧客は10%高いプレミアム価格を支払う。同社のブランドケンワースとピータービルト（どちらもパッカーの子会社）は、トラックステーションにおけるステータスシンボルと見なされている。

パッカーの例は、所与の業界構造におけるポジショニングの原則を端的に示している。同社は、業界において競争要因があまり作用しない部分、すなわち買い手の交渉力や価格競争をかいくぐれるところを見つけたのである。そして、そのセグメント内の各競争要因に対処するために、バリューチェーンのあらゆる部分を調整している。その結果、パッカーは68年間連続黒字で、ROE（自己資本利益率）がずっと20%を超えている。

5つの競争要因のフレームワークによって、既存業界におけるポジショニングのチャンスが明らかになるだけではなく、参入と撤退について正しく分析できる。どちらの場合も、「この事業の可能性はどこにあるか」という、見極めの難しい質問への回答次第といえる。

業界構造が貧弱あるいは弱体化しつつあり、企業がいま以上のポジショニングを確保できる見込みがない場合、撤退が考えられる。未知なる業界への参入を検討する際、創造力あふれる戦略担当者ならば、買収の相場が上がる前に、このフレームワークを用いて将来性の高い業界を見つけられるかもしれない。

5つの競争要因を分析することで、一般的な新規参入者にすれば必ずしも魅力的ではないが、参入障壁を大半の企業よりも低コストで乗り越えられることを示すしかるべき理由があるため、あるいは当該業界の競争要因に対処しうる独自の能力があるため、自社にとって魅力的な業界が明らかになる。

業界の変化を利用する

戦略担当者が競争要因とその基盤をちゃんと理解していれば、業界に変化が生じた時、戦略上有利な新しいポジションを見極め、これを確保するチャンスが見えてくる。ここ10年間における音楽業界の進化について考えてみよう。

インターネットと音楽のデジタル配信の出現により、何千もの音楽レーベル（すなわち、アーティストを発掘し、その音楽を発表するレコード会社）が生まれると予測した業界アナリストたちがいた。

彼ら彼女らによれば、これは、トーマス・エジソンが蓄音機を発明して以来続いてきたパターン、すなわち3～6社の大手レコード会社が常に業界を牛耳ってきたという状況を打破するものだという。またその予測では、インターネットによって参入障壁が崩れ、新たなプレーヤーが音楽業界になだれ込んでくるともいう。

しかし注意深く分析すれば、決定的な参入障壁は物理的な流通システムではないことがわかったことだろう。むしろ新規参入は、大手レーベルが享受していた他のメリットによって妨げられていた。

大手レーベルは、大勢の新人アーティストに唾をつけることでアーティストを発掘するリスクを分散し、この商売では避けられない失敗の影響を緩和できる。さらに重要なことは、大手レーベルには、有象無象を押しのけ、自分の新人アーティストの曲を聴かせられるという強みがあった。そのために、新人アーティストのプロモーションと引き替えに、ラジオ局やレコード会社に有名アーティストへのアクセスを約束するという手も使える。新参レーベルがこれに対抗することはほぼ不可能だろう。大手レーベルの優位はこれまでと変わらず、かたや新規レーベルの登場は皆無に等しかった。

とはいえ、音楽業界の業界構造はデジタル配信によっても変化しなかったという意味ではない。無許可のダウンロードは、違法とはいえ、強力な代替品となっている。一部の音楽レーベルは、自分たちでデジタル配信の技術プラットフォームの開発に長年尽力してきたが、大手レーベルはライバルのプラットフォームを介して音楽を販売することに躊躇した。

この間隙を突いてきたのが、アップルの音楽プレーヤーｉＰｏｄをサポートするために２００３年に立ち上げられたｉＴｕｎｅｓミュージック・ストアである。この新しくて強力なゲートキーパーの誕生を許してしまったことで、業界構造は大手レーベルに不利なものに変わってしまった。実際、大手レコード会社の数は、１９９７年には6社あったが、デジタル現象との戦いの中で、２００８年現在4社に減っている。

業界構造が流動的な時、新しい有望なポジションが現れるかもしれない。業界構造が変化すると、新たなニーズ、そして既存のニーズに応える新たな方法が生まれてくる。既存の業界リーダーはこれらを見落としたり、追求しようにも過去の戦略のせいで身動きできなかったりする。業界内の中小プレーヤーは、このような変化を利用する可能性が高い。さもないと、せっかくできたすき間も新規参入者で埋まってしまうだろう。

業界構造を変える

業界構造の変化に乗じる際、不可避なものは何かを認識し、それに対応する。しかし企業には、業界構造を形成する力もある。業界に新たな競争のやり方を持ち込むことにより、5つの競争要因を自社に有利に変えることができる。

業界構造を再構築するに当たり、業界全体を変えるには競合他社の追従が必要である。その過程で、業界内の企業の多くがその恩恵にあずかるであろうが、自社を有利にしうる方向へと競争を導いたイノベーターが一番である。

業界構造を変える方法には、次の2つがある。

●既存企業にとって有利になるよう業界の収益性を再配分する。
●プロフィットプール（業界のバリューチェーンの各領域における利益の総和）全体を大きくする。

業界のパイを再配分するに当たっては、サプライヤー、買い手、代替品ではなく、業界内の既存企業の利益を増やし、新規参入者を閉め出すことを目指す。プロフィットプールを拡大するには、業界が生み出す経済価値のプール全体を大きくし、競合他社、買い手、サプライヤーでこれを分け合う。

❶収益性の再配分

業界各社の利益の取り分を増やすには、現在どの競争要因が業界の収益性を左右しているのかを見極め、それに対処することが起点となる。企業がすべての競争要因に影響を及ぼすことも可能である。ここでの戦略担当者の目標は、サプライヤー、買い手、代替品に流れる利益、あるいは新規参入者を抑え込むために犠牲になった利益について、その割合を減らすことである。

サプライヤーの交渉力を弱めるには、たとえば部品の規格を標準化し、サプライヤーを容易に変更できるようにしておく。また、別のサプライヤーを開拓したり、交渉力の大きいサプライヤーすべてを敬遠するために技術を変更したりすることもできる。

顧客の交渉力に対抗するために、買い手のスイッチングコストを上昇させるサービスを拡充したり、交渉力の大きい流通チャネルを黙らせるために顧客に直接アプローチする手段を別途見つけたりするかもしれない。

利益を蝕む価格競争を緩和するには、製薬業界に倣って、独自性の高い製品への投資を大規模に増やす、あるいは顧客へのサポートサービスを拡充するといったことが可能だろう。

新規参入者を追い払うために、既存企業は、たとえばR＆Dやマーケティングの支出を増やしたりして、競争の固定費を引き上げることが考えられる。

代替品の脅威を抑えるには、新しい機能を追加したり製品へのアクセスを広げたりして、より高い価値を提供するとよい。たとえば、清涼飲料メーカーが自動販売機を導入したり、コンビニエンスストアというチャネルを利用し始めたりしたことで、清涼飲料の買いやすさは他の飲料に比べて劇的に向上した。

北米の大手食品流通業者シスコは、業界リーダーがどのように業界構造を改善しうるか示す好例である。

食品流通業者は、農家や食品加工業者から食品や関連製品を購入する。これらを倉庫に保管し、レストラン、病院、社員食堂、学校、その他の外食サービス会社に配送する。参入障壁が低いゆえに、食品流通業界は昔から、各地の企業がひしめき、モザイク化している。

競合各社とも顧客リレーションシップの強化に努力しているが、買い手の価格感度は高い。それは、食品がコストに占める割合が大きいからだ。買い手はまた、生産者から直接購入したり小売業者を利用したりと代替手段によって、流通業者そのものを迂回することも可能である。かたや、サプライヤーたちは交渉力を振りかざしてくる。これらサプライヤーは、調理者や消費者によく知られている有名ブランドを複数抱えている大企業である場合が多い。したがって、業界の平均収益性は平凡であった。

シスコは、自社の規模と国内展開の範囲を鑑みて、「自分たちは状況を変えられるかもしれない」と考えた。そこで、流通業者でありながら、製品仕様を外食市場向けにあつらえたプライベートブランドを立ち上げ、サプライヤーの交渉力を抑え込んだ。また、競争の場を価格から移すために、信用供与、メニュー作成、在庫管理など、付加価値の高いサービスを買い手に提供することに力点を置いた。

このような動きによって——同時にITや各地の配送センターへの投資を拡大しながら——新規参入のハードルは著しく上昇し、また代替品の魅力度は低下した。当然ながら、業界では統合が進み、収益性が高まっている。

業界リーダーは、業界構造の改善に特別な責任を負っている。それには、大規模プレーヤーだけが持っている経営資源が必要になることが多い。

改善後の業界構造は、改善に尽力した企業のみならず、業界内の企業すべてに利益をもたらすため、公共財といえる。このような業界共通の利益への投資はえてして、他社よりも業界リーダーに利する。なぜなら、概して業界リーダーが誰よりもその恩恵にあずかるからである。

市場シェアを拡大しようとすると、競合他社、顧客、サプライヤーの強い反発を引き起こしかねないこともあり、業界全体を改善することは、まさに業界リーダーに与えられた戦略上最大の利益機会といえるかもしれない。

業界構造の形成には、負の側面もあり、同じく理解しておくことが肝要である。競争上のポジショニングや事業慣行を軽率に変えると、業界構造を弱体化させかねない。経営者が、市場シェアをさらに獲得するようにプレッシャーをかけられたり、自社だけのイノベーションに夢中になったりすると、誰も勝者にならない新種の競争を引き起こすこともある。自社の競争優位を高めるような行動に出る際、戦略担当者は、このせいで業界構造を長期的に弱める力学が働いていないかどうか、自問すべきである。

初期のPC業界では、IBMが出遅れを取り戻そうとして、オープンアーキテクチャーを提供した。これが業界の標準となり、アプリケーションソフトウェアや周辺機器などの補完品メーカーがここに集まってくるはずだった。しかし、IBMはその過程で、PCに不可欠な部品、すなわちOSと半導体チップの所有権をマイクロソフトとインテルに譲るはめになった。PCの標準化は価格競争を促し、サプライヤーへのパワーシフトが進んだ。つまるところIBMは、未来永劫、魅力に欠ける構造の業界において「三日天下」を取ったにすぎなかった。

❷プロフィットプールの拡大

需要全体が拡大した時や業界内で品質が向上した時、業界固有のコストが低下した時、あるいは無駄が排除された時、パイは大きくなる。そして、競合他社、サプライヤー、買い手が得る価値の総和が増える。

プロフィットプール全体が拡大するのは、たとえば、流通チャネルの競争力が高まった時、あるいは業界がこれまで取引していなかった隠れた買い手を見つけた時である。清涼飲料メーカーがその効率と効果を改善するために、独立系ボトラーのネットワークを合理化した時、清涼飲料メーカーとボトラーの双方に恩恵がもたらされた。

価値の総和は、企業がサプライヤーと協力して、連携のあり方を見直し、サプライチェーン内に生じた不要なコストを低下させた時にも高まる。こうして業界の原価構造が縮減されれば、利益増か値下げによる需要増か、あるいはその両方がもたらされる。また、品質基準ができると、業界全体の品質およびサービスが向上し、それによって値上げが可能になり、競合他社もサプライヤーも、また顧客もその恩恵にあずかる。

プロフィットプール全体が大きくなると、業界内のさまざまな企業にウイン・ウインのチャンスが訪れる。既存企業が、たとえばサプライヤーや買い手の交渉力を小さくしよう、あるいは市場シェアをさらに増やそうとすると、破壊的な争いが生じるが、そのリスクを引き下げることも可能である。

しかし、パイが拡大しても、業界構造の重要性が低下するわけではない。大きくなったパイをどのように配分するかも、結局は5つの競争要因に左右される。大成功を収める企業は、自分たちに偏ってメリットがもたらされる方法によって業界のプロフィットプールを拡大したところである。

業界を定義する

5つの競争要因はまた、企業が競争する業界（複数の場合もある）を定義するカギを握っている。実際に競争が起こっている領域を含め、業界の境界線を正しく引くことで、収益性の源、そして戦略を必要とする適切な事業単位が明らかになるだろう。戦略は、業界ごとに立案する必要がある。競合が業界の定義を見誤っていれば、自社は戦略上有利なポジションを確保するチャンスに恵まれる。

競争と価値

競争要因は、業界内の競争に拍車をかける各種ドライバーを明らかにする。企業の戦略担当者が競争は既存のライバルを超えて広がることを理解していれば、より広い範囲で競争上の脅威を見つけ出し、それに対応する手段を抜かりなく用意できるだろう（**章末**「分析する業界を正しく定義する」を参照）。同時に、業界構造を包括的に考えることにより、チャンスが見えてくる可能性がある。つまり、顧客、サプライヤー、代替品、新規参入を検討している企業、競合他社との違いがわかれば、これが優れた業績を生み出す戦略の下地になる。

より開かれた競争と絶え間ない変化が生じている世界にあって、業界構造から競争を考えることはこれまで以上に重要である。

業界構造を理解することは、経営者のみならず、投資家にとっても大切である。5つの競争要因は、その業界が本当に魅力的かどうかを明らかになるだけでなく、業界構造にプラスもしくはマイナスに作用する変化が顕在化する前に、投資家がそれを予測する一助となろう。また5つの競争要因によって、短期的な機運と業界構造上の変化の違いがはっきりし、投資家たちはいたずらな悲観主義や楽観主義を巧みに利用できる。そして、業界を改革する可能性を秘めた戦略を持った企業がよりいっそう明らかになる。

このように競争について深く考えることは、純粋な投資を成功させる方法として、今日の投資分析の主流である財務予測やトレンド予測よりも強力である。

経営者と投資家の双方がこのように競争を見るならば、企業の成功と経済的繁栄のために、資本市場はよりいっそう効果的な力《フォース》となろう。そして、経営者と投資家は同じファンダメンタルズ——それらは持続可能な収益性を推し進めるものである——に焦点を絞るだろう。また、経営者と投資家の対話は、けっして一過性のものではなく、そこでは業界構造に焦点に絞られることだろう。

想像してみてほしい。「ウォール街を喜ばせる」ことに費やされるエネルギーすべてを真の経済価値を創造する競争要因に振り向けた場合、企業の業績は改善し、経済全体が向上することだろう。

業界分析を試みる前に

構造を調べる

優れた業界分析とは、業界の収益性はどのような構造によって支えられているのかを正しく調べるものである。最初のステップは、適切な時間軸を理解することである。その際、業界分析において重要な作業の一つが、一過的あるいは周期的な変化と業界構造の変化を区別することである。

適切な時間軸を考えるうえで格好の指標が、当該業界における景気循環の周期である。ほとんどの業界では、3〜5年が妥当だが、鉱工業のようにリードタイムが長い業界もあり、10年以上になるかもしれない。この分析で注目すべきは、この期間を通じた平均収益性であって、特定の年の収益性ではない。

定量的に調べる

業界分析のポイントは、業界が魅力的か否か表明することではなく、競争を支える基盤と収益性の主要因を理解することである。分析者は、定性要因を列挙することでよしとするのではなく、できる限り定量的に業界構造を調べるべきである。実際、5つの競争要因に関する要素の多くが定量化できる。たとえば、次のようなものがある。

- 当該業界の製品が買い手の総コストに占める割合（買い手の価格感度を理解するため）

●生産設備をフル稼働させるために、または物流網を効率的な規模で運営するために必要な、業界全体の売上げの（総売上げに占める）割合（参入障壁の評価に役立つ）
●買い手のスイッチングコスト（これによって、新規参入者や競合他社が顧客に提供しなければならないインセンティブが決まる）

経済的な関係を調べる

価格、コスト、そして競争に必要な投資は、競争要因の影響力に左右される。したがって、競争要因はその業界内の企業の財務諸表と直接関係している。実際、売上げとコストの間に生じる差は、業界構造によって決まる。たとえば、こんな具合である。

●競争が激しいと、価格が引き下げられたり、マーケティング、R＆D、顧客サービスなどのコストが上昇したりして、利益率が下がる。それはどれくらいか。
●強い立場にあるサプライヤーによって、仕入れのコストが上がる。それはどれくらいか。
●買い手の交渉力によって、価格が引き下げられたり、手持ち在庫を増やす、ローンを提供するといった買い手の要求に応えるコストが上昇したりする。それはどれくらいか。
●参入障壁が低かったり、似たような代替品があったりすると、（製品やサービスを）今後も継続しうる価格水準に制限が加えられる。それはどれくらいか。

このような経済的関係を知ることで、戦略担当者は業界内の競争に関する理解を深めていく。

総合的かつ体系的な視点で調べる

最後に、優れた業界分析は、単にプラス面とマイナス面を列挙するのみならず、業界を総合的かつ体系的な視点で調べるものである。どの競争要因が、現在の収益性を支えている基盤（または制約要因）なのか。ある競争要因が変化すると、他の競争要因にどのような反応が生じるか。このような質問に答えることが、真の戦略的洞察の源泉になることが少なくない。

分析する業界を正しく定義する

実際に競争が起きている業界を定義することは、業界分析を正しく行ううえでも、また言うまでもなく、戦略を考案したり事業部門を棲み分けたりするうえでも重要である。戦略に狂いが生じるのは、多くの場合、当該業界の定義が広すぎる、あるいは狭すぎるというミスが原因である。

業界の定義が広すぎると、競争、戦略上のポジショニング、収益性にとって重要な「製品や顧客、地域の違い」が曖昧になってしまう。逆に狭すぎると、競争優位を築くうえで欠かせない「関連商品や地理的な市場に見られる共通性や関連性」を見落としてしまう。

同様に、戦略担当者は、業界の境界線が変わる可能性にも留意しなければならない。業界の境界線には、主に2つの面がある。

一つは「製品やサービスの範囲」である。たとえば、自動車用エンジンオイルの業界は、大型トラックや定置機関（自動車などに搭載されるものではなく、発電用やポンプの動力になったりするもの）に使われるエンジンオイルのそれと同じなのだろうか、それとも異なるのだろうか。

もう一つは「地理的な範囲」である。ほとんどの業界が世界のあちこちに広がっている。とはいえ、そこでの競争は、州のレベルなのか、あるいは全国的なのか。また、欧州や北米といった地域レベルなのか、それとも全世界的なのか。

5つの競争要因は、これらの質問に答えるための基本ツールである。ある2つの製品がそれぞれに属する業界の構造が同じ、または類似しているならば、すなわち、買い手、サプライヤー、参入障壁などが同じならば、これらの製品は同じ業界に属すると見なすのが妥当であろう。一方、業界構造が明らかに異なるならば、別の業界に属すると見るのがよいだろう。

潤滑油のうち、自動車用エンジンオイルは、トラック用のものと類似あるいは同一の場合もあるとはいえ、類似性はたいていここまでである。

自動車用エンジンオイルは、大々的に宣伝しながら、さまざまな有力チャネルを通じて、多種多様で、概してエンジンオイルにさほど詳しくない顧客に販売される。製品は、小さな容器に詰められ、また物流コストも高いため、必然的に地域生産になる。かたやトラックや発電機用の潤滑油は、まったく異なる買い手に、まったく異なる手法で、別のサプライチェーンを通じて販売される。

業界構造（買い手の交渉力、参入障壁など）が本質的に異なるのだ。したがって、自動車用エンジンオイルは、トラックや定置機関用とは異なる業界に属する。これら2つのケースでは、業界の収益性も異なるであろうから、潤滑油メーカーは各分野で競争するために別の戦略が必要になるだろう。

5つの競争要因の違いから、競争の地理的範囲も明らかになる。ある業界の構造（競合他社、買い手などがどの国でも同じならば、その競争はグローバルなものと推測され、グローバルな観点から分析された5つの競争要因によって平均収益性は決まることだろう。

この場合、必要なのはグローバル戦略である。しかし、ある業界の構造が地域によってまったく異なるのであれば、各地域は異なる業界と見るのが妥当かもしれない。そうでなければ、競争によって地域差はないはずである。この場合、地域ごとに分析した5つの競争要因によって、各地域の収益性が決まる。

関連製品における、あるいは各地域における5つの競争要因の違いの幅は、程度の問題であり、業界の定義は判断の問題であるケースが多い。経験則から申し上げるなら、競争要因のいずれか一つの違いが大きく、その違いが他の複数の競争要因に関係している場合には、業界が異なるといえるだろう。

しかし幸いにも、業界の線引きを間違えても、5つの競争要因を注意深く分析すれば、競争上の重要な脅威が明らかになるはずである。たとえば、業界の定義から外されていた関連製品が代替品として浮上してきたり、競合として見落とされていた企業が新規参入者として認識されたりする。

同時に、5つの競争要因を分析すれば、広すぎる業界内における主要な差異も明らかになるはずである。それは、業界の境界線あるいは戦略を修正する必要性を示唆している。

業界分析の手順

❶当該業界を定義する。

●業界内には、どのような製品があるか。他業界の製品の一部になっているものは何か。
●地理的に見た競争の範囲はどこか。

❷当該業界の参加者を特定し、必要ならばグループ分けをする。また、以下に該当するのはどのプレーヤーか。
●買い手および買い手グループ
●サプライヤーおよびサプライヤーグループ
●競合他社
●代替品
●新規参入の可能性がある企業

❸どの競争要因の影響力が大きく、どの競争要因が小さいか、またその理由は何かを見極めるために、各競争要因の基本的なドライバーについて評価する。
●収益性が現在の水準であるのはなぜか。
●収益性に制約を与えているのは、どの競争要因か。
●業界分析の結果は、実際の長期的収益性と一致しているか。
●自社よりも収益性の高いプレーヤーは、5つの競争要因に照らして有利なポジションにあるか。

❹各競争要因において、現在そして将来起こりうるプラスとマイナスの変化について分析する。

❺業界構造において、競合他社、新規参入者、あるいは自社による影響を受けるかもしれない面を特定する。

業界分析で犯しやすいミス

分析する際、以下のようなミスを犯しがちであり、これを回避するよう注意する。

- 業界の定義が広すぎる、または狭すぎる。
- 正確な分析を試みるのではなく、（定性要因の）リストをつくる。
- 最も重要な競争要因を掘り下げるのではなく、すべての競争要因に等しく注意を払う。
- 原因（買い手の経済状態）と結果（価格感度）を混同する。
- 静的分析を用いて、業界動向をなおざりにする。
- 一時あるいは周期的な変化と業界構造上の変化を混同する。
- 5つの競争要因というフレームワークを、戦略上の選択を導くためではなく、業界が魅力的か否かを決めるために用いる。

【注】

（1）バリューチェーンのフレームワークについては、Michael E. Porter, *Competitive Advantage*, Free Press, 1985.（邦訳『競争優位の戦略』ダイヤモンド社、1985年）を参照。

(**2**) インターネットが、一部の業界の収益性を蝕む一方で、一部の業界の魅力度を高めることについては、Michael E. Porter, "Strategy and the Internet," HBR, March 2001.（邦訳「[新訳]戦略とインターネット」ＤＨＢＲ２０１１年６月号）を参照。

(**3**) Barry J. Nalebuff and Adam M. Brandenburger, *Co-Opetition*, Doubleday Business, 1996.（邦訳『コーペティション経営』日本経済新聞社、１９９７年）を参照。

第**3**章

ビジョナリー・カンパニーへの道

コンサルタント
ジェームズ C. コリンズ
スタンフォード大学 経営大学院 名誉教授
ジェリー I. ポラス

"Building Your Company's Vision"
Harvard Business Review, September-October 1996.
邦訳「ビジョナリー・カンパニーへの道」
『DIAMONDハーバード・ビジネス・レビュー』2006年11月号

ジェームズ C. コリンズ
(James C. Collins)
1996年にスタンフォード大学経営大学院の教員を辞し、コロラド州ボールダーにて、マネジメント研究および経営者への助言のための経営研究所を主宰する。マネジメント教育と執筆活動に携わる。『ビジョナリー・カンパニー』や『ビジョナリー・カンパニー2 飛躍の法則』など6冊の著作は、世界で累計1000万部以上のベストセラーとなった。

ジェリー I. ポラス
(Jerry I. Porras)
スタンフォード大学経営大学院レーン記念講座名誉教授。組織行動および企業変革が専門。変革のリーダーシップとマネジメントに関するエグゼクティブ向けプログラムのディレクターを兼務する。ジェームズ・コリンズとの共著『ビジョナリー・カンパニー』がある。

何が聖域であり何がそうでないか

探求はどこまでもどこまでも続き
終えたと思った時には
必ず原点へと回帰している。
我々はその時初めて原点を知る。
トーマス・S・エリオット
『四つの四重奏曲』より

繁栄を続ける企業には、確固たる基本理念や企業目的が必ずある。世の中はたえず変化しており、これに適応するために戦略を見直したり、仕事のやり方を改革したりするが、このような偉大な企業の基本理念や企業目的はけっして揺らぐことがない。

ヒューレット・パッカード（HP）、スリーエム（3M）、ジョンソン・エンド・ジョンソン（J&J）、プロクター・アンド・ギャンブル（P&G）、メルク、ソニー、モトローラ、ノードストロームなどは、たゆみなく自己変革を続け、長期にわたって目覚ましい業績を上げている。その秘密は、自社の拠りどころを堅持しつつ、常にみずからをさらなる進歩へと駆り立てる組織活力にある。

ＨＰの社員たちは、仕事のやり方、文化的規範、事業戦略などを抜本的に改革することはあっても、自社を支える精神、すなわち「ＨＰウェイ」は不変であることを心得ている。Ｊ＆Ｊは折に触れて組織のあり方を問い直し、業務プロセスを改革してきたが、かねてからの企業理念をこれまで通り大切にしている。

３Ｍは１９９６年、成熟化したコア事業をいくつも売却してメディアを驚かせたが、そのような思い切った決断を下したのは、「解決不能とされる課題を、革新的な手法によって解決する」という、自社が掲げる永遠の目標に立ち戻るためだった。

筆者らが『ビジョナリー・カンパニー』を執筆するに当たって、さまざまな企業を調査したところ、これらのビジョナリー・カンパニーの株価は、１９２５年以来、株式市場全体を12ポイントも上回るパフォーマンスを示している。

偉大な企業は、けっして変えてはならないものと、時と場合に応じてメスを入れるべきもの、また聖域とそれ以外の領域の違いを心得ている。伝統と変革をマネジメントするという、この類稀なる能力を発揮するには、自制が求められるのはもちろん、ビジョンを描く力が要求される。

ビジョンとは、守るべき核心は何か、どのような未来に向けて邁進すべきかを指し示すものである。ところが、ビジョンという言葉ほど、その本質が理解されないまま、むやみに用いられてきたものはない。

この言葉から受けるイメージは、確固たる信念、卓越した業績、人と人との絆、挑戦意欲をかき立てる目標、モチベーションの原動力、存在理由《レーゾンデートル》など、人によって千差万別である。

図表3｜明快なビジョンを描く

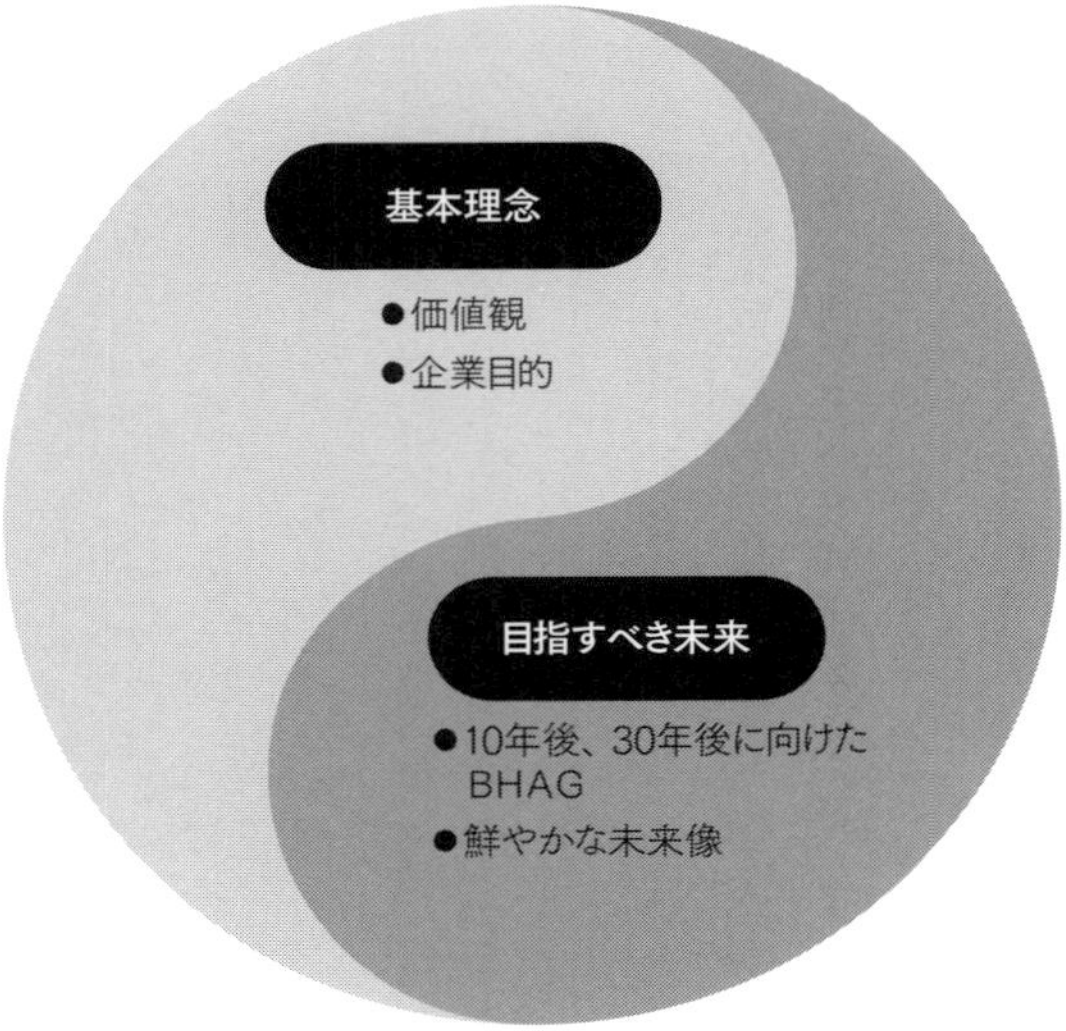

では、しきりに持てはやされるこのビジョンという概念を正しく定義し、この言葉にまつわる曖昧さを排し、社内に首尾一貫した明快なビジョンを打ち立てるには、どうすればよいだろう。

ここでは、そのためのフレームワークを示したい。これは、6年間に及ぶ調査と研究に基づいて、世界各国の多彩な企業の経営陣とともに実地検証する中で磨き上げてきたものである。

完成度の高いビジョンは、「基本理念」「目指すべき未来」という2つの柱から成る（**図表3**「明快なビジョンを描く」を参照）。基本理念は、その企業が何を守り、何のために存在しているのかを表す。その中身は常に不変であり、目指すべき未来を実現するうえで大いなる一助となる。目指すべき未来とは、何を達成し、何を創造したいのか、どのような存在になりたいのかを示したものであり、その実現には大胆な改革や進歩が求められる。

基本理念

組織の個性は基本理念によって織り成される。このように基本理念に裏付けられた個性は、時が経とうと色あせることはなく、商品や市場のライフサイクル、技術上のブレークスルー、流行の経営手法、その時々のリーダーなどにも左右されない、揺るぎないアイデンティティを形づくる。

実のところ、ビジョナリー・カンパニーを築き上げた人たちの最大の功績とは、基本理念の創造にほかならない。ビル・ヒューレットは、永年の友人で事業上のパートナーでもあるデイビッド・パッカードが他界した折、故人を偲んでこう語っている。「デイビッドがHPに遺した最高の贈り物は、我々の心の拠りどころ、そう『HPウェイ』なのです」

HPウェイは、創業以来50年以上もの間、道しるべとしてHPを導いてきた。その骨子は、「一人ひとりの個性を尊重する」「高い品質と信頼性を良心的な価格で提供する」「地域社会での責任を果たす」などであり、人間社会の発展と幸福に技術面で貢献することを自社の使命ととらえている。デイビッド・パッカード自身、時価43億ドル相当の自社株を慈善団体に寄付している。

デイビッド・パッカードだけでなく、ソニーの井深大、メルクのジョージ・メルク、3Mのウィリアム・マクナイト、モトローラのポール・ガルビンといった創業者は皆、何を目指すかよりも、みずからの本質を理解することを重要視していた。なぜなら、目指すべき場所は世の中の移ろいにつれて変化していくからである。

リーダーはこの世を去り、商品は時代遅れとなり、市場は様変わりし、技術は世代交代の波にさらされる。しかし、偉大な企業の基本理念は、人々の道しるべとして、そしてまたひらめきの源泉として、時代を超えて息づいている。

企業が成長し、分権化や多角化を推し進め、海外進出し、人材が多様化しても、基本理念の力を借りれば、組織の連帯を維持することができる。これはちょうど、ユダヤ人が祖国を追われ、世界各地に離散しながらも、何世紀もの間、ユダヤ教という信仰を支えに絆を失わずにきたのと同じである。

米国独立宣言に示されている自明の真実もしかりである。また、科学者たちが「人類の知を高める」という共通目的のために、国境を超えて科学振興のコミュニティをつくっているが、その理念や原則もいまなお風化せずにいる。

優れたビジョンは、その組織の基本理念を反映している。基本理念は「価値観」と「企業目的」からなる。価値観とは、組織を導く原則や信条であり、企業目的とは、組織の根源的な存在理由である。

価値観

価値観とは、永遠に失われることのない組織の魂である。時代を超えた生存原則であり、その正当性を外野からとやかく言われる筋合いはない。組織メンバーにすれば、無条件に価値ある大切なものなのだ。

ウォルト・ディズニーは、創造性や健全性を価値観として重んじているが、市場から求められたわけではなく、これら2つを育むのが会社のためになると創業者が信じていたからである。

ウィリアム・プロクターとジェームズ・ギャンブルはP&Gの企業文化として、優れた製品を送り出すことを重んじる姿勢を根付かせたが、それは成功へ向けた戦略であっただけでなく、宗教にも近い信条だった。この価値観は、実に150年以上もの間、P&G社内で脈々と受け継がれてきた。

ノードストロームの場合、隷従ともいえるくらい顧客に奉仕することを重んじており、その起源は1901年まで遡る。これは、産業界で顧客サービスプログラムが花盛りとなる、およそ80年前である。

ビル・ヒューレットとデイビッド・パッカードにとって、「一人ひとりの個性を尊重する」という考えは何より優先すべき固い信念であり、本から学んだわけでも、マネジメントグルーから教えを受けたわけでもない。

J&JのCEOラルフ・S・ラーセンは、こう述べている。「当社の価値観は、競争優位につながるかもしれませんが、これが理由で信奉しているのかというと、けっしてそうではありません。価値観を大切にするのは、それが我々が体現したい価値だからです。たとえ競争上不利になる場合でも、やはり尊重し続けるでしょう」

要するに、偉大な企業は、その時々の環境、競争上の必要性、流行などに左右されることなく、独自に価値観を決めているのである。もちろん、すべての企業に当てはまる価値観などは存在しない。

ソニーの価値観には顧客サービスは含まれない。ディズニーの価値観には「一人ひとりの個性を尊重する」というくだりはない。ウォルマートは品質を、HPは市場重視を、ノードストロームはチームワークを掲げてはいないが、それはそれでかまわない。価値観として記されていなくとも、すでに仕事や戦略の中に織り込まれている場合もあるだろう。

さらに述べれば、偉大な企業だからといって、ヒューマニズムに根差した、一般受けするような価値観を掲げる必要はない。ただし実際には、たいていの価値観がそのような意味合いを含んでいる。カギとなるのは、中身そのものよりもむしろ、そのような価値観を持ち合わせているかどうかなのだ。

一般には、価値観の数は3~5程度とあまり多くない。それどころか、筆者らが調査したビジョナリー・カンパニーのうち、6つ以上の価値観を掲げていた企業は皆無であり、ほとんどが3ないしは4だった（**章末**「価値観は企業の魂である」を参照）。

実際、これくらいが理想だろう。文字通り価値観と呼べるものは、限られているはずである。そのような価値観とは、全社に深く根付いたかけがえのないものであり、けっして変わることのないものだからだ。

自社の価値観を探り当てるには、真実から目を逸らすことなく、かけがえのない価値とは何かを突き詰める必要がある。その結果、6つ以上の項目が挙がった場合、永遠不滅のはずの価値観を、業務慣行、事業戦略、文化規範など、移ろいやすいものと混同している可能性が高い。忘れてならないのは、価値観は時の検証に耐えられなければならないという点である。

価値観の候補をとりあえず列挙したならば、次は、それぞれについて「状況が変わって足かせになったとしても、この価値観を守り続けられるだろうか」と自問してみてはどうだろう。心底から「イエス」と答えられないならば、それは価値観には値せず、候補から外すべきだろう。

あるハイテク企業は、品質の追求を価値観に含めるべきかどうかをめぐって揺れた。CEOはその際、周囲にこう問いかけた。「10年後、品質が市場での差別化要因でなくなっていたらどうだろう。品質ではなく、スピードと馬力だけが重視されるようになっていたらどうだろう。それでも、品質を我々の価値観と呼べるだろうか」

経営陣は互いに顔を見合わせ、最終的に「ノー」という答えを出した。品質の追求は戦略には盛り込まれ、品質改善プログラムも、会社の前進に向けた施策の一つとして残された。ただし、価値観からは外された。

つづいてイノベーションについて検討した。CEOが「今後、どのように環境が変わろうと、価値観としてイノベーションの推進を掲げ続けられるか」という問いを投げかけると、今度は威勢よく「イエス」と返答した。

経営陣の見通しをまとめると、おおむねこうなる。「我々は、時代の最先端を走るイノベーションをたえず実現していたい。それが当社の存在理由でもある。これは当社にとって非常に大きな意味があり、これからも無条件に重要であり続けるだろう。仮に現在の市場がそれを評価してくれないのであれば、新しい市場を見つけ出すまでだ」

最先端のイノベーションを生み出すことは、同社の価値観として息づいており、これからも風化することはないだろう。市場が変わろうとも、価値観だけは変えてはいけない。むしろ、価値観を守り抜くためならば、市場そのものを見直すべきだろう。

価値観の中身を固める際、誰を検討メンバーに入れるかは、企業規模、歴史の長さ、地理的な分散状況などによって異なるが、筆者らは通常、「マーズ（火星）・グループ」の活用を提案している。マーズ・グループの仕組みはこうである。

あなたは地球外の星へと飛び、いまの組織に備わった最高の美点を移植するという使命を帯びたが、その星へ向かうロケットには5～7人分の座席しかない。誰をロケットに乗せるべきだろうか。

おそらく、会社の価値観を本能的に理解しており、同僚からの信頼が極めて厚く、能力の点でも申し分のないメンバーを選ぶことだろう。筆者らはしばしば、価値観を定めるためのマーズ・グループ・メンバーを、その場にいない人でもかまわないので5～7人ほど指名するよう、集まった面々に依頼する。すると必ずと言ってよいほど、人望の厚い人たちが選ばれ、彼ら彼女らはみごとに価値観をまとめ上げる。なぜかといえば、ほかでもない。自分たち自身がその価値観を体現しているからだ。そう、会社の遺伝子を受け継いでいるのである。

多彩な人材を擁するグローバル企業であっても、全社共通の価値観を絞り込むことは可能だ。その秘訣は、一人ひとりがまず、自身の視点から発想し、次いでそれを組織全体に当てはめることである。価値観の策定に携わる人々は、いくつかの質問への答えを探さなければならない。

●自分自身はどのような価値観に従って働いているか（褒賞の対象であるかどうかにかかわらず、その価値観を抱いていることが重要である）。

●自分の仕事上の価値観を子どもに伝えるとしたら、何を挙げるだろうか。子どもが成長した暁に、どのような価値観に従って働いてほしいか。
●明日の朝起きた時、一生困らないだけの資産を手にしていたとしても、やはりこの価値観に寄り添って生きていくだろうか。
●100年後も、この価値観が現在と同じだけの意義を持ち続けると思えるか。
●競争上、もし足かせになったとしても、これまで通り尊重するか。
●明日、別の事業分野で新しい組織を立ち上げた場合、その事業の種類にかかわらず、引き続き守らなければならない価値観があるとすれば、それは何か。

以上の中でも、最後の3つの問いはとりわけ重要である。というのもこれらは、けっして変えてはならない価値観と、折に触れて改めるべき慣行や戦略をふるい分ける役目を果たすからである。

企業目的

基本理念の第2の柱である企業目的は、組織の存在理由にほかならない。その企業で働くうえでの理想的なモチベーションを言語化すれば、それがすなわち企業目的である。単に業績や対象顧客を説明するだけでは十分ではない。組織の精神を表していなければならないのだ（**章末**「企業目的とは企業の存在理由そのものである」を参照）。

1960年、デイビッド・パッカードがHPの社員たちに向けて、次のようなスピーチを披露したが、これは利益追求に留まらない同社の存在理由を表明したものである。[注1]

「会社とはそもそもなぜ存在するのでしょうか。本日は、この点についてお話ししたいと思います。言い換えれば、なぜ我々はこの会社で働いているのかということです。『会社は利益を上げるために存在する』と考えている人が多いのではないでしょうか。ですが、それは間違いでしょう。利益は事業を営むことで得た貴重な成果ですが、我々はさらに踏み込んで、会社が存在する大元の理由を探らなければなりません。

この問題を突き詰めていくと必ず、ある結論にたどり着きます。大勢の人々が集まり、会社という組織を動かしていくのは、みんなで力を合わせて、一人では成しえない何かを実現するため、ひいては社会に貢献するためです。使い古された表現ではありますが、これがすべての基本でしょう。産業界全般を見渡すと、金儲けしか眼中にないような人もいますが、その背後にあるのは、たいてい製品をつくる、サービスを提供するなど、価値ある営みをしたいという思いです」

企業目的を、具体的な目標や事業戦略と混同してはならない。前者は少なくとも100年は変更されるべきものではなく、後者はその間に何度も改められるべきものである。具体的な目標を達成しても、戦略をみごと成し遂げても、企業目的を達したことにはならない。

企業目的はあたかも地平線の上に輝く星のようなもので、追いかけても、追いかけても、絶対に手が届かない。もっとも企業目的はそれ自体不変とはいえ、変革を促す役目は果たす。「企業目的は、けっして100％を達成できない」という事実そのものからも、組織はたえず変革や進歩を重ねるべきことがわかる。

企業目的を定めるに当たって、よくある失敗は、既存の製品ラインや顧客セグメントを示して、これを企業目的としてしまうというものだ。次のような文章は、企業目的の正しい意味を表しているとは言いがたい。「当社はガバナンス規定を遵守しながら、抵当権の証券化によって二次市場に参入します」。これでは事業内容を説明しているにすぎない。

対照的に、企業目的を見事に言い表した事例がある。ファニー・メイ（連邦住宅抵当公庫）の経営陣による表明である。「誰もが住宅を持てる社会を実現するために尽力し、社会インフラのよりいっそうの充実を図る」

今日のような抵当権の二次市場（各金融機関の住宅ローンを引き受けて、これを肩代わりする、あるいは証券化する）は、100年後には存在すらしないかもしれないが、「誰もが住宅を持てる社会を実現するために尽力し、社会インフラのよりいっそうの充実を図る」という目標は、世の中がどれほど変わろうと、永遠に意義深いものだろう。

ファニー・メイはこの企業目的に導かれて、1990年代初めに大胆な施策をいくつも打ち出した。住宅ローンの引き受けコストを5年間で40％ほど削減する。50億ドル規模の引き受けを通して、住宅ローンにおける差別を解消する。さらには、これまで住宅を持てなかったマイノリティ、移民、低所得層など計1000世帯を対象に、2000年までに1兆ドルを提供するという、遠大なゴールも設けた。

3Mも同様である。同社がその企業目的について語る時、接着剤や研磨剤に触れるのではなく、「創意工夫によって未解決の課題を解決することを目指し続ける」としている。これが新たな分野へと3Mを導いていく。

マッキンゼー・アンド・カンパニーの企業目的は、経営コンサルティングの提供ではなく、企業のみならず政府や自治体のさらなる飛躍を助けることである。100年後には、コンサルティング以外の手法によってそれを実現しているかもしれない。

HPは、電子検査や計測機器を製造するために存在しているのではなく、人々の生活がより快適になるよう技術面で貢献することを使命としている。HPはこの使命に従い、創業当初とは大きくかけ離れた分野にまで事業を拡大してきた。

ウォルト・ディズニーが、「人々の心に温もりを届ける」ではなく「アニメを創作する」ことをその使命としていたならば、どうなっていただろう。おそらく、ミッキーマウス、テーマパークのディズニーランドやエプコット・センター、プロホッケーチームのアナハイム・マイティダックスなどは、いずれも誕生していなかったのではないか。

企業目的にたどり着くうえで、「5つのなぜ」が目覚ましい威力を発揮する。まず「当社は製品Xを提供している」「サービスXを提供している」という事実確認から出発し、なぜそれが重要なのかを問い直してみるとよい。それも5回だ。すると、何回目かには、組織の企業目的に思い至るだろう。

筆者らは、あるマーケティング調査会社と仕事をした折に、この手法を用いて企業目的に関する議論を深め、大きな成果を手にした。最初のミーティングでは、経営陣は何時間も議論を重ね、自社の企業目的は「最高のマーケティングリサーチデータを提供する」という結論を出した。

そこで筆者らはこう質問した。「なぜ、最高のマーケティングリサーチデータを提供するのが重要なのですか」。しばし話し合った後、経営陣が導き出した答えは、その企業目的に関わる深い理解に根差していた。「最高のマーケティングリサーチデータを提供して、お客様の市場理解を深める」

さらに掘り下げたところ、自社を誇らしく感じるのは、顧客の市場理解を助けるからだけではなく、その事業の成長にも貢献しているからだと思い至った。このような達観を通じて、このマーケティング調査会社はついに自社の企業目的にたどり着いた。「お客様の市場理解をお手伝いし、ひいてはその繁栄に貢献する」

現在同社では、この企業目的を念頭に置きながら、「売れるかどうか」ではなく「お客様の繁栄に資するかどうか」という視点から、自社のサービスについて判断している。

5つのなぜは、業界を問わず、事業をより有意義にするうえでも役に立つ。アスファルトや砂利を扱う企業では、「当社はアスファルトと砂利を提供しています」から出発し、なぜそれが重要なのかを何回も問い直していくうちに、次のような結論に至った。

「アスファルトや砂利を供給することが重要なのは、人々の安全や快適さを守るうえでインフラの質がカギを握るからである」「でこぼこ道を運転するのは、不快なだけでなく危険でもある」「コンクリートが粗悪だったり、施工に手抜きがあったりしては、大型ジェット機は安全に着陸できない」「低品質の素材でできた建物は経年劣化が激しく、地震で倒壊しかねない」

このような内省から「構造物の質を向上させ、よりよい生活を実現する」という企業目的が導けるのではないだろうか。

これに似た使命感に突き動かされて、カリフォルニア州ワトソンビルにあるグラナイト・ロック・カンパニーは、みごとマルコム・ボルドリッジ国家品質賞を受賞した。アスファルトを生産し、採石場を運営する中小企業にすれば、まさしく快挙であるが、同社の素晴らしさはこれだけに留まらない。我々が調査した企業の中でも、指折りの先進性を発揮しており、その活動から目が離せない。

注目すべきは、企業目的のどれ一つとして「株主利益の最大化」という範疇には属さない点である。企業目的の主な役割は、組織全体の道しるべとして、閃きをもたらすことである。株主利益の最大化というテーマは、あらゆるレベルの組織メンバーを啓発するわけではなく、道しるべにもなりにくい。それどころか、株主利益の最大化は、企業目的を見出せずにいる企業が設定する定番であり、お粗末なその場しのぎにすぎない。

偉大な組織では、業績を語る際に、EPS（1株当たり利益）はほとんど話題に上らない。モトローラの社員は、品質をいかに向上させたか、自社製品が世界をどう変えたかについて語る。HPの社員は、その技術力によって市場にどう貢献したか。ノードストロームでは、伝説的な顧客サービスが語り継がれ、カリスマ販売員による輝かしい実績が注目の的となる。ボーイングの技術者は、イノベーションに裏打ちされた夢の最新鋭旅客機を発表する際、「このプロジェクトの成功に全身全霊を傾けたのは、EPSが37セント上昇するからです」などと、間違っても言わないだろう。

株主利益の最大化などというレベルを超えて、より本質的な企業目的にたどり着くには、「企業無差別抹殺ゲーム」を試みるのも一つの方法である。そのルールはこうだ。社内外の誰もが納得する価格――それは将来の期待キャッシュフローよりもかなり高い金額――で会社を誰かに売却するとしよう。

買い手は、すべての社員に従来通りの給与を保証することを約束するが、業種は変わってしまう可能性が高い。買収後にこの会社を抹殺する計画、つまり製品やサービスの提供をやめ、営業を停止し、ブランド名を廃止しようというのだから。

これでは、この企業は永遠に葬られることになる。はたしてこの提案を受け入れるべきだろうか。このゲームは、財務ばかりに目が向かいがちな経営者のかたくなな視点を、組織の存在理由に向けさせるうえで絶大な効果を発揮することがわかっている。

マーズ・グループの各メンバーに、次のように問いかけてみてもよいだろう。「明日の朝、目が覚めたら、いますぐ引退しても困らないだけの資産が銀行口座に入っていたとする。それでもこの会社で働き続けるか」「この会社の事業に創造への貴重な熱意を傾け続けるには、どのような目的がモチベーションになるだろうか」

21世紀の企業は、創造への強い熱意や才能に頼る必要があるだろう。実際、何事にも全力を尽くしている社員がいるが、なぜそこまで頑張るのだろうか。

ピーター・ドラッカーがいみじくも述べているように、献身的な一流の人材は、つまるところボランティアなのだ。彼ら彼女らは、別の何かに取り組むチャンスに突き動かされている。

労働の流動性が社会的に高まり、企業で働くことに冷めた見方が生まれ、起業家が増えるといった状況の下では、いかなる仕事も意味あるものにし、それによって卓越した人材を引き付け、モチベーションを高め、つなぎ止めなければならない。そのためには、企業目的をこれまで以上に明確に意識しておかなければならない。

基本理念を探し当てる

基本理念は創造するものではなく、発見するものである。とはいえ、外部環境を見渡したところで、基本理念が思い浮かぶものでもない。社内に目を向けなければいけない。

また、理念は建前ではなく、本音でなければならない。

基本理念を探り当てるのは、知的な営みである。「何を基本理念とすべきか」ではなく、「自分たちが熱い思いを持って、心底から抱いているのは、どのような理念だろうか」とみずからに問いかけるべきだ。

その際、本来は抱くべきなのに抱いていない価値観と心からの願いは別物であり、この2つを履き違えてはいけない。そんなことをすれば「何をとぼけたことを言っているんだ。上辺だけの『価値観』を掲げても、誰も振り向かないぞ」といった反応や不信感が組織全体を覆うだろう。

大志や強い願望は、基本理念というよりも、むしろ目指すべき未来や戦略の一部を成すものである。しかし、れっきとした自社の価値観が時とともにすたれてきたならば、基本理念に含めることを検討してもよいだろう。ただし、もう一度価値観を甦らせるには懸命な努力が不可欠であることを、社内に忘れずに伝えなければいけない。

もう一つ、はっきりさせておきたい点がある。基本理念の役目は企業を導き、啓発することであり、他社との差別化ではない。いくつもの企業が、同じ価値観や企業目的を掲げていても何ら不思議ではない。

「技術を通じて社会に貢献する」という企業目的を掲げる企業は何社もあるだろうが、ＨＰくらい熱い思いでこの企業目的を追求している企業は稀だろう。「人々の生活を守り、より快適なものに変えたい」という企業目的も何社も掲げているかもしれないが、メルクほどその思いを深く抱いている企業はけっして多くない。

優れた顧客サービスを目指す企業も枚挙に暇がないだろうが、それを社風に強く根付かせている点にかけて、ノードストロームの右に出る企業はなかろう。イノベーションの実現を基本理念に置いている企業も少なくないが、３Ｍほどそのための体制を充実させている企業はそうそう見当たらない。

基本理念の中身うんぬんではなく、基本理念を信じ、規律を持って迷いなく実践している点こそ、他の大多数の企業には見られない、ビジョナリー・カンパニーならではの特質なのだ。

基本理念は、組織メンバーにとって意味を持ち、インスピレーションの源泉となれば、それでよい。社外から見ても発奮するようなものである必要はない。なぜなら、基本理念の実現に向けて長年力を尽くさなければならないのは、社内の人々だけなのだ。

基本理念はまた、社員とそれ以外の人たちを区別するうえでも役に立つ。明快な基本理念は、価値観を共有できる人材を引き付ける。同時に、価値観の異なる人材を遠ざける。価値観にせよ、企業目的にせよ、強制するわけにはいかない。意に沿わないのに受け入れることのできるものとは違うのだ。

経営者はえてして、「どうすれば社員たちに基本理念を浸透させられるだろうか」などと考え込むが、それは不可能というものである。そうではなく、初めから自社の価値観や企業目的にふさわしい人材を探し、彼ら彼女らを引き付けて、つなぎ止めるのだ。

一方、価値観の合わない人材には別天地を求めるように促すべきだろう。そうすれば、基本理念を明らかにする際、その過程で「この会社の価値観には馴染めない」と気づいた人はみずから去っていく。これは歓迎すべきことである。

ただし、基本理念を共有できる限り、多種多様な人材を集め、さまざまな視点を備えることが大切である。言うまでもなく、価値観や企業目的を共有しているからといって、考え方や外見が似ているとは限らない。

基本理念は必ずしも言語化できるわけではない。したがって、この点も要注意である。明文化されていなくとも、極めて強力な基本理念を持っている企業もある。たとえばナイキは、筆者らの知る限り、その基本理念を文章化していない。にもかかわらず、ナイキでは、強烈な基本理念が全社の隅々にまで浸透している。すなわち、勝利の醍醐味を味わおうというのだ。

ナイキにはキャンパスがあり、本社ビルにもまして、そのキャンパスこそがスポーツ精神の殿堂なのである。その壁は、ナイキと契約を交わした一流アスリートたちの巨大写真で埋め尽くされている。ある一角には、契約アスリートたちのブロンズメダルが飾られている。

陸上トラックの周囲には銅像が並び、建物の各棟は、たとえばオリンピックの女子マラソン金メダリスト、ジョーン・ベノイト、バスケットボールのスーパースター、マイケル・ジョーダン、プロテニスのジョン・マッケンローらの名前を冠している。

ナイキに入社しても、同社ならではの闘争心やハングリー精神に染まらない人は早晩去っていく。この会社では社名すら競争にちなんでいる。Ｎｉｋｅとは、ギリシア神話に登場する勝利の女神「ニケ」にちなんでいる。このように、たとえ明文化されていなくとも、ナイキが強い目的意識に突き動かされているのは間違いない。

以上のように、価値観や企業目的を見極めるのは、美辞麗句をひねり出すこととはわけが違う。実際のところ、多くの企業がその時代時代にふさわしい言葉を用いて、基本理念を表現している。

筆者らはＨＰの資料室から、ＨＰウェイを表す文言をいくつも発掘した。いずれも、１９５６年から１９７２年までの間にデイビッド・パッカードがしたためたものだが、その数は片手では足りない。どれも皆同じ考え方に貫かれているが、文面そのものは、時期や状況に応じてまちまちである。

同じくソニーの基本理念も、時代ごとにさまざまに表現されている。ソニーを創業した時（当時は東京通信工業）、井深大はソニーの基本理念を支える価値観と企業目的を次のように表した。

「技術上の困難はむしろこれを歓迎、量の多少に関せず最も社会的に利用度の高い高級技術製品を対象とす」。また「一切の秩序を実力本位、人格主義の上に置き、個人の技能を最大限に発揮せしむ(注2)」。

これと同じ考え方が、その後40年を経て、「ソニー・パイオニア・スピリット」としてまとめられた。「ソニーはパイオニアであり、けっして他社の後追いはしない。進歩を通して、世界全体に尽くしたいと願っている。我々は絶えず未知の何かを追い求めるだろう。（中略）ソニーは人々の能力を尊重し、さらに伸ばそうとする。そして常に、その人の力を最大限に引き出そうとする。これこそがソニーの活力源である(注3)」。価値観は一貫している。表現が変わっただけである。

このように、専念すべきは正しい中身を考えることである。価値観や企業目的のエッセンスをいかに抽出すべきかが重要なのだ。美しい言葉を紡ぎ、流麗な文章にするよりも、組織の価値観と企業目的を深く理解することが大切である。その中身はさまざまな形で表現できる。筆者らは経営陣にしばしば、価値観や企業目的を探り出したら、その後は自分の言葉でそれを表現し、部下たちに示すことをアドバイスしている。

なお、基本理念をコアコンピタンスと混同しないでいただきたい。コアコンピタンスは戦略に関わる概念であり、会社が特に得意とする分野や秀でた組織能力を指す。かたや基本理念は、信念や存在理由を表している。ただし、コアコンピタンスは基本理念に則っているべきであり、多くの場合、基本理念を土台としている。とはいえ、これら2つはあくまで別物である。

一例として、ソニーは微細化技術に長けており、このコアコンピタンスは多彩な製品や市場に戦略的に活かせる。しかし、微細化はソニーの基本理念かというと、そうではない。100年後には、微細化はもはや戦略の一部ではなくなっているかもしれないが、偉大な企業であり続けるには、ソニー・パイオニア・スピリットに示された同じ価値観を抱き、同じ存在理由を持ち続けている必要があるだろう。社会全体のために、技術を発展させるのである。ソニーのようなビジョナリー・カンパニーでは、コアコンピタンスは時とともに刷新されていくが、基本理念は不変である。

基本理念が明らかになれば、それと関係ないものは遠慮なく変えてかまわない。仮に「社風だから」「これまでずっとこうしてきた」といった理由で、変えることをためらう人がいたならば、「基本を形づくるもの以外は変えてよい」とシンプルな原則を示すべきである。

より過激に表現すれば「基本以外のものは遠慮なく変えろ」ということになる。とはいえ、基本理念を明確にするのは、出発点にすぎず、どのような変革を促すべきかについても考えなければならない。

目指すべき未来を描き出す

ビジョンを支えるものに、基本理念のほかにもう一つ、「目指すべき未来」という要素がある。これも2つに分けられる。10年ないし30年程度先を見据えた「遠大な目標」と、目標を達成した後についての「鮮やかな未来像」である。

目指すべき未来は、このように矛盾をはらんでいる。一面では、活きいきとし、現実味にあふれた、目に見える何かを連想させる。しかしその半面、いまだ実現していない夢、希望、大志などを意味する。

BHAG《ビーハグ》

これまでの研究を通じて、ビジョナリー・カンパニーの多くは極めて意欲的なミッションを掲げていることがわかった。筆者らはこれを「BHAG」(社運を賭けた大胆な目標)と呼び習わしている。これは“Big, Hairy, Audacious Goals”の頭文字をつなげた造語で、「ビーハグ」と読む。

ビジョナリー・カンパニーは発展にはずみをつけるために、BHAGを強力なバネとして利用する。どのような企業も何らかの目標を持っているが、とりあえず掲げられた目標に向かうのと、たとえば「エベレストに登頂する」といった大きな目標に向けて全力を尽くすのとではわけが違う。

本当のＢＨＡＧには、明快で「どうしても達成したい」と感じさせる何かがある。全員の力を結集させ、チームスピリッツを高揚させる触媒として機能する。ゴールがはっきりしているため、皆懸命にその方向を目指す。そして、たどり着けば、誰もが納得する。

要するに、組織の全員を一つに結集させるものがＢＨＡＧなのだ。一人ひとりの心に訴えかけ魅了する。目に見え、焦点が絞り込めているほか、活力の源泉となる。説明せずとも、すぐ理解される。

１９６０年代、ＮＡＳＡ（米国航空宇宙局）は月面着陸を目指した。その際何度も、何度も会議を重ねる必要も、とうてい覚えられそうもない冗長なミッションステートメントを決める必要もなかった。目標そのものが極めてわかりやすく、自然と心に響くものであったため、１００通りの表現を用いたとしても、誰もがすぐに中身を理解したことだろう。ところが、筆者らの接したビジョンの類はその大半が行動にかき立てる力に乏しい。ＢＨＡＧのような力強いメカニズムがないからである。

一つの企業でも、さまざまな事業が同時にいくつものＢＨＡＧを掲げることも考えられるが、ビジョンを表現したＢＨＡＧはある種独特である。そのようなＢＨＡＧは、全社に適用でき、その達成に10年から30年かかるくらいのものでなければいけない。遠い将来に向けたＢＨＡＧを定めるには、現在の得意分野や環境に囚われない、自由な発想が求められる。

このような目標を見つけ出すには、経営陣は戦略や戦術ばかり考えているのではなく、明快なビジョンを思い描かなければならない。ＢＨＡＧは必ずしも、確実に達成できるものでなくてもよく、その実現可能性は50～70％くらいでもかまわない。ただし、「達成できる」という信念が失われてはならない。

ＢＨＡＧを達成するためには、並々ならぬ努力は言うまでもないが、おそらくはある程度の幸運が必要だろう。

筆者らは、企業がこの種のＢＨＡＧを考案するお手伝いをしてきた。その際、大きく分けて４つの軸に従って発想するように助言している。「具体的な目標」「共通の敵」「ロールモデル」「社内改革」の４つである（**章末「ＢＨＡＧが長期ビジョンを後押しする」**を参照）。

鮮やかな未来像

目指すべき未来へと近づくには、ビジョンに相当するＢＨＡＧを掲げるだけでなく、それが実現した後の世界を、鮮やかに描き出すことが求められる。ＢＨＡＧの実現を目指す意味合いを、魅力あふれる活きいきとした言葉で具体的に表現するのだ。

ビジョンを言葉から絵に置き換えると想像してみてはどうだろう。いつでも頭に思い浮かべられるようなイメージを紡ぎ出すのである。つまり、言語による絵画である。10年先、あるいは30年先に向けてのＢＨＡＧを、社員の心に鮮明に焼き付けておくには、絵画のようにすぐに頭に浮かぶ表現が必要である。

ヘンリー・フォードは、多くの人に自動車をもたらすという目標を、次のようにわかりやすく表現した。

「誰もが手に入れられるような自動車をつくってみせましょう。（中略）とにかく価格を抑え、平均的な給料をもらっている人ならば、必ず手が届くようにします。そうすれば多くの家族が、天の恵みである大いなる大地を何時間も楽しめることでしょう。（中略）この初志を貫徹した暁には、誰もが自動車を購入でき、実際にマイカーを手にしているはずです。ハイウェイから馬の姿は消え、自動車が行き交う様子がやがては見慣れた光景になることでしょう。（中略）当社は大勢の社員を雇い、恵まれた給料を支払うことができるのです」

あるコンピュータ関連メーカーの部品サポート事業部長は「社内で一、二を争う人気事業部になる」という目標を次のように表した。手に取るようにイメージが伝わってくるだろう。

「社内から一目置かれ、憧れの対象となる組織を目指します。（中略）他の事業部からソリューションの提案を熱望され、そのソリューションを採用した事業部は、我々の技術面での貢献が大きく功を奏して、市場にヒット商品を送り出す。（中略）何と誇らしいことでしょう。（中略）社内で飛び切り有望な人材が、ここで働きたいと希望する。（中略）こちらが黙っていても、誰もが『いまの仕事が大好きだ』というメッセージを寄せてくれるのです。（中略）この事業部の人材は持てる力を思う存分発揮し、ハードワークにもへこたれることはありません。他の社員やお客様と一緒に、この事業部の素晴らしい貢献を実感できるでしょう」

メルクは1930年代に、「化成品メーカーから脱皮し、主要大学に比肩する研究力を武器に、世界で屈指の製薬会社になる」というBHAGを掲げた。そしてジョージ・メルクは1933年、研究所の開所式の席で、目指すべき未来について次のように語った。

「うまずたゆまず研究を重ねていけば、業界にも産業界全体にも新風を吹き込むことができるはずです。当社はそう信じています。このたび開所したこの研究所では、当社のツールにより科学技術が発展し、知が増進し、人類は病気や苦悩から解放されるでしょう。ご協力くださる皆様にお誓い申し上げます。この取り組みは、我々の信頼と期待を裏切らないはずです。そして、大勢の人々の前で光を放つことでしょう。真実を追い求める人々、より暮らしやすい世の中の実現に向けて額に汗する人々、社会や経済を暗い影が覆うこの時代に科学や知識のたいまつを高々と掲げる人々が、新たな勇気を奮い起こし、周囲からの支えを実感できるように」

鮮やかな未来を描き出すには、情熱、思い入れ、揺るぎない信念が欠かせない。経営者の中には、「夢への思いをあからさまに表現するのはどうもおもはゆい」という人もいるが、思い切って表現すれば、社員のモチベーションを高められる。

ウィンストン・チャーチルはそれを心得ていたからこそ、1940年に英国が直面するBHAGをこう説明したのだろう。

「ヒトラーを打倒しようではありませんか。ヒトラーは、我が国を破滅させない限り、戦争に勝てないことを承知しています。英国国民がヒトラーの前に敢然と立ちはだかれば、欧州全土が解放されることでしょう。そして全世界が、光がさんさんと差し込む見晴らしのよい広大な大地へと生まれ変わることでしょう。しかし我々が負けるようなことがあれば、米国も、我々が気にかけるすべての国も、いや世界中が暗黒の時代を迎えることになります。倒錯した科学の力によって、邪悪が支配するのです。それを防ぐために、勇気を出して立ち上がろうではありませんか。大英帝国と英国連邦が1000年後にも存続していれば、『あの時、彼らは最も光り輝いていた』と言われるに違いありません」

留意すべきこと

基本理念と目指すべき未来は、区別しなければいけない。特に、企業目的とBHAGの混同を避ける必要がある。しかし、経営者はしばしばこれら2つを取り違え、明確に区別することを怠る。

組織はあくまでも企業目的を達成するために存在しているのであり、具体的な目標を達成するためではない。企業目的は100%実現しないおそれがあるが、BHAGすなわち目標は、10年後あるいは30年後には達成できる。企業目的を地平線上に輝く手の届かない星ならば、BHAGは山の頂である。ひとたび登頂に成功したら、次は別の山を目指すことになる。

基本理念を見極めるのは発見のプロセスだが、目指すべき未来を定めるのは創造的な営みである。とはいえ、心躍るBHAGにたどり着くだけでも、経営陣はえてして四苦八苦する。ともすると、未来への道のりを分析しようとする。

このため、最初に鮮やかな未来を考え、それに基づいてBHAGを導き出すというように、順番を入れ替えたほうがはかどる場合もある。この手法では、まず次のような問いから出発する。

- いまから20年後には、目の前に何があればよいと思うか。
- この会社はどのような姿になっているべきか。
- 社員にとってどのような会社であるべきか。
- 何を達成しているべきか。
- 20年後、主要ビジネス誌にこの会社についての記事が載るとしたら、何と書かれているだろうか。

筆者らの知る某バイオテクノロジー企業は、どのような未来を目指すべきか、その具体的な姿を思い描けずにいた。経営陣の一人はこう語った。

「全社に当てはまることを思い付いても、どれも皆ありきたりで、社員たちの心を躍らせることができません。『世界中のバイオテクノロジーの発展に尽くす』といった月並みな中身ばかりなのです」

言葉を用いながら、20年後の会社の姿を絵に表すよう求めたところ、経営陣はこんな具合に述べた。「サクセスストーリーの主役として『ビジネスウィーク』の表紙に掲載される」「『フォーチュン』の選ぶ『最も尊敬される企業』上位10社に選ばれる」「科学や経営管理を専攻した選りすぐりの人材が就職を希望する」「飛行機の乗客が隣り合わせた人に当社の製品をほめちぎる」「20年連続で黒字と成長を成し遂げる」「進取の精神を発揮して、買収に頼ることなく5ないし6の新規事業部門を立ち上げる」「マネジメントグールーから、経営と先進的な発想に長けた企業の模範として紹介される」。これらに基づいて、このバイオテクノロジー企業は「メルクやJ＆Jと並び称される企業になる」という目標を見出した。

「本当にこの未来を目指すべきだろうか」などと分析するのは無意味である。創造──そう、これは未来の予想ではなく未来の創造である──については、正解があるわけではない。ルートビッヒ・ファン・ベートーベンの『交響曲第九番』は本当にあれでよかったのか。ウィリアム・シェークスピアの『ハムレット』はどうだろう。これらの問いには答えようがない。問うことそのものがナンセンスだろう。

他方、目指すべき未来は、次のような重要な問いに答えるような中身であるべきだ。それは社内の活力を引き出すものだろうか。何らかの刺激になるものだろうか。前進への弾みになるものだろうか。人々を動かす力になるだろうか。

目指すべき未来はそれ自体が心躍るものでなければならない。それを定めたリーダーが去っても、組織のモチベーションの源であり続けるためである。シティバンクは、次のようなBHAGを掲げていた。「かつてないほど強大にして、利便性に優れ、幅広い商品やサービスを揃えた世界的な金融機関になる」。この目標は、達成されるまでの間、長年にわたって行員たちをわくわくさせ続けていた。「月面に着陸する」というNASAのミッションも同じである。この目標はジョン・F・ケネディ大統領の指揮の下で掲げられたが、ケネディ大統領が亡くなった後の何年もの間、NASA職員たちを奮い立たせ、ついに現実となった。

目指すべき未来をうまく思い描くには、ある意味、理屈を超えた自信や献身が必要になる。BHAGがありふれた目標とは一線を画するという点を記憶に留めておいていただきたい。BHAGは社運を賭けた壮大な目標なのである。

地域に閉じた小規模な銀行にとって、「かつてないほど強大にして、利便性に優れ、幅広い商品やサービスを揃えた世界的な金融機関になる」というゴールを目指すのは、とても理にかなっているとはいえなかったであろう。それでもシティバンクは、1915年にこの目標を掲げた。

ヘンリー・フォードは「自動車を、多くの人が購入できる製品にする」と打ち上げたが、これはけっしてハッタリではなかった。1950年代、フィリップモリスは業界6番手にすぎず、市場シェアはわずか9%たらずだった。それが「RJレイノルズを抜いて首位に立つ」と宣言したのだから、当時は物笑いの種になっても仕方なかったであろう。資金繰りの苦しい、ちっぽけな新興企業だったソニーが、日本製品は粗悪だという世界のイメージを一新することを目標にしたのは大胆不敵もはなはだしい（章末「1950年代のソニー：その理念と未来像」を参照)。

もとより、重要なのは目標の遠大さだけではなく、その実現に向けてどれだけ力を尽くすかである。ボーイングは、旅客ジェット機の市場を支配することを目標に掲げただけでなく、ボーイング707、次いでボーイング747に文字通り社運を賭けた。ナイキの社員たちは、アディダスを打ち負かそうと気勢を上げただけでなく、その夢を現実のものとすべく努力を重ね続けた。

そう、目指すべき未来は、社員たちにとって息を飲むようなものでなければ意味がないのだ。実現のためにどれほどの骨折りが必要かを知って、みんなの息を飲む音が聞こえてくるくらいでちょうどよい。

目指すべき未来は、はたして実現可能なのだろうか。筆者らが調査したところ、ビジョナリー・カンパニーは、無謀とも思える目標を掲げながらも、驚くような成果を成し遂げていた。

フォードは自動車を庶民にも手の届く製品にした。シティバンクはシティコープへと発展し、世界で最も影響力のある銀行という地位を手に入れた。フィリップモリスは6番手から首位の座に躍り出て、世界規模でRJレイノルズを凌ぐたばこメーカーとなった。ボーイングは旅客用ジェット機の主力メーカーとなった。ウォルマートは、サム・ウォルトンを失ってもなお勢いが衰えず、売上高1250億ドルを達成しそうである(1999年1月期に達成。直近の2006年1月期の売上高は3157億ドル)。

他方、ビジョナリー・カンパニーと比較するために調査した平均的な企業は、BHAGを掲げても、その実現に失敗した例が多い。では、ビジョナリー・カンパニーの目標が低いハードルかというと、むしろ逆である。

また、リーダーに先見の明があり、強いカリスマ性を備えているかというと、そうとも限らない。ビジョナリー・カンパニーの多くは、傑出したリーダーのいない状況でもBHAGを実現している。

さらに言えば、戦略が優れているわけでもない。ビジョナリー・カンパニーはえてして、検討に検討を重ねた戦略プランを実行するよりも、むしろ何種類もの手法を試して、そのうちでうまく機能したものを選ぶことによって目標を達成している。

ビジョナリー・カンパニーが成功したのは、強靭な組織をつくり、これを大きな礎として未来を切り開いたからである。メルクが製薬業界の雄になりえたのは、世界最強のR&D組織を構築したからである。ボーイングが旅客機市場を席巻したのは、技術、マーケティングの両部門が優れており、ボーイング747のような機種を開発できたからである。「HPが成長と繁栄を成し遂げたのはなぜか」と問われて、デイビッド・パッカードはもっぱら、組織と人材の力を伸ばすという信念を引き合いに出した。

目指すべき未来について考える際には、「成功の罠」に気をつけなければいけない。BHAGの一つを成し遂げた後、次のBHAGを見出していない時に起きる、ぬるま湯に浸ったような状態である。

月面着陸の快挙を成し遂げた後のNASAがこの状態だった。月面に人類の足跡を残した以上、次は何をすればよいのか。フォードも、自動車の大衆化を実現した後、この症候群に陥り、意義ある新しい目標を設定できないまま、1930年代にはゼネラルモーターズ(GM)に業界首位の座を明け渡した。アップルコンピュータも、誰でも簡単に使えるコンピュータを市場に送り出した後、この病にかかった。

新興企業の場合には、株式公開を果たしたり、明日をも知れない状況から抜け出したりした後に、この症候群に見舞われやすい。目指すべき未来は企業を繁栄へと駆り立てるが、ひとたびその未来が実現すると事情は変わる。

そのような時、経営者はしばしばこんな言葉を漏らす。「以前ほど気勢が上がらなくなってしまった。まるで虚脱してしまったようだ」。このような言葉が出るのはおおむね、一つの山を征服し、次の登頂先をいまだ決めずにいる場合である。

大勢の経営者が、優れたミッションやビジョンをひねり出そうと頭を悩ませる。しかし残念ながら、たいていは、価値観、目標、企業目的、哲学、信念、野心、規範、戦略、慣行、説明などをむやみに詰め込んだものである。言葉をただ羅列しただけであるため、退屈で何を言いたいのかわからず、「たしかにその通りだが、だから何なんだ」という反応しか生まれてこない。

さらに悩ましいのは、ほとんどの事例が、ビジョナリー・カンパニーの活力源に相当するもの、すなわち基本理念を守っておらず、進歩を促す要素も反映されていない点である。明文化されたビジョンでもミッションでもなく、この活力こそ不朽の企業を突き動かしている。

ビジョンはただ、この活力にさらなる息吹をもたらす文脈にすぎない。ビジョナリー・カンパニーを築くうえで必要なのは、1％のビジョンと99％の連帯である。強い連帯があれば、ふいに訪れた部外者も、業務や活動の様子からビジョンを推察するはずだ。幹部に会った経験がなくとも、ビジョンに目を通したことすらなくとも大丈夫である。

ビジョンの実現に向けて社内を連帯させるのが、経営者にとって何よりも重要な仕事である。しかしその第一歩としては、ビジョンやミッションに基づいて、ビジョナリー・カンパニーを実現するための効果的な文脈を用意するのが定石である。これに成功すれば、後10年はその文脈を見直す必要はないはずだ。

価値観は企業の魂である

メルク

企業としての社会的責任を果たす。
あらゆる分野で疑いようのない卓越性を示す。
科学を土台にイノベーションを実現する。
誠実さを心がける。
人類への貢献を通して利益を得る。

ノードストローム

何を置いてもまず顧客サービスを心がける。
精一杯働き、一人ひとりが効率よく仕事をこなす。
けっして慢心しない。
輝かしい名声を手に入れ、かけがえのない組織の一員となる。

フィリップモリス

選択の自由は権利である。

正々堂々と戦ってライバル企業に勝利する。
各人の率先を促す。
実力主義を徹底する。
懸命に働き、たえず自分を高めていく。

ソニー

日本の文化を洗練させ、国際社会における地位を高める。
パイオニアになる——他社の後追いを避け、不可能に挑戦する。
一人ひとりの能力向上と創造性の発揮を促す。

ウォルト・ディズニー

後ろ向きの考えは捨てよう。
健全な米国魂を培い、広めていく。
創造性、夢、イマジネーションを大切にする。
細部にまで徹底的にこだわり、一貫性をあくことなく追求する。
ディズニー・マジックを使いこなし、けっして色あせさせない。

企業目的とは企業の存在理由そのものである

3M：創意工夫によって未解決の課題を解決する。
カーギル：世界中の生活水準を高める。
ファニー・メイ：より多くの人にマイホームをもたらすためにたゆまず努力を重ね、社会インフラをより確かなものにする。
HP：人類の発展と幸福のために技術面で貢献する。
ロスト・アロー（パタゴニアブランドを展開）：社会変革のロールモデル兼ツール（道具）となる。
パシフィック・シアター（西海岸でシネマコンプレックスを展開）：コミュニティを育み、繁栄させるための場を提供する。
メアリー・ケイ化粧品：女性の限りない可能性を開く。
マッキンゼー・アンド・カンパニー：リーディングカンパニーと政府や自治体のさらなる飛躍をお手伝いする。
メルク：人々の生命を維持し、生活を豊かにする。
ナイキ：戦って勝利する醍醐味を味わう。
ソニー：技術を発展させ、それを応用して人々により快適な生活をもたらす喜びを味わう。
テレケア：精神障害を抱える人たちが自分の可能性に目覚められるよう、その手助けをする。
ウォルマート：一般の人たちにお金持ちと同じ品を購入する機会をもたらす。

ウォルト・ディズニー：人々の心に温もりを届ける。

BHAGが長期ビジョンを後押しする

具体的な目標を軸としたBHAGは、定量的なものでも定性的なものでも、どちらでもよい。

●2000年までに売上高1250億ドルを達成する（ウォルマート、1990年）。
●自動車を誰もが購入できる製品にする（フォード、20世紀初頭）。
●世界に広がる『日本製品は粗悪品』というイメージを一新する（ソニー、1950年代初め）。
●かつてないほど強大で、利便性に優れ、幅広い商品やサービスを揃えた世界的な金融機関になる（シティバンク、1915年）。
●旅客機業界の雄になり、ジェット機時代を切り拓く（ボーイング、1950年）。

共通の敵を軸としたBHAGは、「ダビデ対ゴリアテ」（少年対巨人）という構図を描く。

●RJレイノルズを抜いて世界一のたばこメーカーの座に就く（フィリップモリス、1950年代）。
●打倒アディダス（ナイキ、1960年代）
●ヤマハを潰す（本田技研工業、1970年代）。

ロールモデルを軸としたBHAGは、若い企業に適している。
●サイクリング界のナイキになる（ジロ・スポーツ・デザイン、1986年）。
●20年以内に、今日のHPと並ぶ称賛を手にする（ワトキンズ・ジョンソン、1996年）。
●西海岸のハーバードを目指す（スタンフォード大学、1940年代）。

社内変革を軸としたBHAGは、伝統的大企業によく馴染む。
●事業展開するすべての市場でナンバーワンか、ナンバーツーとなり、大企業の強さと、小企業の身軽さ、俊敏さを兼ね備える（GE、1980年代）。
●軍需分野への特化から脱却して、世界最高の多角化ハイテク企業になる（ロックウェル、1995年）。
●他事業部に製品を供給するだけの日陰の存在から抜け出し、心躍る仕事にあふれた『ここで働きたい』と思われる事業部として大きな尊敬を集める（コンピュータ関連企業の部品サポート事業部、1989年）。

1950年代のソニー：その理念と未来像

基本理念

〔価値観〕

●日本の文化を洗練させ、国際社会における地位を高める。

●パイオニアになる――他社の後追いを避け、不可能に挑戦する。
●一人ひとりの能力向上と創造性の発揮を促す。

〔企業目的〕
●技術を発展させ、それを応用して人々により快適な生活をもたらす喜びを味わう。

目指すべき未来

〔BHAG〕
●「日本製品は粗悪」という世界に広まったイメージを変え、その偉業とともに人々の胸に刻まれる。

〔鮮やかな未来像〕
●製品を全世界に普及させる。
●日本企業の先陣を切って米国市場に参入し、自力で米国に製品を流通させる。
●トランジスタラジオなど米国企業が挫折したイノベーションをこの手で成し遂げる。
●50年後までには「SONY」を世界で最も有名なブランドにする。
●世界屈指のイノベーション企業として、革新性、高品質の代名詞になる。
●「メイド・イン・ジャパン」の意味を「粗悪品」から「洗練された製品」へと変える。

【注】
（1）1960年3月8日にデイビッド・パッカードが、HPの研修生に向けて行ったスピーチ。HP資料室の厚意に

より提供を受けた。

（2）Nick Lyons, *The Sony Vision*, Crown Publishers, 1976.を参照した。我々は日本人学生イケダ・ツネトによる翻訳も参考にした。

（3）Akio Morita, *Made in Japan*, E. P. Dutton, 1986, p.147.（邦訳『Made in Japan』朝日新聞社、１９８７年）を参照。

第4章

ビジネスモデル・イノベーションの原則

イノサイト 共同創設者兼会長
マーク W. ジョンソン
ハーバード・ビジネス・スクール 教授
クレイトン M. クリステンセン
元 SAP CEO
ヘニング・カガーマン

"Reinventing Your Business Model"
Harvard Business Review, December 2008.
邦訳「ビジネスモデル・イノベーションの原則」
『DIAMONDハーバード・ビジネス・レビュー』2009年4月号

マーク W. ジョンソン
(Mark W. Johnson)
2000年に設立したイノベーションおよび戦略コンサルティング会社、イノサイトの共同創設者（2017年にHuron Consulting Group傘下に）。近著に*Reinvent Your Business Model: How to Seize the White Space for Transformative Growth*, Harvard Business School Publishing, 2018.（未訳）がある。

クレイトン M. クリステンセン
(Clayton M. Christensen)
ハーバード・ビジネス・スクールのキムB.クラーク記念講座教授。専門は経営管理論。イノサイトの共同創設者。最近の共著に*The Prosperity Paradox: How Innovation Can Lift Nations Out of Poverty*, HarperBusiness, 2019.（邦訳『繁栄のパラドクス』ハーパーコリンズ・ジャパン、2019年）がある

ヘニング・カガーマン
(Henning Kagermann)
ドイツのバルドルフに本社を置くSAPの元CEO兼会長。ドイツで「インダストリー4.0」を提唱したメンバーの一人。

ビジネスモデル・イノベーションの破壊力

アップルは2003年、iTunesミュージックストアとiPodを発表し、携帯型エンタテインメントに革命を起こして新市場を創造するだけでなく、企業に変革を起こした。

それからわずか3年のうちに、iPodとiTunesの組み合わせは100億ドルに迫る商品となり、いまではアップルの売上げのほぼ半分を占めるようになった。また同社の時価総額は、2003年初めには10億ドルだったが、2007年末には1500億ドルを超えた。

ここまでは、誰もが知っているサクセスストーリーである。しかし、デジタル音楽プレーヤーを最初に世に送り出したのはアップルではないことは、あまり知られていない。

ダイアモンド・マルチメディア・システムズという企業は1998年、リオを発売した。また、ベスト・データ・プロダクツという別の企業が、2000年にカボ64を発売している。どちらも優れた性能を備えた、スタイリッシュな携帯音楽プレーヤーであった。では、なぜリオやカボ64ではなく、iPodが成功したのだろうか。

アップルは、しゃれたデザインで先端技術を商品化しただけではない。優れたビジネスモデルに先端技術を組み入れたのである。アップルが成し遂げた真のイノベーションは、音楽のダウンロードを簡単かつ便利にしたことである。そのために、ハードウェア、ソフトウェア、サービスの三位一体という、これまでにないビジネスモデルを構築した。

これは、かの有名なジレットの「かみそりと替え刃」モデルの逆を行くものだった。つまり、「替え刃」すなわち楽曲をiTunesで安価に配布することにより、「かみそり」すなわち利益率の高いiPodの購買客を囲い込んだのである。このビジネスモデルは、新しい方法によって価値が再定義され、ゲームのルールを変えてしまうような利便性を消費者にもたらした。

ビジネスモデルのイノベーションが起こると、産業構造全体が変わり、数百億ドルの価値が再配分される。

ウォルマートやターゲットといったディスカウント小売チェーンは、草分けといえるビジネスモデルによって市場に参入し、いまでは小売業界全体の時価総額の75%を占める。米国の格安航空会社は、レーダーに映る小さな影のような存在から、航空業界全体の時価総額の55%を占めるまでに成長した。過去25年以内に設立され、これまでの10年間に「フォーチュン500」入りを果たした27社のうち11社は、ビジネスモデルのイノベーションを通じて、成長を遂げてきた。

とはいえ、アップルのような大企業がビジネスモデル・イノベーションを成功させたという例は珍しい。現存する企業が過去10年に起こした大きなイノベーションを分析したところ、ビジネスモデル関連のものはわずかしかなかった。

アメリカン・マネジメント・アソシエーション（AMA）による最近の調査では、グローバル企業のイノベーション投資のうち、新しいビジネスモデルの開発に焦点を当てたものは1割に満たないことがわかった。

それでも、ビジネスモデル・イノベーションの重要性は十分理解されている。エコノミスト・インテリジェンス・ユニットが2005年に実施した調査では、半数以上の経営者が、成功の条件としてビジネスモデル・イノベーションが製品やサービスのイノベーションよりもますます重要になるだろうと回答している。

2008年にIBMがCEOを対象に実施した調査でも、同様の結果が出ている。調査対象となったCEOのほとんどが、環境の変化に応じてビジネスモデルを変更する必要性を感じており、3分の2以上が大幅な改革が必要であると述べている。現在の厳しい経済環境にもかかわらず、市場環境の構造転換に対応するためにビジネスモデル・イノベーションを模索しているCEOもいた。

しかし、シニアマネジャーが現実に直面する問題となると、話は別である。調査によれば、ビジネスモデル・イノベーションによって新たな成長を成し遂げるには、2つの難問があることが明らかになっている。

1つ目は、定義されていないことにある。ビジネスモデルを開発する際の力学やプロセスに関する研究はほとんどなされてこなかった。

2つ目は、開発の前提条件、そこに働く相互依存性、強みや限界など、既存のビジネスモデルを十分理解している企業がほとんどないことである。したがって、どのような場合にコア事業を活用し、またどのような場合に新しいビジネスモデルが成功条件となるのかは判然としない。

数十社の企業と一緒に、これらの問題に取り組んでいるうち、新しいビジネスモデルは開発された当初、社内外のステークホルダーの目には魅力的に映っていない場合が多いことがわかってきた。

これまでの限界は何であり、どこからが新たな挑戦となるのか、それを理解するには、ロードマップが必要である。筆者らが描いたロードマップは、次の3つのステップから成る。

まず、ビジネスモデルを考えないことが成功への糸口となる。つまり、何らかのニーズを抱えている真の顧客を満足させるチャンスは何かを考えることが成功につながる。次に、そのニーズを満たすことによって利益を生み出す方法の青写真を描く。筆者らのモデルでは、この青写真は4つの要素で構成される。

最後に、新しいビジネスモデルと既存のビジネスモデルを比べて、チャンスをとらえるにはどのような改革が必要なのかを考える。これらのステップをたどれば、既存のビジネスモデルと組織を活用できるのか、あるいは新規部門を立ち上げ、新しいビジネスモデルを実行する必要があるのかが見えてくる。

これらのことを理解しているかどうかはともかく、成功企業は効果的なビジネスモデルを通じて真の顧客ニーズに応えている。

ビジネスモデルを定義する

筆者らの考えるビジネスモデルとは、互いに関連し合う4つの要素から成り立っており、これらによって価値が創造され、提供される（**図表4-1**「ビジネスモデルを成功させる4要因」を参照）。そして、ビジネスモデルを正しく理解するうえで最も重要なのは、1番目の要素である。

図表**4-1**｜**ビジネスモデルを成功させる4要因**

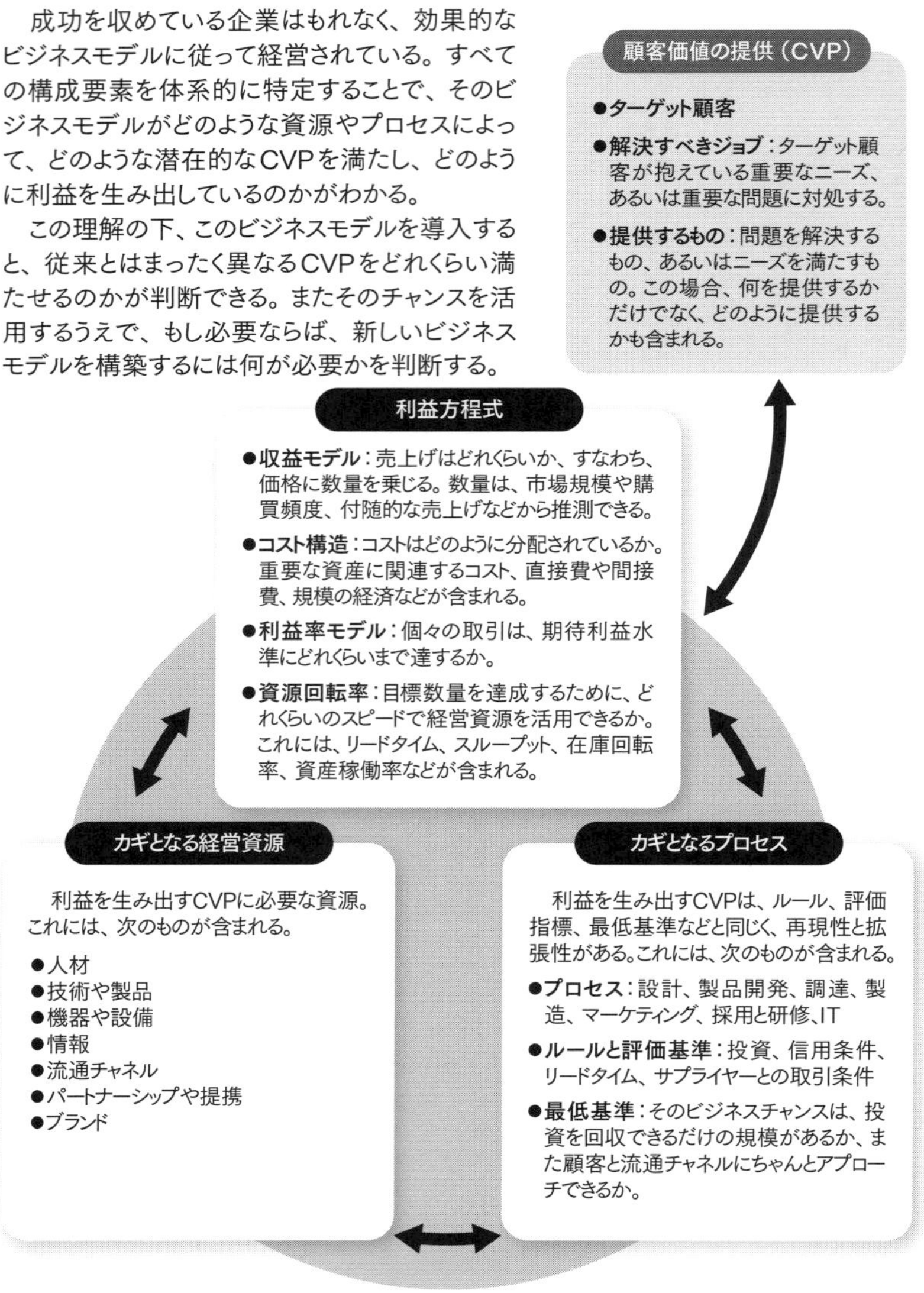

成功を収めている企業はもれなく、効果的なビジネスモデルに従って経営されている。すべての構成要素を体系的に特定することで、そのビジネスモデルがどのような資源やプロセスによって、どのような潜在的なCVPを満たし、どのように利益を生み出しているのかがわかる。
この理解の下、このビジネスモデルを導入すると、従来とはまったく異なるCVPをどれくらい満たせるのかが判断できる。またそのチャンスを活用するうえで、もし必要ならば、新しいビジネスモデルを構築するには何が必要かを判断する。
●解決すべきジョブ：ターゲット顧客が抱えている重要なニーズ、あるいは重要な問題に対処する。
●提供するもの：問題を解決するもの、あるいはニーズを満たすもの。この場合、何を提供するかだけでなく、どのように提供するかも含まれる。

●収益モデル：売上げはどれくらいか、すなわち、価格に数量を乗じる。数量は、市場規模や購買頻度、付随的な売上げなどから推測できる。
●コスト構造：コストはどのように分配されているか。重要な資産に関連するコスト、直接費や間接費、規模の経済などが含まれる。
●利益率モデル：個々の取引は、期待利益水準にどれくらいまで達するか。
●資源回転率：目標数量を達成するために、どれくらいのスピードで経営資源を活用できるか。これには、リードタイム、スループット、在庫回転率、資産稼働率などが含まれる。

●技術や製品
●機器や設備

利益を生み出すCVPは、ルール、評価指標、最低基準などと同じく、再現性と拡張性がある。これには、次のものが含まれる。
●プロセス：設計、製品開発、調達、製造、マーケティング、採用と研修、IT
●ルールと評価基準：投資、信用条件、リードタイム、サプライヤーとの取引条件
●最低基準：そのビジネスチャンスは、投資を回収できるだけの規模があるか、また顧客と流通チャネルにちゃんとアプローチできるか。

❶顧客価値の提供（CVP）

成功を収めている企業は、顧客価値を創造する方法を発見した企業、つまり顧客が重要なジョブを処理する一助となる方法を見つけた企業である。筆者らが言うところのジョブとは、解決策を必要とする基本的な問題を意味する。ジョブは何か、そしてこのジョブを処理するプロセス全体を含めたジョブの全容をつかめれば、何を提案すべきか、これを企画できる。

顧客が抱えているジョブが決定的なものであればあるほど、現状の選択肢に対する顧客満足度は低くなりやすく、また提案した解決策が現状のものより優れていればいるほど——もちろん価格も低ければ低いほど——「顧客価値の提供」（CVP：customer value proposition）は高い。

代替製品や代替サービスがジョブの本質を無視して設計されている場合、そのジョブを完全に、かつそのジョブだけを処理する提案を考えることができれば、CVPを創造する最高のチャンスといえる。

この点については後に詳しく述べる。

❷利益方程式

利益方程式とは、どのように価値を創造するのかと同時に、どのようにその価値を顧客に提供するのかを定義する、言わば青写真である。

利益方程式は、以下のもので構成されている。

●収益モデル：価格×売上数

●コスト構造：直接費と間接費、規模の経済。コスト構造は、そのビジネスモデルに必要とされるカギとなる経営資源のコストによって、ほぼ決まるといってよい。

●利益率モデル：予想売上数とコスト構造を所与のものとした場合、期待利益を実現するために必要な一取引当たりの貢献度。

●資源回転率：期待売上数と期待利益を達成するには、在庫、固定資産、その他資産を、どれくらいのスピードで回転させる必要があるのか、またこれらの資源をどのように活用する必要があるのか。

利益方程式とビジネスモデルを同義に考える人が少なくない。しかし、どのように利益を生み出すかは、ビジネスモデルの一部分にすぎない。まずCVPを提供するための価格を決め、そこから逆算して変動費と粗利率を決定するとよいだろう。変動費と粗利率が決まれば、期待利益を実現するために必要な規模や資源回転率もおのずと決まってくる。

❸カギとなる経営資源

カギとなる経営資源は、ターゲット顧客へのCVPに必要な人材、技術、製品、設備や機器、流通チャネル、そしてブランドなどの資産である。ここで注目すべきは、顧客と自社に価値をもたらす「カギとなる要素」であり、またこれらをどのように結び付けるかである。なお、どんな企業にも、競合他社との差別化を生み出さない、ありふれた経営資源がある。

❹カギとなるプロセス

成功を収めている企業には、何度も再現し、かつ規模を拡大する方法によって、CVPを提供できる業務プロセスと経営プロセスが整っているものだ。カギとなるプロセスには、研修、開発、製造、予算編成、企画、営業、サービスなどがある。また、社内のルール、評価基準、最低基準なども、これに含まれる。

いかなるビジネスにおいても、これらの4要素はその基盤といえる。CVPと利益方程式は、顧客と企業にとっての価値は何か、それぞれを定義する。カギとなる経営資源とプロセスは、この価値を顧客と企業に提供する方法を示す。

このフレームワークは一見単純だが、これら4要素の複雑な相互依存性の上に成り立っている。これら4要素のどれかに重大な変化が起これば、それが他の要素と全体に影響を及ぼす。成功事業は多かれ少なかれ、これら4要素が相互かつ補完的に結び付いた安定的なシステムを備えている。

成功するビジネスモデルを開発する

ビジネスモデルに関する我々のフレームワークの4要素について、わかりやすく説明するため、ゲームのルールを変えてしまうビジネスモデル・イノベーションを起こした2社を例に、その背景には何があるのかを見てみたい。

CVPを開発する

まずCVPが何かを具体的に特定できなければ、新しいビジネスモデルを開発することも、また既存のビジネスモデルを再構築することもできない。CVPは、極めて単純なことに気づいたことで生まれてくる。

雨の日にインドのムンバイの路上に立っている自分を想像してほしい。いくつものスクーターが自動車と自動車のすき間を縫いながら、危なっかしく蛇行していることに気づくだろう。よく見れば、ほとんどのスクーターが、家族全員――両親と子どもたち何人か――を乗せている。普通なら、「なんて危ない」とか、「開発途上国では当たり前だ。あるもので済ませるしかないのだから」と思うのではないか。

タタ・グループを率いるラタン・タタはこの光景を目にして、これこそ、解決されるべきジョブであると確信した。すなわち、スクーターに乗る家族に、より安全な乗り物を提供すべきということである。インドで一番安い自動車でも、スクーターの最低5倍の価格はする。したがって、大半の世帯にとって自動車は高嶺の花であることは、彼にもわかっていた。経済的に手が届き、安全かつ全天候型の乗り物は、スクーター家族にとって最高のCVPであり、自動車購買層に達していない数千万世帯を開拓できる可能性があった。同時に、ラタン・タタは、タタ・モーターズのビジネスモデルでは、ここに求められる価格でこのような製品を開発できないこともわかっていた。

リヒテンシュタインに本社を置くヒルティは、土木・建築業向けに電動工具を提供しているメーカーだが、インドのような市場とは対極にある市場で、既存顧客のために解決すべき本当のジョブを再認識することになった。

建築業者は工事を完成させることで収入を得る。もし必要な工具がなかったり、うまく動かなかったりすれば、仕事にならない。また、彼らは工具を所有しても儲からない。工具をできる限り効率よく利用することで儲けることができる。

ヒルティは、工具を販売するのではなく利用してもらうことで、建築業者のジョブを解決できると気づいた。すなわち、必要な時に、最高の工具を提供したり、迅速に修理したり、取り換えたり、改良したりすることで、顧客の工具や機材を管理するサービスを月額料金で提供するのである（**図表4-2**「ヒルティ：コモディティ化を回避する」を参照）。

ヒルティはこのCVPのために、工具や機材を保有・管理するフリート・マネジメント・サービスを開発しなければならなかったが、その過程で主力事業を製造からサービスへと転換させた。つまり、新しい利益方程式を編み出し、新たな経営資源とプロセスを開発することになったのである。

CVPにおいて最も重要なのは「正確さ」である。顧客が処理しなければならないジョブをどこまで正しく把握できるか、それがすべてだ。しかし、このように正確に把握するのは極めて大変である。

新機軸を打ち出そうとすると、一つのジョブに絞り込めないことが多い。さまざまなジョブに応えようとして、努力が分散してしまうのだ。あれこれ手を出しすぎると、どれ一つとして身にならないものだ。

図表**4-2**｜**ヒルティ：コモディティ化を回避する**

ヒルティは、ゲームのルールが変わるチャンスを狙って、製造業からサービス業に業態を転換したことで、収益性を拡大した。価格の下落が著しい製品を販売する代わりに、「必要な時に、必要な工具を、修理や保管の手間を省いて」提供したのである。ただし、このようなCVPの抜本的改革には、ビジネスモデルを全面的に転換させる必要があった。

	伝統的な工具メーカー	ヒルティのフリート・マネジメント・サービス
CVP	売上げは、業務用工具、建築業者用の専門工具および関連製品による。	建築業者の現場生産性を向上させるため、豊富な品揃えによって工具をリースする。
利益方程式	収益性は低く、在庫回転率は高い。	収益性はさらに高い。資産の保有、工具のメンテナンスや修理、および交換に関する料金を月極めで請求する。
カギとなる経営資源とプロセス	流通チャネル、開発途上国における低コストの生産工場、R&D	強力な直販営業、契約管理、在庫管理や修理および保管のためのITシステム

ジョブを正確にとらえたCVPを生み出す一つの方法が、ジョブの解決を阻む障壁に目を向けることだ。これは4つある。すなわち「価格」「アクセス」「スキル」、そして「時間」である。

ソフトウェアメーカーのインテュイットは、資金繰りの苦労を回避したいという中小企業オーナーたちのニーズを満たすため、クイックブックスを発売した。インテュイットは、このとても簡単に使える会計ソフトを提供することで、彼らのジョブに応えた。こうしてスキルの障害が取り除かれ、ITにうとい中小企業オーナーたちは、これまでの複雑な会計ソフトを使わなくてよくなった。

ドラッグストア内で医療サービス

を提供しているミニット・クリニックは、ちょっとした健康上の不安であれば、予約なしで看護師に相談できるようにし、医師を訪れるという時間の障壁を取り除いた。

利益方程式を編み出す

ラタン・タタは、スクーターを自動車に乗り換えさせる唯一の方法は、自動車の価格を劇的に下げ、価格の障壁をなくすことだとわかっていた。彼は「1ラーク（10万ルピー）の自動車をつくれたら、競争環境が変わるかもしれない」と考え、2500ドル程度の価格帯を目指した。この価格は、当時で一番安い自動車の半分以下だった。

もちろん、利益方程式は劇的に変わる。粗利益は大幅に低下し、大半の費目で徹底的な削減が不可欠だった。それでも、売上台数が劇的に増加すれば利益が出ることを、また潜在顧客は膨大であることを、彼は知っていた。

ヒルティにとって、契約管理へと移行することは、顧客のバランスシート上にあった資産を自社に移し替え、リースや月額レンタルによって売上げを稼ぐことにほかならなかった。月額料金を支払えば、どのような種類の工具でも即入手できるばかりか、修理やメンテナンスの必要もなくなる。

このため、利益方程式の重要項目すべてを抜本的に変える必要に迫られた。すなわち、「売上げの流れ」（プライシング、支払いサイト、そして予想数量）、「コスト構造」（売上増に伴うコストや契約管理のコストなど）、これを支える「利益率」と「取引回転率」である。

カギとなる経営資源とプロセスを特定する

顧客と事業の両方のバリュープロポジションがはっきりしたら、そのために必要なカギとなる経営資源とプロセスについて考えなければならない。

たとえば、プロフェッショナルサービス会社にとって最も重要な資源は人材であり、最も重要なプロセスは、研修や能力開発など人事業務である。消費財メーカーの場合、強力なブランドと選別された流通チャネルが最も重要な資源であり、それに関連するブランディングとチャネル管理が最も重要なプロセスといえる。

差別化をもたらす要因が、個々の経営資源やプロセスではなく、これらが一体化したものである場合も多い。ある顧客セグメントのために、そのジョブを完璧に解決するには、カギとなる経営資源やプロセスを独自の方法で統合する必要がある。これができれば、必ず持続的な競争優位を獲得できる。

ＣＶＰと利益方程式にまず焦点を当てることで、カギとなる経営資源とプロセスがどのように相互作用するのかがはっきりしてくる。

たとえば、多くの総合病院が、「すべての人にあらゆる医療を」といったＣＶＰを提供している。ただし、すべての人にあらゆるものを提供するには、専門家、機材といった資源を膨大に用意しなければならず、これらを独自の方法で組み合わせることはとうてい不可能である。その結果、差別化できないばかりか、患者には不満が残ることになる。

対照的に、ＣＶＰを特化させている病院は、みずからの経営資源とプロセスを独自の方法で統合し、患者の満足度を高めている。

デンバーにあるナショナル・ジューイッシュ・ヘルスは、特定分野のバリュープロポジションに焦点を絞っている。「呼吸器系の病気でしたら、当院をお訪ねください。筆者らがその原因を突き止め、効果的な治療を提供いたします」と触れ込んでいる。このように医療分野を絞り込むことで、専門家の力を引き出し、専門機器を活用できるように、両者を統合させたプロセスを開発した。

タタ・モーターズが、ナノにおけるCVPと利益方程式の要件を満たすには、設計や製造、流通のあり方を一から見直さなければならなかった。そこで、若手エンジニアを集めた小規模チームを組織した。若手であれば、ベテランデザイナーたちと違って、自動車業界の利益方程式に影響されたり、囚われたりすることもないと思われたからである。

このチームは、部品数を劇的に減らし、莫大なコスト削減を実現した。また、サプライヤー戦略を見直し、ナノ用のコンポーネントの85%を外注し、ベンダーの数を6割近く減らすことで、取引コストを削減し、規模の経済を働かせた。

製造ラインのもう一方では、まったく新しい手法で自動車を組み立て、流通させることが考えられていた。それは、モジュール化したコンポーネントを自社工場と外部工場のネットワークに流し、そこでBTO（受注製造）するという究極の計画であった。

ナノの場合、設計、組み立て、流通、そしてサービスのすべてが、従来の常識を覆すようなものだった。ただし、新しいビジネスモデルなくしては実現しなかった。結果が出るにはまだ時間がかかるが、ラタン・タタはこれによって、交通安全の問題も解決するかもしれない。

ヒルティにとって最大の難関だったのは、営業担当者たちにまったく新しい仕事を覚えさせることだった。フリート・マネジメント・サービスは、30分程度の商談で売り込めるものではない。何日も、何週間も、時には何カ月もかけて、顧客に商品ではなくサービスを購入するよう説得しなければならない。営業担当者たちは、現場監督や購買マネジャーとトレーラーの中で商談したりすることには慣れていたが、一転して、会議室でCEOやCFOを相手にすることになったのである。

そのうえリース事業では、顧客にぴったりのサービスパッケージを設計・開発し、月額料金について合意を取り付けるために、新たな人材、より強固なITシステム、そしてその他の新技術といった経営資源が必要だった。大量の工具や機材を維持するうえで、ヒルティはそのコストを顧客以上に引き下げ、効率を高める必要があった。これには、倉庫、在庫管理システム、交換する道具の供給が不可欠である。

顧客管理の面では、現場監督者が使用中の工具すべてとその使用状況を閲覧できるウェブサイトを用意した。このような情報をすぐに閲覧できれば、監督者たちはこれらのコストを簡単に計算できる。

ビジネスモデルを開発する過程において、ルール、一般基準、評価基準はたいてい最後に登場してくる。これらの要素がどのようなものになるかは、新しい製品やサービスが市場で試されるまで、はっきりしない。だからといって、前もって決めるべきではない。ビジネスモデルはその当初、変更できるだけの柔軟性が必要だからである。

新しいビジネスモデルが必要とされる時

既存企業は、軽はずみにビジネスモデル・イノベーションに取り組んではならない。なぜなら、たいていの場合、ビジネスモデルを抜本的に変えなくとも、新製品を開発し、競合他社を出し抜けるからである。

たとえば、プロクター・アンド・ギャンブル（P&G）は、掃除用モップのスウィッファー・ダスターや消臭剤のファブリーズなどを開発し、いわゆる「破壊的な市場イノベーション」を数多く展開してきた。どちらのイノベーションも、既存のビジネスモデルと家庭用品市場における支配的な立場の上に築かれたものだ（**章末**「既存のビジネスモデルがそのまま使える場合」を参照）。

しかし、これまで以上の成長を求めるならば、未知の市場だけでなく、未知のビジネスモデルという領域にあえて踏み込まなければならない時がある。それはどのような場合か。簡単に言えば、「既存モデルの4要素すべてを刷新しなければならない時」である。

とはいえ、けっして簡単ではない。まさしく経営判断が求められる。以下のように、ビジネスモデルの改革が必要とされる5つの状況が考えられる。

❶既存のソリューションが高すぎる、あるいは複雑すぎるため、市場から完全に排斥されている膨大な潜在顧客が抱えているニーズに、破壊的イノベーションによって対応するチャンス。タタのナノのように、新興市場において、またはボトム・オブ・ピラミッド（最下層の消費者）に向けて製品を大衆化する場合も、ここに含まれる。

❷アップルなどのMP3プレーヤーのように、目新しい技術を新しいビジネスモデルによって提供す

るチャンス。あるいは、軍事技術を民生分野に応用する、またはその逆など、既存技術を活用して、まったく新しい市場に参入するチャンス。

❸「解決すべきジョブ」という視点が存在しない分野に、この視点を持ち込むチャンス。製品や顧客セグメントに目が向いている業界の場合、おしなべて、既存製品の改良を繰り返し、時間の経過とともにコモディティ化していく傾向がある。ここにジョブの視点を持ち込むことで、業界の収益性を変えることができる。たとえばフェデックスは、宅配便市場に参入した時、低価格やマーケティングで競争しようとはしなかった。その代わり、いままでより速く、より確実に荷物を受け取りたいという、それまで満たされていなかった顧客ニーズを満たすことに集中した。そのためには、カギとなる経営資源とプロセスを効率よく統合する必要があった。このように「解決すべきジョブ」に注目したビジネスモデルによって、フェデックスは大きな競争優位を獲得し、ユナイテッド・パーセル・サービス（UPS）はこれを真似るのに何年もかかった。

❹価格破壊者に対抗する必要性。かつてミニミルが超低コストで鉄鋼を生産することで、大手製鉄会社を脅かしたように、ナノが成功すれば、他の自動車メーカーの脅威となろう。

❺競争基盤の転換に対応する必要性。何が市場で受け入れられるかは、むろん時代によって異なるため、主要な市場セグメントではコモディティ化が不可避といえる。ヒルティは、ビジネスモデルを部分的に変える必要があった。製造コストがグローバルに低下したからである。つまり、「そこそこの品質」のローエンド企業が、高品質工具市場を侵食し始めていたのだ。

言うまでもなく、努力が報われるほどのチャンスであると確信できなければ、ビジネスモデルを再構築すべきではない。また、新しいだけでなく、何らかの形で業界や市場のルールを変えるようなものでなければ、新たなビジネスモデルを構築する意味がない。そうでなければ、時間とお金の無駄であろう。

次の質問は、ビジネスモデル・イノベーションへの挑戦が好結果をもたらすかどうかを評価する一助となろう。以下の4つのすべてに、イエスと答えられれば、成功確率はぐんと高まる。

●焦点が絞られ、説得力のあるCVPによってジョブを解決できるか。
●できる限り効率的な方法でジョブが処理できるように、すべての要素、すなわちCVP、利益方程式、カギとなる経営資源とプロセスがうまく結び付いたビジネスモデルを構築できるか。
●自社のコア事業からの悪影響を被ることなく、新規事業を立ち上げるプロセスをつくり上げられるか。
●競合他社にとって、その新しいビジネスモデルは破壊的なものか。

新規事業のために新しいビジネスモデルをつくり出すことは、必ずしも既存のビジネスモデルを脅かしたり、改革を突き付けたりするわけではない。ダウコーニングが発見したように、新しいビジネスモデルはコア事業を強化し補完することが少なくない。

ダウコーニングのザイアメター事業が成功した理由

ビジネスモデル・イノベーションが明らかに必要な場合、しかるべきビジネスモデルを構築しただけで成功が保証されるというわけではない。新しい事業を成功させるためには、既存のビジネスモデルが、新しいビジネスモデルの価値創造活動はもとより、その成長をじゃましないよう、十分配慮しなければならない。

ダウコーニングは、新しい利益方程式によって新規事業を一から立ち上げた時、この問題に遭遇した。同社はこれまで、数千ものシリコン関連製品を販売し、さまざまな業界向けに先端的なテクニカルサービスを提供してきた。ここ数年も、ずっと利益を伸ばしてきてはいたが、多くの製品分野では成長が鈍ってきていた。

戦略を検討したところ、決定的な問題が浮かび上がった。ローエンドの製品セグメントで、コモディティ化が起こっていたのである。顧客の大半がシリコンについてすっかり詳しくなっており、もはやテクニカルサービスを必要としていなかった。むしろ彼らが求めていたのは、低価格な汎用品であった。

この方向転換はまさしく成長のチャンスだった。ただし、ダウコーニングがこれを物にするには、より低価格の製品を提供する方法を見つけ出す必要があった。

問題は、同社のビジネスモデルと企業文化が、革新的な高価格製品やサービスパッケージの上に成り

図表4-3 ダウコーニング：ローエンド市場に参入する

ダウコーニングは長らく、高い利益率を追求してきたが、一転して、利益率の低い事業にチャンスを見出し、その事業部門を独立させた。ローエンド事業とハイエンド事業を根本的に棲み分けることで、ローエンド事業を新たな利益源とすると同時に、既存事業とのカニバリゼーションを回避した。

	既存事業	新規事業
CVP	カスタマイズされたソリューション、交渉による契約	サービスなし、量販価格、オンライン販売
利益方程式	高付加価値なサービスを提供できるような、高い利益率と高い間接費が反映された小売価格	スポット市場での値付け、低い利益率と間接費、高スループット
カギとなる経営資源とプロセス	R&D、営業、サービス重視の姿勢	ITシステム、最小限にコストが抑えられたプロセス、可能な限りの自動化

立っていたことだった。

2002年、ローエンド顧客向けの汎用品事業に本格的に参入するため、当時のCEOゲリー・E・アンダーソンは、バイスプレジデントのジョセフ・ドナルド・シーツに命じて、新規事業を立ち上げるチームを編成させた（**図表4－3**「ダウコーニング：ローエンド市場に参入する」を参照）。

同チームは、価格重視の顧客のニーズを満たすCVPはどのようなものかを検討し、15％の値下げが必要であるという結論に達した。汎用品としては、これは大幅な値下げである。また、新しいCVPには何が必要かを分析したところ、単にテクニカルサービスを削っただけでは、とてもこの価格を実現できないこともわかった。

このように劇的な値下げを実現するには、低コスト構造に基づく利益方程式が不可欠であり、これは新しいＩＴシステムを構築できるかどうかにかかっていた。より大量の製品をよりスピーディに販売するには、インターネットを使ってプロセスを自動化し、できる限りコスト削減しなければならなかったのである。

ルールを壊す

ダウコーニングは成熟した成功企業であり、それゆえハイタッチでＣＶＰを提供する訓練を受けた社員ばかりだった。自動化するために、この新規事業にはこれまで以上の標準化が不可欠だった。すなわち、これまでとは異なる包括的で厳格なルールが必要とされたのである。

たとえば、一回の注文単位を何種類かに絞り、しかも大口に限る。リードタイムを２～４週間に引き下げ、例外的な対応には別途費用をもらう。支払期限を設定する。顧客サービスが必要な場合には、その分の料金を別途請求する。

これだけではない。この新規事業は、人手を減らせるセルフサービス方式、標準化がカギを握っていた。とにかく成功するには、ダウコーニングを成功に導いてきた過去のルールを打破しなければならなかった。

シーツは、これら新しいルールと合わせて、この新規事業がダウコーニングという企業体の制約の中ではたして成功できるのかどうか、判断しなければならなかった。彼は、新しいＣＶＰの要件について、現在のスタッフとシステムがどのように反応するのか、実験的な対戦ゲームによって検証してみることにした。

すると、すっかり染み付いた習慣と現行のプロセスがじゃまをして、いくらゲームのルールを変えようとしてもうまくいかず、彼は玉砕した。このイニシアティブは、企業内の抗体によって、立ち上がる前に葬り去られるのは明らかだった（**章末**「ビジネスモデル・イノベーションを妨げるもの」を参照）。

進むべき道は一つしかなかった。既存のルールに囚われず、汎用品事業を成長させるために必要なルールを独自につくるしかない。このビジネスチャンスを活かし、かつ既存のビジネスモデルへの影響を避けるには、新しい事業部門とブランド・アイデンティティが必要だった。こうしてザイアメターが生まれた。

新しいコンピテンシーを見つける

新しいCVPと利益方程式を明らかにした後、ザイアメターのチームは、必要なコンピテンシー、カギとなる経営資源とプロセスに注目した。当時ダウコーニングでは、ITはコアコンピタンスとしてあまり重要視されていなかったが、いまではウェブ事業の中心的存在になった。

同時に、ザイアメターでは、賢明な決断を迅速に下し、当初はまったく先が見えない、刻々と変化する環境でも実力を発揮できる人材が必要だった。この新規事業には、新しい能力が要求されることは言うまでもなかった。

ザイアメターは分離されて運営されることになったが、シーツとザイアメター・チームは、深い業界知識や自社製品がもたらした既存の優位性を放棄するつもりはなかった。したがって、古いルールに縛られることなく、専門性を活用することが課題であった。

シーツは、リスクテーキングできる人材を求めて社内公募を実施した。面接でふさわしいスキルの持ち主に出会うと、彼は面接が終わる前に採用を出した。こうして、迅速に意思決定し、大きなリスクが負える人材を選りすぐることができた。

忘れてならない「忍耐」

新規事業が成功するまでには、ビジネスモデルを通常4回くらい手直しして、ようやく利益が出てくる。入念に検討されたプロセスによってビジネスモデル・イノベーションに取り組むならば、このサイクルが短くなるが、みごと成功させるには、最初の失敗を乗り越え、どのように路線変更すればよいかを把握する必要がある。

実際、実行のみならず、学習と調整にも集中しなければならない。新しいビジネスモデルの成長を忍耐強く見守る、すなわち市場機会が花開くのを待つだけでなく、早期に利益を出す、すなわちそのビジネスモデルがうまくいくことを証明することが望ましい。本当に利益が見込める事業であれば、ビジネスモデルの有効性は早くわかるものなのだ。

したがって、おのずと新しいビジネスモデルが生まれてくるように試行錯誤を重ね、開発サイクルを構築することは、最小限の資源によって成果を出し、実現可能性を示すことになる。

ダウコーニングの場合、ザイアメターのオペレーションを小規模に維持しつつも、立ち上げのスケジユールを急ぎ、1年目が終わるまでには利益を出すという目標を設定した。ザイアメターは、わずか3カ月で投資を回収し、構造転換をもたらすほどの大成功となった。

ダウコーニングはそれまで、オンラインからの売上げは皆無であった。いまや売上げの3割がオンラインからもたらされている。これは業界平均の3倍である。また、オンライン顧客のほとんどが新規顧客だった。

既存顧客を侵食するどころか、ザイアメターはむしろ主力事業を支え、ダウコーニングの営業担当者はコア製品をプレミアム価格で提供しやすくなったと同時に、価格感度の高い顧客層にも手の届く代替商品を提供できるようになった。

＊　＊　＊

既存企業が成長を目指して構造転換を図るのは、たいてい製品や技術のイノベーションが理由である。このような場合、開発期間が長期にわたり、やみくもに市場を探す企業が少なくない。

冒頭で触れたアップルのｉＰｏｄの例に見るように、企業を一変させるような事業は、一大発見や優れた技術の製品化だけに留まるものではない。成功の秘訣は、新しい技術を適切かつ強力なビジネスモデルに乗せることにある。

ハイランド・キャピタル・パートナーズの創設者兼ゼネラルパートナー、ロバート・F・ヒギンズは20年という業界経験の中で、新規事業の成功と失敗を目の当たりにしてきた。彼はビジネスモデル・イノベーションの重要性とその影響力を、次のようにまとめる。「これまでの経験から、我々（ベンチャー投資家）が失敗するのは、技術を過信した時です。成功するのは、新しいビジネスモデルに投資した時です」

既存のビジネスモデルがそのまま使える場合

ゲームのルールが変わるチャンスを活かすに当たって、必ずしも新しいビジネスモデルが必要というわけではない。P&Gがスウィッファー・ダスターを開発したケースのように、既存のビジネスモデルが新規市場でも変革を起こせることがある。それは、どのような場合か。また、新しいCVPを満たせるのは、どのような場合か。

- 既存の利益方程式で対応できる。
- すべてではないにしても、既存の経営資源とプロセスの大半が使える。
- 事業運営に当たって、現在用いている評価基準、ルール、最低基準が使える。

ビジネスモデル・イノベーションを妨げるもの

いかなる事業においても、ビジネスモデルの根本的な意味合いは、組織の記憶の中に埋もれ、忘れ去られていることが多い。しかし、たとえば粗利率40%を維持するなど、現状を維持するためにつくられたルール、評価基準や最低基準だけは残る。既存企業が新しいビジネスモデルを開発する場合、このようなルールや評価基準が最初の障害として立ちはだかる。

財務

- 粗利率
- ビジネスチャンスの規模
- 単価
- 単価当たり利益率
- 損益分岐点を超える時間
- NPV（正味現在価値）の計算
- 固定費の投資額
- 貸方項目

オペレーション

- 最終製品の品質
- サプライヤーの質
- 内製か委託生産か
- 顧客サービス
- 流通チャネル

●リードタイム
●スループット

その他

●価格
●性能ニーズ
●製品開発サイクル
●個人への報酬とインセンティブの基準
●ブランド特性

第5章

ブルー・オーシャン戦略

INSEAD 教授
W. チャン・キム
INSEAD 教授
レネ・モボルニュ

"Blue Ocean Strategy"
Harvard Business Review, October 2004.
邦訳「ブルー・オーシャン戦略」
『DIAMONDハーバード・ビジネス・レビュー』2005年1月号

W. チャン・キム
(W. Chan Kim)
INSEAD ブルー・オーシャン戦略研究所の共同ディレクターであり、同校ボストン　コンサルティング　グループ　ブルース D. ヘンダーソン講座教授（戦略論および国際経営）を兼ねる。欧米、アジア太平洋地域の数々の多国籍企業において、取締役や顧問を歴任。欧州連合（EU）の諮問委員を務めるほか、数カ国から顧問に任じられている。世界経済フォーラムのフェローも務める。"Thinkers 50"（世界で最も影響力のある経営思想家）の第 2 位に選ばれた。

レネ・モボルニュ
(Renée Mauborgne)
INSEAD ブルー・オーシャン戦略研究所の共同ディレクターであり、同校客員教授。キム教授との共著書に、『[新版] ブルー・オーシャン戦略』（2015 年）と『ブルー・オーシャン・シフト』（2018 年、いずれもダイヤモンド社）がある

売上げを22倍にしたサーカス団

ギー・ラリベルテはかつてアコーディオンを演奏し、竹馬に乗り、火を食べてみせる軽業師だった。しかし、いまやカナダを代表するサーカス団「シルク・ドゥ・ソレイユ」（シルク）のCEOだ。この大道芸人集団シルクは、１９８４年に結成されて以来、世界中の90都市で４０００万人もの観客を魅了し続けてきた。

シルクは、世界トップのサーカス団であるリングリング・ブラザーズ・アンド・バーナム&ベイリー・サーカスが1世紀以上かけてたどりついた売上げに、20年であっさりと追い付いた。しかもこの急成長は、大変な逆境の中で成し遂げられたものだった。

スポーツイベント、テレビ、テレビゲームなどの煽りを受けて、サーカス業界は当時もいまも長期的低迷の傾向にある。本来、得意客であるはずの子どもたちはプレイステーションのほうを好んでいる。サーカスには動物使いが付き物だが、動物愛護運動の余波を受けて世論の風当たりは強い。また、リングリングなど、客を呼べるサーカス団のスターたちの人件費は高騰し続けている。観客数は減る一方で、コストはかさむばかりだ。さらには、前世紀を通じて業界を築き上げてきた有名サーカス団が立ちはだかっている。

このような環境下、シルクはこの20年間で、いったいどのようにして22倍も売上げを伸ばしてきたのか。初期の興行の謳い文句に、その片鱗がうかがえる。「まったく新しいサーカスを」──。

シルクは業界の既存の枠組みに従って競争したわけでも、リングリングなど先行者たちの客を奪って成長したわけでもない。むしろ競争とは無縁の市場空間《マーケットスペース》を創造し、大人や法人顧客など、これまでは客層と見なされていなかった、まったく新しい顧客を掘り起こしたのである。

演劇、オペラ、バレエなどに慣れ親しんでいた顧客は、新しい切り口のサーカスという娯楽に、いままでより数倍も高い料金をためらうことなく支払った。

レッド・オーシャンとブルー・オーシャンの存在

シルクの偉業を理解するには、ビジネス界には「赤い海《レッド・オーシャン》」と「青い海《ブルー・オーシャン》」が存在することをまず知らなければならない。

レッド・オーシャンとは、あらゆる既存市場のことを指す。いま、そこにあると認識できる市場である。そこでは、誰もが市場の枠組みに関する理解を共有しており、競争の勘どころも承知している。

したがって、プレーヤー全員がライバルを出し抜き、既存の需要の中でより大きなシェアを獲得しようと努める。それゆえ、競争相手が増えるにつれて、収益性や成長性は減少していく。製品は何ら特徴のないコモディティ品と化し、競争が激化し、やがて市場は血の海と化す。

一方、ブルー・オーシャンとは、まだ存在しない市場を象徴している。知られざるマーケットスペースであり、手垢のついていない市場である。このブルー・オーシャンでは、需要は勝ち取るものではなく、みずからつくり出さなければならない。ただし、成長の機会には事欠かず、収益性も成長性も多く望める。

ブルー・オーシャンを生み出す方法は2通りある。まず、事例こそ少ないが、まったく新しい事業領域を立ち上げる方法である。イーベイがオンラインオークションをつくったのが好例だろう。

ただしブルー・オーシャンの多くは、既存市場の境界線を押し広げることでつくり出される。本稿を読み進めてもらえばはっきりすることだが、これこそシルクの方法だった。それまでサーカスと劇場を隔てていた境界を消滅させることで、シルクはサーカス業界というレッド・オーシャンの中に、収益性の高いブルー・オーシャンをつくり出すことに成功したのである。

筆者たちは過去100年間、30種類の市場について調べ、150以上のブルー・オーシャンの実例を見出した。シルクはそのほんの一例にすぎない。

分析対象となったのは、ブルー・オーシャンを見つけ出した企業と、レッド・オーシャンで血を流した企業の競争相手である。この分析を通じて、新しい市場や業界が生まれる際には、一貫した戦略的発想が存在していることが浮き彫りになった。それが「ブルー・オーシャン戦略」である。

その背景にある論理は、「既存市場内で競争するという古い考え方を捨てる」ことである。実際、ブルー・オーシャンとレッド・オーシャンの違いを理解していないからこそ、多くの企業はいたずらな市場競争に足をすくわれてしまうのだ。

本稿では、ブルー・オーシャン戦略の概略と、その特徴について述べる。ブルー・オーシャン戦略の収益性と成長性を分析し、ブルー・オーシャンを創出することが、なぜこれからの企業にとって不可欠なのかについて論じる。この戦略を理解すれば、進化のスピードが増すビジネス界で成功を手中にすることができるだろう。

ブルー・オーシャンという表現は目新しいかもしれないが、別の名称が存在していた。今日広く知られている産業のうち、100年前には存在していなかった産業を思い起こしてほしい。自動車、音楽ソフト、航空、石油化学、製薬、そして経営コンサルティングなどは、当時まだ生まれていなかったか、あるいは生まれ立ての産業だった。

ならば、30年前はどうだったであろうか。またしても、多くの産業を数え上げることができる。投資信託、携帯電話、バイオテクノロジー、ディスカウント小売り、宅配便、スノーボード、コーヒーバー、ホームビデオなどである。わずか30年前には、これらの市場は存在していないも同然だった。

逆に、20年後はどうだろうか。自問自答してみてほしい。今日知られていないが、その頃には大きく成長している市場がどれくらいあるだろうか。未来は過去を繰り返すならば、もっとたくさんあることだろう。

企業には、新しい産業をつくり出したり、既存の産業を改革したりする大きな力が備わっている。だからこそ米国政府は、産業分類法を一新する必要に迫られたといえる。

1977年、米国政府は半世紀も使い続けてきた「標準産業分類」（SIC）を、「北米産業分類」（NAICS）に変更した。SICではこれまで10に分類していたが、新しい産業を反映して20になった。つまり、これらがブルー・オーシャンにほかならない。

たとえば、SICでは「サービス業」と一くくりにしていたが、今日では「情報」「医療」「社会扶助」など、7分野に細分化されている。このような産業分類はもともと標準化や継続性を考えて設計されていることを考え合わせれば、ブルー・オーシャンがいかに大変な経済成長の源であるかがわかる。先行きを予測すれば、これからもブルー・オーシャンが成長の牽引力であり続けることは明らかだ。一方、たいていの既存産業、すなわちレッド・オーシャンは、確実に縮小していくだろう。

技術の進歩によって産業界の生産性は大幅に向上し、サプライヤーはかつてないほどの製品やサービスを提供する力を身につけた。そして国家間や地域間の障壁が崩れ、製品情報や価格情報がグローバル規模で、かつ一瞬にして手に入るようになったため、独占市場やニッチ市場はどんどん消滅している。その一方、需要が増える兆しはほとんど見えない。先進国ではとりわけ顕著であり、最近の国連統計によれば、人口の減少すら指摘されている。このため、供給が需要を上回る産業が増えるばかりである。

こうなれば、否が応でも製品やサービスのコモディティ化が進み、価格戦争は激化し、収益性は低下する。事実、相次ぐ調査によって、主な米国製ブランド——製品であれ、サービスであれ——の独自性はどんどん薄れていることが証明されている。

ブランドの特徴が薄れてくれば、消費者の購買行動は価格志向を強める。これまでのように、洗剤ならばやはりタイドとは、もう誰も考えたりしない。プロクター・アンド・ギャンブル(P&G)のホワイトニング用練り歯磨きホワイトストリップスが特売に出ていれば、コルゲートの愛用者も浮気をする。その逆もまたしかりである。

競争が過熱した市場では、景気が上向こうが下向こうが、ブランドの差別化はより難しくなっていく。

逆説に満ちた「競争優位」

残念ながら、たいていの企業はレッド・オーシャンにどっぷり浸かっているようだ。１０８社を対象に新しい製品やサービスの内容を調べた調査では、その86％は製品ラインの拡大化であり、つまるところ既存の改良策だった。新しい市場や産業をつくり出そうとする企業は、わずか14％にすぎなかった。製品ラインの拡大は売上げの62％を担っていたが、利益の39％しか占めていなかった。これとは対照的に、14％足らずの新しい市場や産業を創出する計画は、売上げの38％、利益では驚くなかれ、61％を占めていた。

では、なぜレッド・オーシャンに泳ぐ企業のほうが多いのだろうか。理由の一つは、企業戦略の起源が戦争戦略にあることだ。事実、多くの経営用語にその関係が見られる。たとえば、最高経営「責任者《オフィサー》（将校）」、「本社《ヘッドクォーター》（本部）」、「コマンド（部隊）」、「フロントライン（前線）」、「ロジスティックス（兵站）」などである。

これらの言葉で表される戦略は、敵と真正面から向き合い、限られた戦場で相手を打ち負かすなど、戦争の論理を色濃く受け継いでいる。しかし、ブルー・オーシャン戦略はまったくその逆で、競争相手のいないところでビジネスを展開する。既存の陣地を取り合うのではなく、未開の土地を切り開くのだ。

したがって、レッド・オーシャンで競争するとは、戦争の最大の拘束要因、すなわち、領土は限られており、前進するには敵を打ち負かさなければならないことが前提条件となる。これは、競争相手が存在しない新しいマーケットスペースを創出するという、実業界ならではの長所を否定することでもある。

こと戦略において、ライバルを打ち負かすことに拘泥する傾向は、１９７０年代から80年代、日系企業の急成長により、いっそう強まった。産業史上、初めて顧客は欧米企業から束になって離反した。

グローバル競争の激化に伴い、さまざまな市場がレッド・オーシャンと化し、どこにおいても「競争こそが盛衰を決する」という考えに基づいていた。いまでは、競争にまつわる言葉を避けて戦略は語れない。

このことを何より象徴している言葉こそ「競争優位」であろう。競争優位の世界観において、企業はたいてい、競争相手を出し抜き、既存市場でより大きなシェアを獲得することに駆り立てられている。

もちろん、競争は大切である。しかし、経営学者も企業も、またコンサルタントも、そればかりに気を取られて、戦略に関する極めて重要であり、かつ高収益を生み出すポイントを2つ見逃している。

一つは、競争がほとんどないブルー・オーシャンを発見することであり、もう一つは、その市場を開拓し守っていくことである。しかし、これまで多くの戦略家たちは、このような課題にほとんど注意を払ってこなかった。

ブルー・オーシャン戦略の特徴

では、ブルー・オーシャンを生み出すには、どのような論理が必要になるのだろうか。それを知るために、筆者たちは100年間に及ぶ先行事例に共通するパターンを探した。その一部をまとめたのが、**図表5-1**「ブルー・オーシャンの先行事例」である。とりわけ日常生活と深く関連している3つの産業、すなわち通勤に欠かせない自動車、仕事に不可欠なコンピュータ、そして仕事の後や休日に一息つくための映画館においてだ。その結果、次のような特徴が明らかになった。

ブルー・オーシャンは技術革新の産物ではない

たしかに、最新技術がブルー・オーシャンの創出に関わっているケースはあるが、しかしそれが決め手となったわけではない。これは、技術集約的な産業においてさえ、しばしば当てはまる。

図表5-1からもわかるように、ブルー・オーシャンは3つの産業のいずれにおいても、技術革新そのものによって生み出されたとはいいがたい。その基盤となる技術は、すでに存在していたからである。フォード・モーターの組立ラインでさえ、米国では精肉工場に先例があった。同じくコンピュータ産業でも、ブルー・オーシャンは、けっして技術革新ではなく、それを顧客に高い価値をもたらすことへと結実することで創出された。IBMの650とコンパックのPCサーバーの例が示すように、技術の簡素化がカギになることが多い。

ブルー・オーシャンは既存のコア事業から生まれやすい

ゼネラルモーターズ（GM）も日本の自動車メーカーも、そしてクライスラーも、ブルー・オーシャンをつくり出した時、すでに自動車業界に根付いた存在だった。はてはＩＢＭ、その前身であるＣＴＲ、またコンパックもしかりである。映画業界では、パレス・シアターズとＡＭＣも同様である。

ここに挙げた企業の中で、新規参入組は、フォード、アップルコンピュータ、デル、ニッケルオデオンの4社だけである。ただし、ニッケルオデオンは既存企業として新分野を切り開いた例ではある。残りの3社はまさしく新興企業だった。このことからもわかるように、先行企業だからといって、ブルー・オーシャンを創出するうえで不利だとは限らない。

さらに図表5－1が示すように、既存企業が創出したブルー・オーシャンは、たいていコア事業の中から生まれている。これは、新規市場ははるか彼方のどこかにあるという先入観を揺さぶる事実ではないか。どんな産業でも、ブルー・オーシャンは身近にあるものなのだ。

企業や業界を単位に分析してはいけない

戦略を考える際、これまでは企業や産業ごとに調査や分析が実施されてきたが、それではブルー・オーシャンがなぜ、どのように生み出されたのかを知ることはできない。

当時、その市場は魅力的だったか、そうではなかったか
魅力的ではない
魅力的
魅力的ではない
魅力的ではない

（p.193に続く）

図表5-1｜ブルー・オーシャンの先行事例

本図は、時代も業種も違う3つのブルー・オーシャンに共通する戦略上の要素についてまとめたものである。もとより網羅的なものではなく、一例にすぎない。米国の産業を例に挙げているが、それは調査期間を通じて市場として最も規制が少なく、規模が大きかったからである。これらに共通する内容は、調査した他の市場にも見受けられた。

	事例	創造者は新規参入者だったか、既存プレーヤーだったか	技術開発型か、価値創造型か
自動車	**フォード・モーターのT型フォード** 1908年に発売されたT型フォードは、多くの大衆が購入できた初の大量生産車	新規参入	価値創造型（注） （おおむね既存技術の組み合わせ）
自動車	**GMの「あらゆる所得階層と用途に向けた多品種自動車開発」** GMは1924年、自動車産業に楽しさとファッション性を吹き込んでブルー・オーシャンを創出	既存プレーヤー	価値創造型 （いくつかの新技術）
自動車	**燃費のよい日本車** 1970年代半ば、日本の自動車メーカーは信頼性の高い小型車でブルー・オーシャンを創出	既存プレーヤー	価値創造型 （いくつかの新技術）
自動車	**クライスラーのミニバン** クライスラーは1984年のミニバン発売によって、乗用車の使い勝手のよさと、バンの余裕のある車内スペースを併せ持った新ジャンルを開拓	既存プレーヤー	価値創造型 （おおむね既存技術の組み合わせ）

（注）ここでいう「価値創造型」とは、技術の利用を伴わなかったということではない。それを生み出すうえで決定的に重要な技術は、業界内にであれ、業界外にであれ、以前から存在していたことを意味する。

永遠のエクセレント・カンパニーなど存在しない。一企業が、ある時は輝き、またある時は道を誤る。いかなる企業にも浮き沈みがある。

同様に、永遠にエクセレントであり続ける産業もない。産業が相対的に魅力を発揮していられるとしたら、それはおおむね内なるブルー・オーシャンを実現した結果である。

では、ブルー・オーシャンを分析するうえで、最も適した単位とは何か。それは、市場を創出するような大胆な戦略行動ごとに分析を試みることである。

たとえばコンパックは、２００１年にヒューレット・パッカードに買収されたため、多くの人から敗者の烙印を押された。だからといって、ＰＣサーバーという数十億ドル規模の産業をつくり出した賢い戦略行動の価値は揺るがない。このような行動こそ、同社が１９９０年代に力強い回復を果たした原動力だったのだ。

ブルー・オーシャンはブランドを育てる

ブルー・オーシャンは大きな力を秘めているため、数十年にわたって輝き続けるブランドエクイティ

当時、その市場は魅力的だったか、そうではなかったか
魅力的ではない
存在しなかった
魅力的ではない
存在しなかった
魅力的ではない

（p.195に続く）

(p.191から続く)

	事例	創造者は新規参入者だったか、既存プレーヤーだったか	技術開発型か、価値創造型か
コンピュータ	**CTRのタブレター計算機** 1914年、CTRは計算機を簡素化・モジュール化し、リースすることで事務機市場を創出(CTRは後にIBMと改称)	既存プレーヤー	価値創造型 (いくつかの新技術)
	IBMの650と360 1952年、IBMはそれまでの大型コンピュータの性能を応用した低価格の簡素版を開発することで、ビジネスコンピュータ業界を創出。さらにこうしてつくり出したブルー・オーシャンを、1964年に発売した360で、より掘り下げた。これは初めてのモジュール化コンピュータだった	既存プレーヤー	価値創造・技術開発両用型(IBM 650はおおむね既存技術の組み合わせであり、システム360は新旧技術の組み合わせ)
	アップルコンピュータのPC 初めての家庭用コンピュータではなかったが、使いやすく、機器を一体化したアップルIIは、1978年にデビューするやいなや、ブルー・オーシャンを創出	新規参入	価値創造型 (おおむね既存技術の組み合わせ)
	コンパックのPCサーバー コンパックは1992年、情報容量や印刷容量は既存のミニコンピュータの2倍だが、価格は3分の1のプロ・シグニアシリーズで、ブルー・オーシャンを創出	既存プレーヤー	価値創造型 (おおむね既存技術の組み合わせ)
	デルの受注生産コンピュータ 1990年代半ば、デルは競争の激しいPC業界で、購買方法とデリバリーシステムを一新することでブルー・オーシャンを創出	新規参入	価値創造型 (おおむね既存技術の組み合わせ)

当時、その市場は魅力的だったか、そうではなかったか
存在しなかった
魅力的
魅力的ではない
魅力的ではない

を築き上げられる。図表5－1に挙げた企業群がその名を残しえたのは、ほぼいずれの場合も、はるか昔に生み出したブルー・オーシャンによるところが大きい。

１９０８年、ヘンリー・フォードが組立ラインでT型フォードを生産したところを目撃した人は、もうほとんど生きていないだろう。しかしそれでも、このことはいまも同社のブランド価値を支えている。ＩＢＭも米国産業界の代表的存在だが、このような評価も同社におけるT型フォードと称すべき３６０シリーズによるところが大きい。

大企業はこれまで、新規市場で足下をすくわれることが多いと見なされがちだった。しかし筆者たちの研究成果は、彼らを勇気付けるものだ。新しいマーケットスペースをつくり出すに当たっては、必ずしも巨額のＲ＆Ｄ予算が重要とは限らず、むしろ戦略行動が正しければ、大企業でも成功できることを示しているからだ。

そのような行動が身についている企業は、いくつものブルー・オーシャンをつくり出し、長期にわたって高い収益性と成長性を実現しやすい。ブルー・オーシャンの創出は、言い換えれば、戦略の産物であり、ひいては経営陣の戦略行動の賜物にほかならない。

（p.193から続く）

	事例	創造者は新規参入者だったか、既存プレーヤーだったか	技術開発型か、価値創造型か
映画	**ニッケルオデオン** 初めてのニッケルオデオン（「5セント劇場」。入場料にちなんでそう呼ばれた）は1995年にオープン。労働者階級の観客向けに、24時間、短編映画を上映	新規参入	価値創造型（いくつかの新技術）
	パレス・シアターズ 1914年にロキシー・ロザフェルがつくった。オペラ劇場に似た環境を整え、手頃な価格で映画を上映	既存プレーヤー	価値創造型（おおむね既存技術の組み合わせ）
	AMCのシネマコンプレックス 1960年代、米国の郊外には、シネマコンプレックスが雨後の筍のように登場した。運営コストを抑えながら、観客の選択肢を増やす試み	既存プレーヤー	価値創造型（おおむね既存技術の組み合わせ）
	AMCのメガプレックス 1995年に登場したメガプレックスは、野球場のような広い劇場で、あらゆるヒット作を上映するという、まったく新しい娯楽体験を提供。同時に、事業コストの抑制に成功	既存プレーヤー	価値創造型（おおむね既存技術の組み合わせ）

ブルー・オーシャン戦略が成り立つ条件

調査の結果、ブルー・オーシャンを見つけ出した戦略行動に、いくつかの共通した特徴を見出した。まず、ブルー・オーシャンを創造する企業は、レッド・オーシャンで競争する企業とは対照的に、自社の競争力についてベンチマーキングなどしない。むしろ自社と顧客双方の価値を飛躍的に高めることで、競争とは無縁の存在になっている（**図表5－2**「レッド・オーシャン戦略、ブルー・オーシャン戦略」を参照）。

おそらくブルー・オーシャン戦略の最も重要な特徴は、従来の戦略の根本である買い手にとっての価値（価値提案）とコストのトレードオフを否定していることだろう。従来の戦略では、大きな価値を提供するには、おのずとコストは高くなる、逆にコストを下げれば、価値は低くなる。つまるところ、戦略とは、差別化と低コスト化のどちらを選択するかの問題ともいえる。しかし、ブルー・オーシャン戦略ではこれら2つは両立する。このことを、先述したシルクの例で見てみよう。

シルクが結成された頃、多くのサーカス団は互いをベンチマークし、需要が縮小する中で、伝統的なサーカスの出し物にささやかな工夫を凝らして、市場シェアを競っていた。

たとえば、人気者のピエロやライオン使いの争奪戦が始まり、似たり寄ったりの出し物に莫大なコストをかけた。そのため、売上げは伸びず、コストはかさみ、サーカス業界全体の人気の低落に歯止めが

図表5-2｜レッド・オーシャン戦略、ブルー・オーシャン戦略

これら2つの戦略原則はまったく異なる。

レッド・オーシャン戦略	ブルー・オーシャン戦略
既存市場内で競争する	競争相手のいない市場空間をつくり出す
競争相手を打ち負かす	競争と無縁になる
既存需要を取り込む	新規需要を創出し、これを物にする
買い手にとっての価値とコストは相反する関係である	買い手にとっての価値とコスト削減は両立できる
差別化か低コスト化のいずれかを選び、最適な形で事業活動に結び付ける	差別化と低コスト化の両方を、最適な形で事業活動に結び付ける

かからないという悪循環に陥った。

そこでシルクは、まったく新しいやり方でこの状況を解決した。すなわち、サーカスならではのスリルと楽しさに加えて、知的な奥行きと演劇の芸術性を提供したのである。

まず、演目の見直しから着手した。その結果、これまでスリルや楽しさを演出する際、欠かせないと思われていたことの多くが不必要であり、えてしてコストがかさむことが判明した。

たとえば、たいていのサーカスでは動物を使うが、これは高くつく。動物を買わなければならないばかりか、その訓練、飼育、医療、保険、輸送などのコストを伴うからだ。しかも、動物愛護の風潮が強まるにつれて、ショーの人気に陰りが見え始めた。

また、伝統的なサーカス団では芸人をスター扱いしていたが、観客はもはやサーカスの芸人を、少なくとも映画スターと同じようには見ていない

こともわかった。お馴染みのスリー・リング（隣接する3つのリングで同時にショーを見せる形式）もやめた。観客の注意力が散漫になる一方、芸人も多く必要で、コストがかさむからだ。売店の売上げも、一見すると売上増の妙手だったが、サーカスの売店の値段は高く、顧客をうんざりさせてもいた。

シルクは、伝統的なサーカスの持ち味は3つに絞り込まれることに気づいた。「ピエロ」と「テント」、そして昔ながらの「アクロバット演技」である。

ピエロはどたばた劇ではなく、もっと魅力的で洗練された笑いを提供することにした。サーカス団の多くは安価なレンタルのテントでお茶を濁していたが、シルクはテントこそほかの何よりにも勝るサーカスの魅力を象徴するものだと見抜き、デザインに凝った。内部も、おが屑の入った固いベンチを取り外して、よりくつろげるようにした。アクロバット芸人にも他の芸人にも、たくさんのことを演じさせるのではなく、役割を絞り込んでより芸術的な演技に集中させた。

伝統的なサーカスの要素を捨て去る一方で、演劇界からいくつか新しい要素を取り入れた。たとえば、それまで脈絡のない芸を連続して提供していたが、テーマを設け、ストーリー性を強調した。あえて曖昧なテーマを選んで、調和や知性を醸し出した。ブロードウェーのミュージカルにも学んだ。ショーの内容も、一般的なサーカスのように単発で総花的なものではなく、テーマとストーリー性を持たせた。多くの演目にオリジナルの音楽をつくり、その音楽に合わせて、演技、照明、動作のタイミングを計ることも覚えた。また、バレエのように抽象的で精神的なダンスも取り入れた。

要するに、普通のサーカスの逆を行ったのである。こうしてシルクは、非常に洗練されたエンタテインメントを創造した。そして、さまざまな出し物を用意することで、リピート客が増え、売上げは増加

図表**5-3**｜**差別化とコスト削減を両立する**

ブルー・オーシャン戦略は、コスト構造と買い手にとっての価値が好循環を形成する時にのみ成立する。コスト削減は、競合他社が競争している要素を自社の事業活動から取り除くことで実現される。買い手にとっての価値は、これまで誰も提供していなかったものを提供することによって生まれる。そのような特徴を備えた製品やサービスのおかげで、売上げが伸びるに従ってスケールメリットが生まれ、コストはさらに下がるという好循環が生まれる。

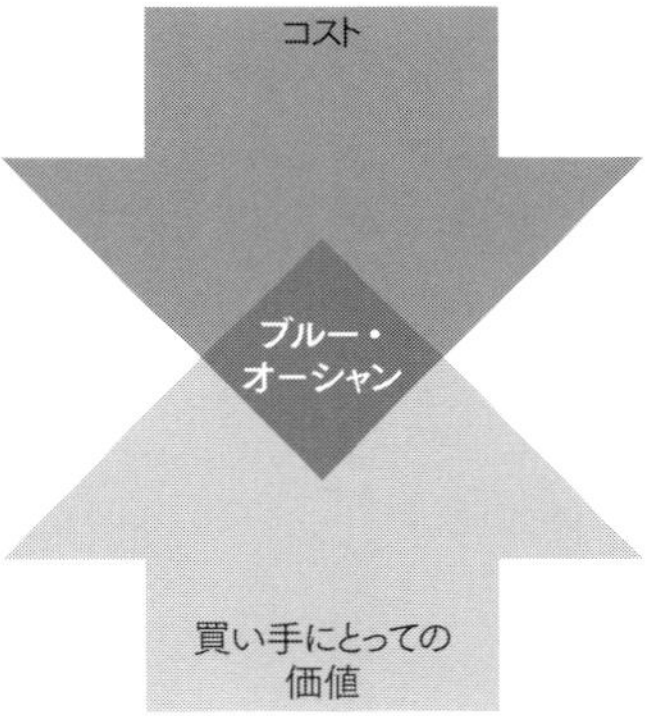

した。

シルクが提供したのは、サーカスと芝居のおいしい部分だった。コスト要因を取り除いたおかげでコストは大幅に減り、それでいて差別化を図ることにも成功した（**図表5-3**「差別化とコスト削減を両立する」を参照）。

このようにコストを下げ、価値提案を高めることで、自社にとっても顧客にとっても、飛躍的に大きな価値を生み出すことは十分可能なのだ。

顧客にもたらされる価値は、製品やサービスの効用と価格から生まれる。一方、企業にもたらされる価値は、コスト構造と適正価格から生まれる。したがって、ブルー・オーシャン戦略が成り立つのは、効用、価格、コスト構造が適切な関連性を保っている場合に限られる。

このように事業全体を見直すことで、ブルー・オーシャン戦略の持続性はさらに高まる。すなわちこの戦略は、企業の使命と採算性を結び付けるものといえる。コスト削減と差別化が両立できるならば、戦略の考え方は抜本的に変わる。その違いは実に大きい。

レッド・オーシャンにおける戦略の基本的な考え方は、産業構造は与えられたものであり、企業はその中で競争するということだ。まさしく構造主義的であり、環境決定論的である。その背景にあるのは、「企業経営は自社ではどうしようもない経済環境に翻弄されるもの」という意識である。

対照的にブルー・オーシャン戦略は、市場の境界線はみずから広げることができるものであり、信念や行動によって業界を再構築することも同じく可能であるという考えに基づいている。言わば再構築主義である。

シルクの創立者たちは、業界の枠組みに従う必要性をまったく感じていなかった。ならばシルクとは、従来のサーカスに大幅に手を加えたものなのか、それとも芸術なのか。芸術であるとすれば、いったいどのようなジャンルの芸術なのか。ミュージカルなのか、オペラなのか、それともバレエか。

シルクの魅力は、これら他のジャンルから取り込んだ要素を再構成して生まれたものだ。つまるところ、シルクはそれらのいずれでもないし、それらの総合体ともいえる。劇場とサーカスというレッド・オーシャンの中から、シルクはいまだ名づけられていないブルー・オーシャンを創出したのである。

ブルー・オーシャンは模倣者を寄せ付けない

ブルー・オーシャン戦略を採用した企業は、たいていこれというほどの競争相手もないまま、10～15年の間、その果実を刈り取ることができる。それは、ブルー・オーシャン戦略が、心理的かつ経済的なバリアとして働くからだ。シルク、ホーム・デポ、フェデラル・エクスプレス、サウスウエスト航空、CNNなどは、そのごく一例である。

ブルー・オーシャンのビジネスモデルを模倣するのは、思いのほか難しい。なぜなら、ブルー・オーシャン戦略は一瞬にして大勢の顧客を引き寄せるため、かなりの短期間でスケールメリットを生み出し、模倣者を不利な立場に追いやってしまうからだ。たとえば、ウォルマートのスケールメリットは、そのビジネスモデルの模倣者を長らく寄せつけなかった。

また、顧客があっという間に大勢集まれば、ネットワーク効果（ネットワーク外部性）も生み出される。たとえばイーベイの場合、流行ればはやるほど、出品者にとっても買い手にとっても魅力は高まる結果、他のオークションサイトに移る理由がなくなってしまう。

ただし、ブルー・オーシャン戦略を模倣するには、たいてい事業構造を大改革しなければならないため、概して社内政治に足をすくわれやすい。たとえば、サウスウエスト航空のスピーディで割安な旅行体験の提供を真似しようと思ったら、企業文化はもちろんのこと、路線の設定、教育研修、マーケティング、価格設定などを大幅に変更しなければならない。こんな大改革をすぐさま成し遂げられる大手航空会社など、どこにあるだろう。システム全体を模倣するのはけっして容易ではない。

同様に、心理的な障壁も大きく立ちはだかる。優れた価値提案を構築したブランドは、あっという間に知れ渡り、ロイヤルティの高い顧客を生み出していく。経験則になるが、どんなに金をかけたマーケティングキャンペーンでこれに対抗しても、おいそれと効果は上がらない。たとえばマイクロソフトは、財務ソフトのクイッケンの製造販売元のインテュイットが創出したブルー・オーシャンに、10年以上も膨大な軍資金を投じて戦っている。にもかかわらず、いまだに市場リーダーの座を奪えずにいる。

また、他社のブルー・オーシャン戦略を模倣しようとしても、自社のブランドイメージに合わない場合もある。ザ・ボディショップは、トップモデルを起用した広告を打つこともなければ、永遠の若さと美しさを約束するようなアプローチも取らない。エスティローダーやロレアルのような大手ブランドにすれば、同社を模倣するのはかなり難しい。それまで永遠の若さや美しさを約束して築き上げてきたイメージを、真っ向から否定することになるからだ。

強者の共通点

体系的に説明するのは目新しい試みかもしれないが、ブルー・オーシャン戦略は、当の企業が意識していたかどうかは別にして、古くから存在していた。シルクとT型フォードの共通点を考えてみよう。

19世紀の後半、自動車産業は規模も小さく、さえない産業の一つだった。米国には500社以上もの小規模自動車メーカーが点在しており、1500ドル程度の手づくりの高級車を売り出していたが、大金持ち以外には不人気だった。

しかも、反自動車活動家たちは道路に穴をうがったり、駐車中の車を有刺鉄線で囲ったり、自動車に乗るビジネスマンや政治家にボイコット運動を仕掛けていた。

1906年、そんな時代の風潮を受けてウッドロー・ウィルソン大統領は、「自動車以上に社会主義的感情を広めているものはない。自動車は金持ちたちの傲慢の縮図である」とまで言い放った。

そのような中、フォードは競争相手を出し抜いてゼロサムゲームに参加するのではなく、自動車と馬車の市場を押し広げて、ブルー・オーシャンに抜け出た。

当時の米国では、言うまでもなく、馬車が主要な交通手段だった。馬車は自動車に比べて、明らかに2つの強みを備えていた。一つは、自動車の大敵である悪路やぬかるみに強かったこと。当時は未舗装の道は珍しくなく、雨や雪の時には特にそうだった。もう一つは、ウマや馬車は当時の高級車よりもずっと手入れが楽だったことである。当時の自動車は頻繁に故障し、腕の立つ修理工でなければ修理できず、そのような人材は払底していた。ヘンリー・フォードはこのような状況下にありながら、競争相手に打ち勝ち、膨大な需要を解き放つ方法を見出したのだ。

T型フォードは「最高の資材を使った大衆車」と称された。シルク同様、フォードも競争など無意味な新しい市場を創出した。数少ない大金持ちだけに手の届く、週末の田園旅行用のおしゃれで豪華な自動車ではなく、馬車のような「日常の足」を生み出したのである。

実際、T型フォードには黒一色しかなく、オプションもほとんどなかった。丈夫で信頼性が高く、どんな天候でも当時の悪路を走ることができた。運転は1日で覚えられ、修理も簡単だった。

そしてシルクと同じく、フォードは価格を設定する際、他社の自動車の値段ではなく、馬車の値段（約400ドル）を参考にした。1908年製のT型フォードは850ドルだった。翌年には609ドルに値下げされ、1924年には290ドルまで下がった。

こうしてフォードは、馬車のユーザーを自動車の買い手に変えていった。ちょうど、シルクが劇場の客層をサーカスに引き寄せたのと同じである。T型フォードは爆発的に売れた。1908年に9%だった市場シェアは、1921年には61%に拡大していた。そして1923年には、米国の全世帯の半分以上が自動車を所有するようになった。

フォードは顧客に桁違いの価値をもたらしたが、同時に業界最低水準のコスト構造を実現した。この点でもシルクと同じである。オプションを限り、部品はできるだけ共用し、各種モデルを標準化することで、それまで熟練工が寄り集まって最初から最後まで手づくりしていた方式を廃した。フォードの革新的な組立ラインでは、未熟練工が熟練工の代わりに、細分化された工程を素早くこなしていった。

こうしてフォードは、自動車1台をわずか4日で完成できるようになった。業界の標準が21日だったから、大幅なコスト削減である。

＊　＊　＊

これまでもブルー・オーシャンとレッド・オーシャンはたえず並存してきた。そして、今後もそうだろう。したがって、これら2つの論理的違いについて理解しておかなければならない。現状では、ブルー・オーシャンを創出する必要性が高まっているにもかかわらず、レッド・オーシャンの競争戦略が、理論的にも実際にも幅を利かせている。そろそろ、この両者のバランスを図るべきだろう。

ブルー・オーシャン戦略はこれまでも存在していたが、あまり意識されることはなかった。しかし、両戦略の基底にある論理の違いを知れば、ブルー・オーシャンを見つけ出すのもかなり容易になるはずである。

第6章

戦略実行力の本質

元 ブーズ・アンド・カンパニー シニアパートナー
ゲイリー L. ネイルソン
元 ブーズ・アンド・カンパニー プリンシパル
カーラ L. マーティン
元 ブーズ・アンド・カンパニー プリンシパル
エリザベス・パワーズ

"The Secrets to Successful Strategy Execution"
Harvard Business Review, June 2008.
邦訳「戦略実行力の本質」
『DIAMONDハーバード・ビジネス・レビュー』2008年9月号

ゲイリー L. ネイルソン
(Gary L. Neilson)
PwC グループの Strategy&（ストラテジーアンド：旧ブーズ・アンド・カンパニー）における、あらゆる業界の幹部へのアドバイザーを務める。シカゴに拠点を置く、PwC US のプリンシパル。執筆時は、ブーズ・アンド・カンパニーのシニアパートナー。HBR 誌には "The Passive-Aggressive Organization," HBR, October 2005.（邦訳「受動攻撃性：変化を拒む組織の病」『DIAMOND ハーバード・ビジネス・レビュー』2006 年 12 月号）などを寄稿している。

カーラ L. マーティン
(Karla L. Martin)
元ブーズ・アンド・カンパニーのサンフランシスコ支社のプリンシパル。

エリザベス・パワーズ
(Elizabeth Powers)
元ブーズ・アンド・カンパニーのニューヨーク支社のプリンシパル

組織構造をいじっても戦略実行力は改善しない

優れた戦略、大ヒット商品、または技術的なブレークスルーによって、有力企業に躍進することは可能だ。ただし、戦略を確実に実行できて、初めてその地位を守り続けることができる。みずからの意図を実現する必要があるのだ。

残念ながら、大多数の企業が自認しているように、この能力に長けている企業はあまりない。筆者らは過去5年にわたり、数え切れないほどの人たち（そのうちの25％は執行役員クラス）に、自社の組織能力に関するオンライン評価に回答してくれるよう要請してきた。その結果、50カ国1000を超える企業、政府機関および非営利団体に所属する12万5000人のデータベースができ上がった。

所属する組織の戦略実行力は低いと評価している社員は、実に6割に上った。つまり「戦略上および業務上の重要な意思決定が迅速に行動に移される」という記述に同意するかという質問に、半数以上が「いいえ」と回答したのである。

戦略実行力とは、手持ちの情報とおのれの利益に従って行動する社員たちが、日々積み重ねてきた無数の意思決定の産物である。筆者らはこれまで、経営コンサルタントとして250を超える企業に、より実効性の高い戦略実行力の習得を支援してきた。

その経験を踏まえ、経営陣が社員の行動に影響を及ぼすうえで欠かせない基本要素を特定した。それは以下の4つである。

●意思決定の権限を具体化する。
●情報の流れを改善する。
●適切に動機付ける。
●組織構造を再設計する。

業績の改善を目指す組織はたいてい、まず組織構造に手をつける。組織図を書き換えることは解決策としてもわかりやすく、そのような変化は実際に目に見え、具体的だからである。この施策は即効性があるとはいえ、機能不全に短期的に対処したにすぎず、根本的な原因にメスを入れるものではない。数年後には、以前と同じ状況に逆戻りする。

組織構造の変更は、もちろん戦略実行力の強化を図る道程の一部でありうるし、またそうあるべきだ。とはいえ、いかなる企業変革プログラムにおいても、組織構造を変更することを前提とするのではなく、最後の仕上げと考えるのが何より賢明である。

筆者らの調査では、前述の4つの基本要素を改善するに当たり、意思決定権と情報活用に関係する施策がはるかに重要であることが判明した。その効果は、動機付けや組織構造のそれよりも2倍大きい(**図表6-1**「戦略実行に不可欠な4つの要素」を参照)。

グローバルに事業展開する某消費財メーカーが1990年代初頭に、組織の再設計に着手した例を見

図表6-1｜戦略実行に不可欠な4つの要素

戦略がうまく実行されない時、たいていのマネジャーが真っ先に、組織をいじることを考える。しかし我々の調査によると、優れた戦略実行力の基本は、意思決定の権限を具体化し、そしてしかるべき情報がしかるべきところに届けられることを徹底することから始まる。これら2つを正しく実施できれば、どのような組織構造や動機付けが適切かも、おのずと明らかになる。

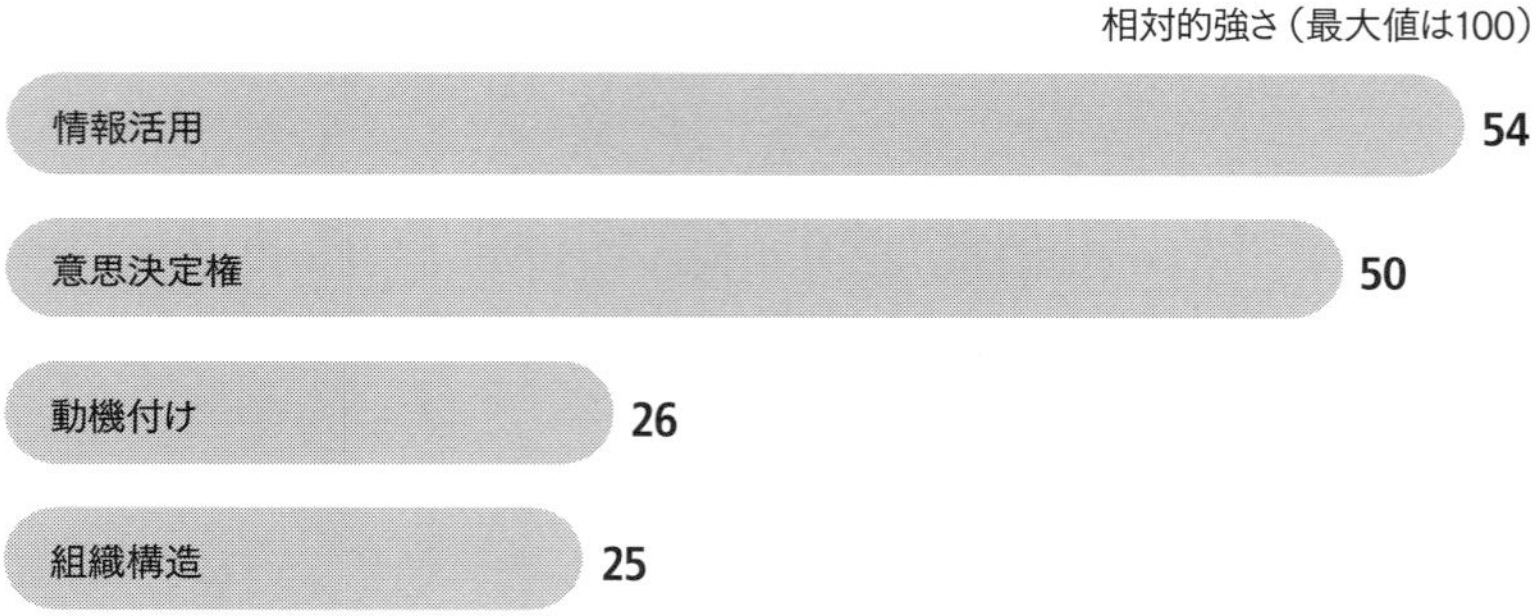

てみよう。なおこの事例を含め、以下では、企業名が特定できないように詳細を変更している。

業績に落胆した経営陣は、当時ほとんどの企業がやっていたことを真似た。すなわちリストラである。管理階層をいくつか撤廃し、それぞれの管理範囲を広げた。こうして、管理職の総人件費はすぐさま18％減少した。

しかし、8年後には以前の状態に戻っていた。撤廃したはずの階層がいつのまにか復活しており、管理範囲もまた縮小していたのだ。同社経営陣は、組織構造だけをいじることで目に見える打開策を講じたとはいえ、根本的な原因、つまりどのように意思決定し、どのように責任を負うのかについては、何の手も打たなかったのだ。

今度こそと、経営陣は組織構造に囚われることなく、業務が遂行される仕組みに注意を向けた。コスト削減を追求する代わりに、戦略実行力の改善に重点的に取り組んだ。その過程で、業績未達の本当の理由が判明した。

すなわち管理職たちが、自分の役割と責任を具体的に認識していなかったのだ。言い換えれば、自分が下すべき決定事項が何なのか、直観的に理解していなかったのである。さらに、業績と報酬の関連性も乏しかった。

この消費財メーカーでは、マイクロマネジメントが恒常化しており、意思決定の後からとやかく言うようなことも頻発し、アカウンタビリティ（結果への説明責任）に欠けていた。ミドルマネジャーたちは時間の40％を、上層部への自己正当化と報告、または直属の部下が下した戦術上の判断に疑問を呈することに費やしていた。

以上のような状況把握に基づき、同社は新しいマネジメントモデルを設計した。誰が何について責任を負うのかをはっきりさせると同時に、業績と報酬を連動させたのである。

同社ではこれまで、昇進は1年半から2年という速さだった。これも業界ではけっして珍しくはなかったが、自分のプロジェクトの行く末を見届ける前に異動しなければならなかった。その結果、どのレベルの管理職も、例外なく昇進後も以前の仕事を続け、自分のプロジェクトを引き継いだ部下の様子を監視し、頻繁に口出しした。

しかし現在では、在任期間が以前より長くなり、プロジェクトが終わるまで見届けられるようになった。そのため、自分の働きがちゃんとした成果として表れ始める頃に、その場に居合わせることができる。

さらに人事査定でも、プロジェクトの成果が、昇進した後もしばらくの間、引き続き考慮される。したがって、昇進前に立てた予測について無責任でいることはできない。その結果、予測の精度と信頼性が向上した。

これらの施策を実施した後でも、管理階層は減少し、管理範囲は拡大していた。ただし、それは変革の副産物であり、また主たる焦点ではなかった。

戦略実行力を強化する組織特性

筆者らの結論は、数十年にわたる経験と徹底的な調査から導かれたものである。およそ5年前、筆者らは同僚と一緒に、経験的に合理的と思われるデータの収集を始めた。その目的は、戦略実行力に資する行動を特定することだった。組織再編、動機付け、情報流通の改善、意思決定権の具体化、これら施策のうち、どれが最も効果的なのかを判断するためである。

筆者らはまず、17項目に及ぶ組織特性のリストを作成した。これらの組織特性は、先の4つの基本要素の1つ以上と関連している。たとえば、「情報」は組織の境界を超えて自由に流通しているか、シニアマネジャーたちは業務上の「意思決定」を蒸し返したりしないか、といった具合である。

これらを踏まえて、誰でも自社の戦略実行力について評価できるオンライン診断プログラムを開発した。その後約4年間にわたり、数万人の協力を得て、データを収集した。こうして、各組織特性が戦略実行力に及ぼす影響をより正確に測定できるようになった。その結果、17の組織特性の重要度を相対的に比較し、順位付けした（**図表6－2**「戦略実行力を強化する17の組織特性」を参照）。

　このように組織特性の重要度に順位をつけたことで、実効性の高い戦略実行力を身につけるには、意思決定権と情報活用がいかに重要であるかが明らかになった。上位8つの組織特性はまさに意思決定権と情報活用に関わるものである。また17の組織特性のうち、組織構造に関係するものは3つにすぎず、しかも13位以降にようやく登場する程度である。以下では、上位5つの組織特性について詳しく見てよう。

❶誰もが、自分の責任となる意思決定と行動についてしっかりした考えを持っている。

　戦略実行力に優れた組織では、71％の回答者がこの組織特性に同意している。戦略実行力に劣る組織では、その割合は32％に低下する。

　組織が成熟化していくにつれて、意思決定権は曖昧になりやすい。若々しい組織は通常、仕事に追われるあまり、はなから役割と責任を具体的に定義する余裕がない。また、その必要もないだろう。中小企業では、ほかの人たちが何をしているのかを知るのはそれほど難しくない。したがって、当面の間、物事はうまく回る。

　ところが、成長するにつれて、経営陣が何度か交代し、そのつど異なる予測や期待が持ち込まれたり、排除されたりする。やがて稟議プロセスも複雑化していき、曖昧さが高まっていく。たとえば、ある社員のアカウンタビリティがどこからで、他の社員のアカウンタビリティがどこまでなのか、次第に不明確になる。

図表6-2 | 戦略実行力を強化する17の組織特性

31社2万6000人超を対象とした調査に基づいて、我々は組織の戦略実行力に資する特性についてランキングしてみた。なかには相矛盾する特性、あるいはある状況では戦略実行力に有効でも、別の状況ではかえってじゃまになる特性もある。一部の特性だけで戦略実行力を説明できるものではない。以下のリストは、重要度の高い順に並べたものである。

基本要素 ●意思決定権 ●情報活用 ■動機付け □組織構造

順位	組織特性	強さ（最大値は100）
1	誰もが、自分の責任となる意思決定と行動についてしっかりした考えを持っている。	81
2	競争環境にまつわる重要情報は迅速に本社に伝えられる。	68
3	いったん下された意思決定について、蒸し返されることはめったにない。	58
4	組織の境界を超えて、情報が自由に流通している。	58
5	現場の社員たちはたいてい、自分たちの日常的な判断が業績に及ぼす影響を理解するうえで必要な情報が与えられている。	55
6	ラインマネジャーは、担当事業の主要な業績評価指標を測定するうえで必要な数値を入手できる。	48
7	ライン部門を統括するシニアマネジャーが、業務上の意思決定に関与している。	32
8	市場を混乱させるようなメッセージが発せられることは、めったにない。	32
9	社員一人ひとりの査定は、優秀、平均、要努力など、業績に従って区別される。	32
10	業績目標を実現する能力が、昇進と報酬に強く影響する。	32
11	「懐柔と迎合」というよりは、「コマンド・アンド・コントロール」（命令と統制）の企業文化である。	29
12	本社スタッフの主たる仕事は、事業部門の監査よりも、むしろその支援である。	29
13	昇進を伴う水平異動（同じ組織階層における配置転換）もありうる。	29
14	出世コースに乗った社員は、3年以内に昇進を期待できる。	23
15	ミドルマネジャーの直属の部下は平均5人未満である。	19
16	全社の業績が不振でも、高い業績を上げている部門の管理職はボーナスが得られる。	13
17	給与以外にも、社員たちに「素晴らしい仕事をしよう」という意欲を起こさせるものが多い。	10

耐久消費財を扱う某グローバル企業は苦い経験を経て、この問題に気づいた。競い合うがゆえに相反する意思決定を下す人たちがあまりに多く、CEO以外に、損益責任を真剣に意識している人間を見つけるのは難しかった。

同社では16ある製品部門を、北米、欧州、インターナショナルという3つの地理的グループに分けていた。それぞれの部門は、具体的に設定された業績目標を達成する責任を負っていた。一方、R&D予算をどのように配分するかといった支出目標は、本社部門によって管理されていた。部門リーダーや地域リーダーが下した意思決定が本社部門によって覆されることなど、日常茶飯事だった。各製品部門は本社部門の決定事項に対抗すべく、スタッフを増やし、そのため人件費が膨らみ始めた。

各製品部門が本社部門と交渉し、各層で質問が検討されている間、意思決定は先送りされた。また、製品部門それぞれに配置された財務アナリストなどの専門スタッフたちは、自分が所属する部門のバイスプレジデントよりも、本社の各職能部門のリーダーに従うことが多かった。何しろ、彼ら彼女らの報酬と昇進を決めているのは本社部門のこれらリーダーだったからである。つまるところ、この論争を解決できるのはCEOをはじめ経営陣だけだったのだ。

これらの弊害すべてが影響し合い、絡み合うことで、戦略の実行が妨げられていた。この悪い流れが一変するのは、新CEOが現れてからである。

この新CEOはコスト管理の優先度を下げ、利益ある成長の優先度を上げた。具体的には、消費者を起点に組織を再設計したのである。新しい組織モデルの一環として、CEOは、各製品部門の損益責任を具体的に定めた。同時に、その目標を支援するために本社部門を利用する権限を各製品部門に与えた。ただし、予算はより厳しく管理されることになった。

本社部門の役割と権限は改められ、各製品部門のニーズをこれまで以上に支援することに加えて、事業全体でグローバルなケイパビリティを開発するため、部門を超えて連携することが求められた。

こうして、本社部門のリーダーたちはおおむね、市場の現実を理解するようになり、この改革によって、事業運営の調整も必要になった。

CEOは、組織の再設計プロセスに本社部門のリーダーたちを参加させ、それが功を奏した。新しい業務モデルは、押し付けられたものではなく、自分たちが関与して、共同で生み出されたものになったからである。

❷競争環境にまつわる重要情報は迅速に本社に伝えられる。

戦略実行力に優れた組織では、平均して回答者の77％がこの組織特性に同意するが、戦略実行力に劣る組織では、この割合は45％に留まる。

パターンを特定し、事業部門や地域部門にあまねくベストプラクティスを広めるうえで、本社部門は本来、強力な機能を果たしうる。ところが、本社部門にそのような調整役が務まるのは、正確かつ最新の市場情報を把握している場合に限られる。そうでない場合、顧客の側にいる現場の意見を無視して、本社部門が検討した課題と方針を押し付けがちである。

重機メーカーのキャタピラー・トラクター（１９８６年にキャタピラーに社名変更）の事例(注1)を紹介し

よう。同社は現在、売上高450億ドルという大成功を収めているグローバル企業の一つである。しかし30~40年前は、組織は機能不全に陥り、生き残りすら危ぶまれていた。

意思決定は中央集権化し、イリノイ州ピオリアにある本社内の各職能部門のリーダーたちが権力を掌握していた。一方、意思決定に必要な情報の多くは、各営業マネジャーたちが預かる現場に分散していた。

あるラインマネジャーの言葉を借りると、「縦割りの管理部門の間を行ったり来たりしなければならないので、意思決定するまでに、嫌というほど長い時間がかかりました。下された意思決定も、事業部門のためというより、管理部門のためのものでした」。

現会長兼CEOのジェームズ・W・オーエンズは当時、インドネシアでマネージングディレクターを務めていた時、情報がトップに届くまでに「都合よく直されたり、取り繕われたりしたことが何度もありました」と我々に語っている。

こうして、市場の現実を知らない経営陣によって、社内調整や過剰な分析が行われ、また現場の意思決定が蒸し返されることもしばしばだった。キャタピラーはその結果、変化の激しい市場で数々のチャンスを逸していた。

たとえば価格は、本社のプライシング担当部門が、市場動向などおかまいなしに、原価に基づいて決定していた。世界各国の販売代理店が次々と、小松製作所（コマツ）に客先を奪われていった。コマツのプライシングは、キャタピラーのそれ以上に競争力があったからである。

そして1982年、キャタピラーはおよそ60年の歴史の中で、初めて赤字決算を経験した。1983

年と84年には、毎日100万ドルの赤字を垂れ流していた。1984年末までに、同社の損失額は10億ドルに膨らんだ。

1988年、先に1985年にCEOに就任していたジョージ・A・シェーファーが、この硬直化した官僚組織のトップになった。当時のキャタピラーは、彼の言葉を借りると「私が尋ねたことについては話してくれるが、私が知らなくてはならないことは話してくれない」組織だった。そこでシェーファーは、反体制的なミドルマネジャーを集めてタスクフォースをつくり、キャタピラーの将来像を考える任務を課した。

皮肉にも、しかるべき情報が本社に確実に伝わるようにする方法は、組織のはるか下位で意思決定が下されることを徹底することだった。業務上の責任が現場に委ねられると、経営陣にはグローバル戦略上の課題を重点的に検討する時間が生まれた。

キャタピラーは事業部制に再編され、各事業部門がそれぞれ損益責任を負うようになった。それまで全権力を掌握していた本社部門は、文字通り一夜のうちに消滅した。本社部門が有していたエンジニアリング、プライシング、製造を含めた専門知識と人材は、各事業部門に配分された。そして各事業部門が、独自に製品を設計し、独自に生産工程とスケジュールを決め、独自に価格を決められるようになった。

以上によって、いっきに分権化が進み、市場に関する意思決定については各事業部門にその権限が委譲された。また、ROA（総資産利益率）が共通の業績評価指標となり、全事業部門の損益がこれで測定されることになった。

経営陣は、正確かつ更新も比較もできる情報のおかげで、古い売上データを用いて効果の上がらないマーケティングについて決定を下していた過去と決別し、戦略上の選択を賢く下せるようになった。同社はわずか1年半で、新しいマネジメントモデルによって運営されるようになっていた。オーエンズは、次のように当時を振り返っている。

「これは、まさしく革命がもたらしたルネッサンスでした。低迷していた会社を、起業家精神のあふれる会社にみごとに変身させたのです。しかも、決定的で完全、徹底し、全世界同時に実施されたため、改革は極めて迅速でした」

❸いったん下された意思決定について、蒸し返されることはめったにない。

ただの蒸し返しなのか、これとは異なるのかは、言い出した人の立場による。より上層部による全社的な視点からのものであれば、意思決定に価値が付加されるかもしれない。直属の上司とはいえ、付加価値を提供できないこともある。たとえば、部下の仕事をやり直し、そのせいで進捗が足踏みするかもしれない。そのマネジャーはこの間、管理職としての仕事を果たせない。

筆者らの調査では、戦略実行力に劣る企業の回答者のうち71％が、「意思決定が蒸し返される」と見ていた。一方、戦略実行力に優れた企業では、同じように感じている回答者の割合は45％に留まった。

筆者らは、もっぱら貧困の撲滅に向けてグローバルに活動している慈善団体と一緒に仕事をする機会に恵まれたことがある。この団体は、ほかがうらやむような問題を抱えていた。寄付金が急増し、その結果、質が高く広範にカバーするプロジェクトを考えなければならなくなり、その重圧に苦しんでいたのである。

この非営利団体は、個人的な使命感に燃える人たちを中心とした組織である。ちょっとした雑務ですら、誰かに任せるのをよしとせず、たとえば支部長みずからコピー機を修理するといった具合であった。組織が大きくなるにつれて、権限委譲できないことが足かせになり、意思決定が滞り、しかもアカウンタビリティの欠如も顕在化し始めた。そして、言い訳のテクニックが磨かれていった。

誰に意思決定権があるのか、はっきりしない場合、何度も会議が開かれたが、どうにも結論に至らないことが常だった。ようやく意思決定が下されても、それはすでに大勢の関係者たちの吟味を経たものであり、それゆえ責任の所在は曖昧だった。

そこで組織を見直し、本部と各支部のリーダー、そして専門家たちのために「センター・オブ・エクセレンス」(COE)を各地に設け、意思決定を迅速化する取り組みがなされたが、効果を上げるどころか、新たな不都合を生じさせるはめとなった。これらリーダーたちは、自分たちにこれらCOEを利用する権利があるとは思えなかったのだ。

この非営利団体の事務局と理事会は、また振り出しに戻った。筆者らは彼ら彼女らと共同して、意思決定マップを策定した。これは、個々の意思決定それぞれがどこで下されるべきかを特定するうえで役に立つものだ。このマップを使って、すべてのレベルにおける意思決定権をはっきりさせ、これを徹底した。

次に、全マネジャーに向けて、誰がやっても同じような作業はほかの誰かに任せるように指示した。こうして、自分の下すべき意思決定とそうすべきでない意思決定を区別できるようになり、自分の意思決定に責任を負うことを公正に感じるようになった。

何よりも、マネジャーたちはそもそものミッションに全力を傾けられるようになった。決定権とその責任を具体化したことで、組織が一人ひとりの成果を追跡する能力も改善した。そして、能力開発の新たな方向性を示すことにもつながった。

❹組織の境界を超えて、情報が自由に流通している。

情報が部門横断的に水平に流れていないと、各部門には自己中心的な行動が目立ち始める。その結果、規模の経済が失われ、ベストプラクティスも共有されない。また組織全体としては、仕事ができる将来有望な人材を育成する機会が失われる。

筆者らの調査では、「情報が組織の境界を超えて自由に流れている」と回答した人の割合は、戦略実行力に劣る企業では21％足らずだった。一方、戦略実行力に優れた企業では55％だった。優れた企業でさえ、それほど高くないということは、これはほとんどの企業において取り組むべき課題といえよう。

ここで、某B2B企業の例を紹介しよう。同社では、重要顧客にサービスを提供しようにも、顧客担当部門と製品部門の間に協力体制が確立されていなかった。

そこで同社では、さまざまな製品を購入する大口顧客など、重要なセグメントとの関係を円滑化するために、顧客マーケティンググループをつくり、客先に出かけていくアウトリーチ・プログラムの展開、革新的な価格体系、顧客別にカスタマイズした販促活動や値引きといった仕事を任せた。

この顧客マーケティンググループは、これら一連のイニシアティブとその進捗状況について、各製品部門に報告書を提出することはなかった。また、各部門長が集まり、主要な業績評価指標について話し合う定例会議に出席する時間の確保すら難しいという状況にあった。

そこで各製品部門は、それぞれ独自に顧客マーケティンググループと連絡を図り、計画を立てた。当然ながら、製品部門ごとに優先事項は異なり、それぞれに合わせた対応が必要になる。その対応のために、顧客マーケティンググループは膨大なエネルギーを費やしていた。

ところが、各製品部門は、この新設部門が重要顧客に食い込むために建設的な手段を展開していることに気づきもしなければ、また耳にはさんだとしても信じていなかった。また顧客マーケティンググループも、製品部門が自分たちの計画に関心を示しても、それはうわべだけのことだと思っていた。

したがって、さまざまな製品を購入している大口顧客が抱えている重要な関心事、たとえば潜在的なトレードオフやボリュームディスカウントといった課題について、両者が協力することはなかった。

同社がかつて、利益率の高い市場で圧倒的な強さを誇っていた時代には、このような協力体制の欠如が問題になることはなかった。しかし、市場競争が激しくなるにつれて、かつての顧客たちは同社のことを、信頼の置けない、やっかいなサプライヤーと見なし始めていた。その結果、顧客たちは次第に同社と関係を深めることをためらい出した。

しかし、問題が明らかになれば、解決策はそれほど難しいものではなかった。顧客マーケティンググループと各製品部門が話し合う程度で済んだのである。顧客マーケティンググループは、目標と実績の差について製品別と地域別に示した報告書を製品部門に定期的に報告する責任、および根本原因分析を支援する責任を負うことになった。

また、くだんの定例会議は四半期ごとに開かれるようになり、フェース・トゥ・フェースで情報交換する場ができ、懸案事項についてもその場で検討できるようになった。協力には信頼関係が欠かせないが、これら一連の施策によって、その輪が社内に広がっていった。

❺現場の社員たちはたいてい、自分たちの日常的な判断が業績に及ぼす影響を理解するうえで必要な情報が与えられている。

社員たちが利用できる情報が限られれば、意思決定の合理性はおのずと制約される。売上げをさらに増やすために必要なコストがわからなければ、マネジャーたちはやみくもに売上増を目指す。十分な情報が与えられていれば、そのような行動は明らかに間違っていることもわかろうが、十分な情報が与えられていなければ、彼ら彼女らを責めることはできない。

筆者らの調査では、「現場の社員たちはたいてい、自分たちの日常的な判断が業績に及ぼす影響を理解するうえで必要な情報が与えられている」という組織特性について、戦略実行力に優れた組織では、回答者の61％が同意している。戦略実行力に劣る組織では、この割合が28％に落ち込む。

筆者らのクライアント企業の一つ、某大手金融サービス会社でも、この不健全な力学が働いていた。同社は、小規模な地方銀行を相次いで合併することで、今日の地位を築いていた。合併後の業務統合によって、ローン営業を担当するフロントオフィスと、与信評価を担当するバックオフィスが分離された。両部門は所属組織も別々となり、しかも多くの場合、場所も分かれることになった。

その結果、残念ながら、必要な情報と動機付けがうまく連動せず、業務の円滑化につながらなかった。

さらに、フロントオフィスとバックオフィスの両部門が、異なる目標、しかも相反することの多い目標を追求していた。

たとえばフロントオフィスは通常、一回限りの顧客にも、過剰にカスタマイズした取引を提案して契約を物にしていた。しかし、この類の取引はコストが利益を上回る。フロントオフィスでは、このような取引のコストはどれくらいで、どれくらい複雑な取引なのか、きちんと理解されていなかったのだ。

このような情報を知らないために、営業スタッフたちは「事務方が妨害している」と思い込んでいた。一方のバックオフィスは、彼ら彼女らを「無鉄砲な仕事をする連中」と決め付けていた。年度末が近くなり、データを突き合わせてみると、同社の経営陣は必ず業務コストの急増に嘆かされた。多くの場合、そのコストで利益は消し飛んでしまうからだ。

前述のような情報格差の問題に対処するために、フロントオフィスに「スマート・カスタマイゼーション」というアプローチを導入した。大多数の取引で利用するエンド・トゥ・エンド・プロセスを標準化する一方、特定の状況に限り、カスタマイゼーションが許可された。

バックオフィスでは、カスタマイゼーションの処理プロセスを明確化し、分析支援ツールが用意された。こうして、その案件のコスト面に関する正確な情報をフロントオフィスに提供できる体制が整った。同時に、フロントオフィスとバックオフィス双方が使える共通の報告基準やツールも導入された。これは、意思決定の際、両部門が同じデータを用い、同じ評価基準に従うようにするためである。

お互いが相手の仕事について理解したことで、より効果的に協力し合い、全社の利益を最優先して行動するようになった。こうして、年度末に経営陣が嘆くこともなくなったのである。

障害になっている組織特性にメスを入れる

戦略実行力を改善するための4つの基本要素、すなわち意思決定権、情報活用、動機付け、組織構造は相互に関連し合っている。

意思決定権が具体化されていない場合、意思決定そのものが混乱するだけでなく、情報の社内流通を妨げたり、業績と報酬を断絶させたり、また公式の指示命令系統を迂回することが助長されたりする。情報の流通が妨害されれば、賢明とはいえない意思決定が下されたり、キャリア開発の機会が制限されたり、各部門の自分勝手な振る舞いが助長されるおそれもある。では、どうすればよいだろうか。

あらゆる組織が唯一無二であり、社内外で直面する条件はそれぞれ異なるため、普遍の解というものは存在しえない。とはいえ、最初の一歩は、問題の根本を特定することである。

筆者らがコンサルティングを提供する時は、まずクライアント企業の社員を対象に組織プロファイル診断を実施し、その結果を集計することから始めることが多い。調査対象の数は多ければ多いほど望ましい。

ひとたび自社の弱点がわかれば、そのための対策はいくらでも考えられる。**図表6-3**「戦略実行力を改善する施策例」では、業績に影響を及ぼしうる改善策を15例示している。ここに列挙したものは、考えられる選択肢の一部にすぎない。

図表6-3｜戦略実行力を改善する施策例

戦略実行力を改善するための施策はいろいろある。ここに示した15の施策は、そのほんの一部にすぎない。戦略実行力を改善するに当たって、「意思決定権の具体化」「情報の流れの改善」「適切な動機付け」「組織構造の再設計」の4要素を活用しているが、いずれの施策もこれら4要素の1つ以上を強化するものである。

基本要素（意思決定権／情報活用／動機付け／組織構造）	
意思決定権	本社スタッフに、事業部門の意思決定の支援に重点的に取り組ませる。
意思決定権	各業務レベルでの意思決定を具体化・整理する。
意思決定権	本社は、戦略上の重要問題に重点的に取り組む。
意思決定権、情報活用	類似・重複する機能を一つの組織に統合し、センター・オブ・エクセレンスを創設する。
意思決定権、情報活用、動機付け	業務プロセスの責任者を、複数の職能部門に関わる活動の調整役に任命する。
意思決定権、動機付け	個人の業績評価指標を確立する。
情報活用	現場から本社への情報の流れを改善する。
情報活用	日常業務の業績評価基準を定義し、現場に導入する。
情報活用、動機付け	クロス・ファンクショナル・チームを結成する。
動機付け	表彰制度を導入する。
動機付け	卓越した業績を認める目的で非金銭的報酬を拡大する。
情報活用、組織構造	在任期間を延長する。
情報活用、組織構造	水平異動とローテーションを定例化する。
組織構造	管理範囲を広げる。
組織構造	管理階層を削減する。

これらの施策はいずれも、17の組織特性の中の1つ以上を強化することを目標としている。たとえば、「意思決定権の具体化」のための施策であれば、次の2つの組織特性、すなわち「誰もが、自分の責任となる意思決定と行動についてしっかりした考えを持っている」「いったん下された意思決定について、蒸し返されることはめったにない」の強化につながる可能性が高い。

企業変革プログラムに、図表6－3に挙げた15の施策すべてを盛り込みたいと考えるマネジャーはまずいないだろう。実際、ほとんどの組織が、一度に5つか6つ以上の施策に取り組めるだけの管理能力や意欲を持ち合わせていない。

また、筆者らがこれまで強調してきたように、最初に取り組む施策としては意思決定権と情報活用をまず対象にすべきである。その後、その取り組みを支援するために、動機付けと組織構造を変えることを計画すればよい。

自社の弱点を理解し、最も実効性の高い企業変革プログラムを立案することを支援するために、筆者らはオンラインの組織変革シミュレーターを開発している。

この双方向型のツールには、組織プロファイル診断もついているため、要素を変えて、変革プログラムをあれこれシミュレーションできる。つまり、自社の弱点を改善するうえで、どの要素に取り組むのが最善なのかを検討できるのだ（**章末**「組織変革をシミュレーションする」を参照）。

組織プロファイル診断から始まり、戦略プランニング、変革プログラムの立ち上げに至るまでのプロセス全体を理解していただくために、某大手保険会社の事例を紹介しよう。以下では、同社をグッドワード・インシュランスと呼ぶことにする。

グッドワードは自己資本が潤沢で、保険料収入も契約顧客数も着実に伸びている成功企業の一つだった。しかし、同社経営陣は戦略実行力をさらに強化し、意欲的な5カ年計画の達成を望んでいた。顧客基盤の拡大、保険料収入の増大、およびコスト削減に関する高い目標もこの計画の一部であり、その実現にはより高次元のチームワークが要求されると思われた。

部門を超えた協力が一部で見られるものの、各部門とも自分たちの目標を重視するのがやはり当たり前だった。それゆえ、他部門の目標達成を支援するために自部門の資源を傾けることは考えにくかった。また多くの場合、そのような行為へのインセンティブもほとんどなかった。たとえば、A部門の目標を達成するにはB部門の力が必要だったが、B部門の目標にはA部門への支援は盛り込まれていないといった具合である。

グッドワードはこれまで、全社プロジェクトを幾度も立ち上げ、時間と予算をオーバーすることなく成功させてきた。しかしこれらのプロジェクトは、ステークホルダーのニーズを十分考慮していなかったため、やり直しが必要になる場合も少なくなかった。

たとえば、シェアードサービスセンターを新設した後、その業務モデルとプロセスを再検討する必要に迫られた。各部門が、自分たちが一番に片づけたい作業を同センターが速やかに処理してくれないせいで、内緒でそれを処理するスタッフを雇い入れるようになったからである。

このような結果が招かれたのは、「全社的に判断して、何が一番重要なのか」という優先順位を脇に置いて、同センターの都合で、技術アプリケーションを決めていたことが原因だろう。

また、部門間のコミュニケーションが不十分だったことから、主要商品の上市が滞ったことがあった。

マーケティング部門は、保険金の請求処理部門に新しい種類の請求を処理できる能力があるかどうかを確認せず、新しい特約を開発した。実のところ、このような処理能力がなかったため、新しいタイプの請求が殺到し始めると、請求処理部門のスタッフたちはコストのかかる手作業によって急場をしのがなければならなかった。

マーケティング部門は保険数理部門にも、新規開発した特約が会社のリスクプロファイルと償還引当支出にどのような影響を及ぼすのかを相談しなかった。実際、一部の特約ではコストが増加した。

より優れた戦略実行力を目指す組織文化に向けて、グッドワードでは、最大の障害を見極めるために、7000人強の全社員に組織プロファイル診断表を配付し、17の組織特性に関する同社のスコアを戦略実行力に優れた企業のそれと比較した。

優れた戦略実行力の障害となっているものを特定するうえで、過去に実施したさまざまな調査、たとえば従業員満足度調査からは定性情報が得られた。一方、筆者らの組織プロファイル診断によって、何が障害になっているのか、グループ別、職位別に分析できる定量化可能なデータが得られた。

また、戦略実行力の評価では、経営陣よりもミドルマネジャークラスのほうが悲観的であることが判明した。それゆえ、改革課題を最終的に決めるに当たり、ミドルマネジャーからのインプットが決め手となった。

以上の調査を通じて、グッドワードは、影響力の大きい組織特性のうち、戦略実行力を妨げる以下の3つの障害を特定した。

組織の境界を超えて、情報が自由に流通していなかった。

グッドワードには、情報を共有し合うという文化がまったくなかった。部門間で情報が流通していないことを示すケースが少なくないにもかかわらず、管理職たちはいつも「よその問題」として取り合わなかった。

しかし組織診断データによって、このように一見もっともらしい否定は口実にすぎないことを明らかにした。そして、診断結果を見直していたCEOは、部門を超えた情報の流通を示したチャートを掲げ、次のように断言した。

「我々はこの問題を数年間ずっと検討しています。しかし、君たちはいつも『それは他部門の問題であって、自分たちの問題ではない』と言うばかりです。ですが、回答者の67%が『情報が自由に流れているとは思わない』と述べています。これはどこかの問題ではありません。我々の問題なのです。あまねく低いからこそ、このような結果になったのでしょう。我々全員がこの問題を正す責任を負っています」

情報が横に流れないことの一因は、他部門に異動して昇進することが少ないことにあった。グッドワードでは、もっぱら同じ部門内で昇進し、他部門に異動して昇進することはなく、事実、ほとんどのミドルマネジャーとシニアマネジャーが部門内での昇進だった。そのため、他部門の活動のみならず、他部門の人たちについてもほとんど知らなかった。

競争環境にまつわる重要情報は、迅速に本社に伝えられていなかった。

診断データとそれに続く調査、さらにはミドルマネジャーとの面談によって、不適切な情報が組織図の上方へ伝えられていく様子が明らかになった。ありふれた日常の意思決定までも上申されていた。たとえば、ミドルマネジャーの採用や1000ドル程度のボーナスについても、経営陣が承認しなければならなかった。

このため、ライバルの動向、顧客ニーズ、市場の広範な変化に対応しようにも、機敏さに欠けた。一方、重要情報は各組織階層でフィルターにかけられたため、有力な判断材料としてはまったく使えなかった。

ジュニアマネジャーが、あるプロジェクトが必ず失敗するであろう理由を知っていても、その上司たちはその意見を握り潰し、経営陣に伝えることはなかった。

みずから動かない人は何も始めないばかりでなく、流れに身を任せ続けた。たとえば同社では、保険販売員向けに新たなインセンティブを設定するプロジェクトが進んでいた。同じ取り組みが以前失敗に終わっていたが、誰も意見を言わず、またプロジェクトを止めようともしなかった。なぜなら、経営陣の一人の肝いりだったからである。

誰もが、自分の責任となる意思決定と行動についてしっかりした考えを持っていなかった。

部門間での情報流通の欠如によって、意思決定権にまで悪影響が及んでいた。というのも、どこまでが自分の権限で、どこからが他のマネジャーの権限なのかをちゃんと理解しているマネジャーがほとんどいなかったのである。

日常の意思決定でさえアカウンタビリティが曖昧で、マネジャーは誰に具体的な説明を求めればよいのか、わからずにいた。当然のことながら、意思決定権に関する混乱は、後から非難が集まるような状況を招いた。実際、グッドワードでは、回答者の55%が「いったん下された意思決定が、いつも蒸し返される」と感じていた。

グッドワードの名誉のために申し上げておくと、経営陣は前記の診断結果にただちに対応して、これら3つの問題すべてを対象とした変革プログラムに着手した。その旗印として、長期的なイニシアティブが立ち上げられた。改革にはずみをつけるとともに、参加意欲と当事者意識を醸成することがその目的であった。

経営陣は、ピラミッド組織によって権力を与えられている人たちへの「受動攻撃的」な態度(注2)が情報の社内流通を妨げていると認識した。この認識に基づき、形式にこだわらないオープンな社風に変えていこうという考えを示すため、ただちにいくつかの施策が講じられた。

象徴的な例を一つ挙げると、経営会議の座席配置が見直された。それまで経営陣は、テーブルの一角にまとまって座っていた。経営陣と他の出席者の間にある距離は、まさしく権力の違いを意味していたのだ。グッドワード経営陣はいまや、社員たちと交流し、より身近な存在となるように努め、また社員たちが非公式に情報共有することを奨励するようになった。

Cクラスの執行役員たちを交えた弁当持参の定期昼食会も制度化された。これによって社員たちは、企業文化変革運動、意思決定権、部門を超えたコミュニケーションの仕組みなど、さまざまなテーマについて話し合う機会を得た。

その際、各テーブルには異なる部門の社員が必ず着席するといった配慮がなされた。また、一人ひとりが他部門の仕事を学ぶことを奨励する目的で、対話の糸口となるような活動が取り入れられた。

一方シニアマネジャーたちも、情報活用と意思決定権に関する問題を是正するために本気で取り組み始めた。彼ら彼女らは、自分以外の人たちがどのように主要な意思決定を下しているのかを理解するために自分の社内人脈について評価し、また自分の人脈と他人のそれの決定的な違いを見極めた。その結果、重要な意思決定を下すための新しいフレームワークが生まれた。これにより、各意思決定の責任者は誰か、情報提供者は誰か、誰がアカウンタビリティを負っているのか、どのように成果を定義するのかがはっきりした。

長期的なイニシアティブはほかにもあり、その一部を以下に紹介する。

- 一部の決定事項を社内の隅々まで浸透させ、入手可能な最善の情報と意思決定権をいっそう結び付ける。たとえば、大半の雇用とボーナスに関わる意思決定は、雇用数と給与水準についてあらかじめ決められた範囲内である限り、当該部門のマネジャーに委ねられた。また、誰が、どのような情報を必要としているのかを明確にすることで、部門の壁を超えた対話が促される。
- 重複している委員会を特定し、廃止する。
- 業績評価基準とスコアカードを部門単位に細分化する。これにより経営陣は、問題を起こした張本人は誰かという犯人探しよりも、なぜ問題が生じたのかという原因に目を向けることができる。正しく設計されたスコアカードであれば、販売量や売上げといった成果だけでなく、顧客への訪問回数や顧客計画の達成度といった成果の先行指標も把握できる。その結果、経営会議の焦点は、過去を説明することから、将来を見据えることに移行した。すなわち、問題を予見し、その発生を防ぐことに変わったのである。

●企画立案プロセスを複数の部門を巻き込んだものに変える。各部門は、自分たちの取り組みが相互依存的で、互いに影響を及ぼし合う関係であることを理解し、これに従い、部門共通の目標が割り当てられる。

●ミドルマネジャーのキャリアパスにおいて他部門に異動して昇進することを重視する。

グッドワードはこれらの改革に着手したばかりである。これら一連のイニシアティブは、さまざまな部門、さまざまな職位が担当している。イニシアティブが自己中心的で、視野狭窄的にならないようにするためだ。そしていまや、同社の戦略実行力は着実に強化されつつある。

これが成功しつつあることは、従業員満足度にまず表れる。事実、部門間コラボレーションの水準と意思決定権の明確さに関する質問では、ミドルマネジャーたちの回答が20～25ポイントも改善している。また成績の高い社員たちを見ると、事業全体をより広範に理解するために部門を超えて活動している。たとえそれが、昇進に直結しなくともである。

＊　＊　＊

戦略の実行とは、終わりのない挑戦にほかならない。戦略実行力に卓越した企業、いわゆる「レジリエント型組織(注3)」でさえ、「戦略上および業務上の重要な意思決定が迅速に行動に移される」と認める社員は、全体の3分の2にすぎない。

組織構造や動機付けばかりに注目し、戦略実行力の問題に対処し続けている限り、失敗が繰り返されることだろう。短期的には成果が上がることもあろうが、これまで見てきたように、失敗の本質に踏み込まなければ、必ず元の木阿弥となる。

とはいえ、このような失敗はたいてい修正可能である。まず、おのれの責任は何か、誰がどのような決定を下すのかについて、社員たちが正しく理解するように周知徹底させる。次に、社員たちが責任を果たすうえで不可欠な情報を提供する。以上、意思決定権と情報活用が整えば、組織構造と動機付けもおのずとこれに従うはずである。

調査について

組織の実効性を検証するために、組織特性に関する17項目と成果に関する2項目の計19の質問から成るオンライン診断に回答してもらった。そして、最低150人以上の匿名回答が寄せられた企業31社、回答総数2万6743件に上るデータが集まった。

組織特性に関する17項目のうち、どの特性が優れた戦略実行力と最も関係しているのか、これを判定するために、各社について回帰分析を実施し、戦略実行力の指標と17特性の相関を調べた。

なお、戦略実行力の指標とは、「戦略上および業務上における意思決定が迅速に実行に移される」という成果に関する質問項目に「イエス」と回答した比率である。

次に、各組織特性について、当該特性と戦略実行力の指標が90%の確からしさ（90%の信頼区間）で相関している企業の数に基づいて順位付けした。最終結果は、100を満点として指数化している。

トップとなった組織特性「誰もが、自分の責任となる意思決定と行動についてしっかりした考えを持っている」にイエスと答えたのは31社のうち25社で、戦略実行力の指標と正の相関を示し、指数値は81であった。

組織改革をシミュレーションする

どのような組織にも、業績改善のチャンスがある。時間と資源が無限にあれば、やれる打ち手は山ほどあろう。しかし実際には、時間と資源には限りがあり、ビジネスは実世界で行われている。

では、どの取り組みを優先すべきか。この課題について、最善と考えられる知識に基づき、コスト効率にも極めて優れた意思決定を下すには、はたしてどうすればよいのだろうか。

筆者らは、意思決定権の具体化、クロス・ファンクショナル・チームの設置、非金銭的報酬の拡充といった施策の有効性について、時間とコストをかけずに検証する方法を開発した。

自社の戦略実行力を改善するには、どのような組織改革プログラムが最も効果的かつ効率的か、これをシミュレーションできるサイトを用意した。一度利用してみていただきたい（注）。

シミュレーションを開始するには、まず7種類ある組織プロファイルの中から、自社の現状に最も近いと思われるものを選択する。選択に悩む場合のために、簡便な診断法も用意されている。

このオンライン診断から自動的に組織プロファイルと戦略実行力の基準点がわかる。満点は100だが、完璧な組織など、この世に存在しない。極めて戦略実行力の高い企業でも、たいていは60~70点台となる。

基準点を設定した後、シミュレーターの28ある施策から5つ選ぶことで、自社の戦略実行力を改善するための道筋が見えてくる。理想的には、自社の組織面における最大の弱点と一致していることが望ましい。正しく選べるように、シミュレーターの各施策には、4つある組織特性(意思決定権、情報活用、動機付け、組織構造)のどれに関連するものかが表示されている。

必要な施策を5つ選択したら、1年後の結果についてシミュレーションが行われる。これは、31社2万6000件超のデータによって経験合理的に導き出された関係性に基づいている。

あわせて、戦略実行力の改善結果が棒グラフで示される。このグラフには、戦略実行力に優れた企業サンプルと比較した相対的な位置が表示される。さらに、このシミュレーターでは、同じ組織プロファイルを選んだ他社の得点も同時に表示される。

必要ならば、2年目のシミュレーションに進んで、あらためて5つの施策を選ぶこともできる。ここに挙げた画像(次ページを参照)は実際の表示結果の一例である。

このシミュレーターが優れている点は、考えられる施策を無数に組み合わせ、結果を気にすることなく検討できることだ。シミュレーションできるのは2年分に限られるが、シミュレーションは何度でも好きなだけ試すことができる。

また、このシミュレーターはチーム評価にも利用できる。実際、シニアマネジャーたちの関心を集め、生産的な対話が生まれている。

このシミュレーターで、組織が直面しうる個別状況のすべてを把握することはできないが、目標を定め、実効性の高い組織改革プログラムを評価・構築する一助になりうる。これは、膨大な時間と資源をかけずに、さまざまな変化の影響について考えるきっかけとしても有益だろう。

【注】www.simulator-orgeffectiveness.com を参照。ただし英語版のみ。

【注】

（1）この事例に関する詳細の出典はGary L. Neilson and Bruce A. Pasternack, *Results: Keep What's Good, Fix What's Wrong, and Unlock Great Performance*, Crown Business, 2005.（邦訳『最強企業が最強であり続けるための組織デザイン』日本経済新聞社、２００６年）を参照。

（2）問題解決に取り組まなかったり、頑なになったり、わざと能率を悪くするなどして攻撃すること。詳細は“The Passive-Aggressive Organization,” HBR, October 2005.（邦訳「受動攻撃性：変化を拒む組織の病」ＤＨＢＲ ２００６年12月号）を参照。

（3）市場や環境の変化に素早く適応できる柔軟性を備える一方、一貫した戦略に基づいて行動する企業。ブーズ・アンド・カンパニーの組織プロファイル診断で最高とされる組織。詳細は、注１の『最強企業が最強であり続けるための組織デザイン』を参照。

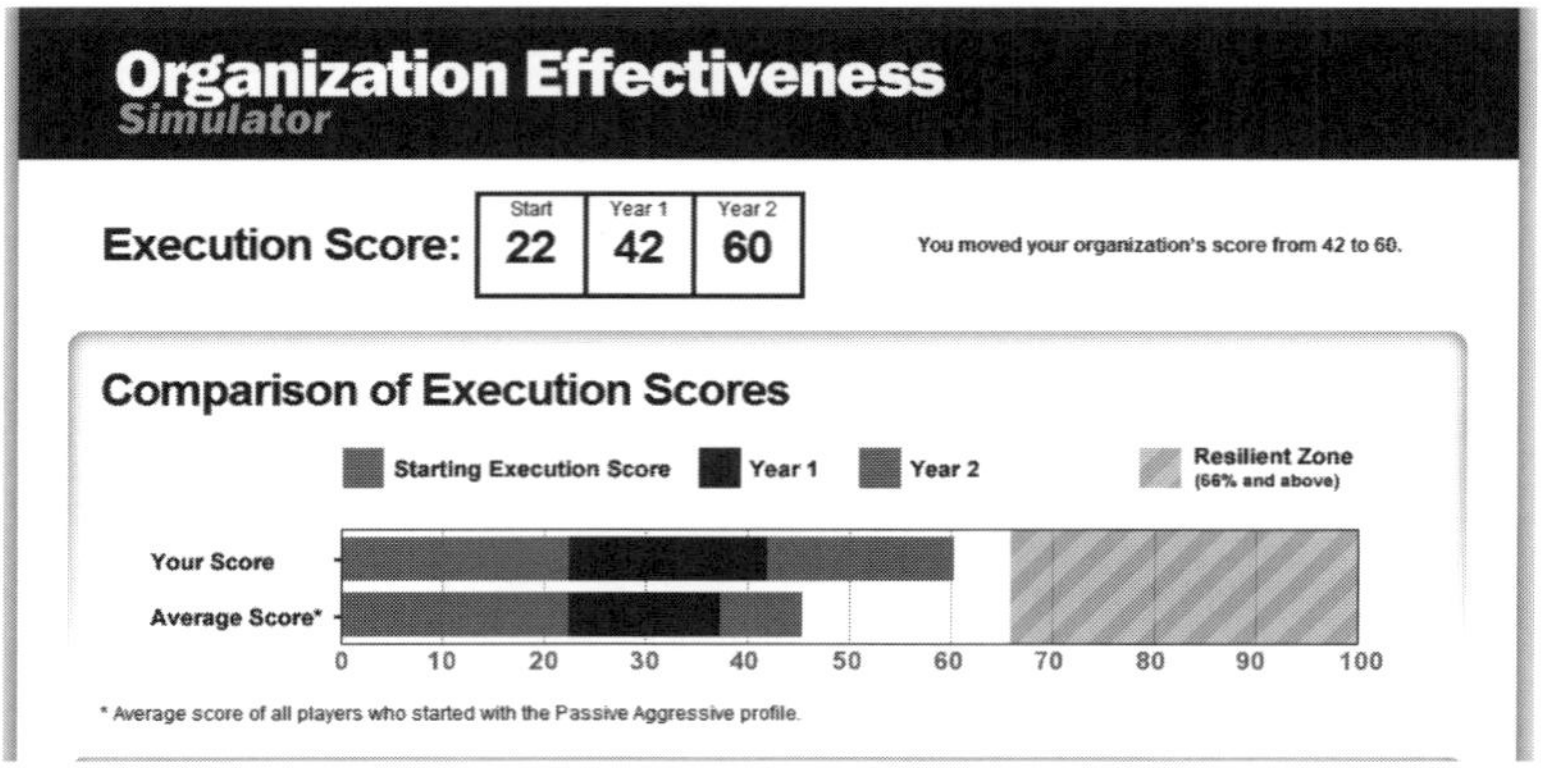

第7章

ストラテジック・プリンシプル

ベイン・アンド・カンパニー 会長
オリット・ガディッシュ
元 ベイン・アンド・カンパニー ディレクター
ジェームズ L. ギルバート

“Transforming Corner-Office Strategy into Frontline Action”
Harvard Business Review, May 2001.
邦訳「ストラテジック・プリンシプル」
『DIAMONDハーバード・ビジネス・レビュー』2001年10月号

オリット・ガディッシュ
(Orit Gadiesh)
ベイン・アンド・カンパニーの会長。米国の経済誌で「カリスマ性を持つ4人の経営者の一人」に選ばれたこともある。世界のトップ企業の経営者との関係も深く、グローバルレベルでのコンサルティング活動を続けている。

ジェームズ L. ギルバート
(James L. Gilbert)
元ベイン・アンド・カンパニーのボストン事務所のディレクター。同社のヘルスケア・プラクティスのリーダーを務め現在、フラッグシップ・パイオニアリングのシニアパートナー。

権限委譲しても統制の取れた企業の条件

皆さんもすでによくご承知だろう。CEOがすべてを決めるような仕組みを改めて、意思決定を分権化させると、さまざまなメリットが生じる。

まず、移ろいやすい事業機会をスピーディにつかむことができる。顧客の嗜好が微妙に変化しても、それを製品やサービスに確実に反映させることができる。エンパワーメントの効果によって、社員がイノベーションを追求し、積極的にリスクを取るような姿勢を持つ——。

意思決定を分権化することは、特に変化の激しい事業環境の下では大きな意義がある。ただし、必然的にリスクも伴う。誰もが意思決定を下すような組織は、コントロールが利かなくなる危険と背中合わせであるからだ。分権化を行ってなおかつ整合性の取れた戦略を推し進めるのは、極めて困難なことである。

にもかかわらず、一部の企業はそれを成し遂げている。ゼネラル・エレクトリック(GE)、アメリカ・オンライン(現AOLタイムワーナー:AOL)、ザ・バンガード・グループ、デルコンピュータ、ウォルマート、サウスウエスト航空、イーベイ……。

これらの企業に共通するのは、「ストラテジック・プリンシプル」を持っていることである。すなわち、戦略のエッセンスを覚えやすいフレーズにまとめ、全社に浸透させることで、戦略に沿った行動を引き出しているのである（**章末**「ストラテジック・プリンシプル――成功へのキーフレーズ」に具体例を示してある）。

ストラテジック・プリンシプルは、筆者たちの知るところでは10社ほどが設けており（ただし、それぞれの社内では「ストラテジック・プリンシプル」と呼んでいるわけではない）、常に高い成果をもたらしている。現在のように事業環境が目まぐるしく変わる時代には、その意義はとりわけ大きいのではないだろうか。

実際、筆者たちは、この2年間に50人を超えるCEOと接する中で、ストラテジック・プリンシプルの威力に――戦略の整合性を保ちつつ、事業機会をスピーディにつかんだりイノベーションを追求したりするフレキシビリティを育てる力に――感銘を受けるようになった。ストラテジック・プリンシプルは、繁栄を目指す企業にとって、今後よりいっそうその重要性を増すことだろう。

戦略のエッセンスを抜き出して社員に伝える

ストラテジック・プリンシプルとは何だろうか。どのように活かせばよいのだろうか。そのヒントは軍隊の規律の中に見出すことができよう。

英国海軍では18世紀、フランスと戦った、かのネルソン提督の下で「敵艦のそばをけっして離れてはならない」というシンプルな原則が貫かれていた。英国海軍は、優れた操艦術、訓練、豊富な経験のおかげで、他国の小規模な艦隊と対峙すると、必ずといってよいほど優位に戦いを進めることができた。

このためネルソンは、それまで常識とされていた旗信号による各艦への指示を「実戦的ではない」との理由で廃止し、艦長に戦術上の留意点のみを伝えるようにした。艦長たちは敵艦と一対一の局面を打開しなければならないということを肝に銘じているのだから、どのような作戦を取るかは彼らに任せようというわけである。

このように旗信号で具体的な命令を出す代わりに、ストラテジック・プリンシプルを用いることによって、ネルソンはフランス艦隊を相手に戦功を重ねていった。なかには、旗信号の通用しない真夜中の戦いで大勝利を収めたこともあった。

ネルソンの定めた原則は非常にシンプルで、配下の軍人も水夫も一人残らず胸に刻むことができた。だからこそ、長く受け継がれ、やがて敵国が英国を凌ぐ軍事力を身につけるまで生き続けたのである。

行動のベースとなる要素を戦略から取り出して覚えやすいフレーズにまとめることは、なぜ重要なのだろうか。

それは、いかに優れた事業戦略といえども、戦争における知略と同じように、十分に理解されなければ意味がないからである。予想された事態のみならず、突如現れた事業機会にも対処できなければ意味がないからである。

筆者たちはしばしば、「80－100ルール」の大切さを肌で感じてきた。つまり、完璧な戦略を宝の持ち腐れにするよりは、80％の戦略を100％実行できるほうが望ましいのである。ストラテジック・プリンシプルを持っていれば、企業はこのバランスを適正に保つことができる。

ストラテジック・プリンシプルを一つ（複数であってはいけない）定めることのメリットは、本社の執行役員からオペレーション担当者に至るまで、あらゆる社員が同じ戦略に沿って仕事をするようになり、しかも無意味な規則に縛られることがなくなる、という点である。

意思決定を下すにしても、何度も役員室を訪れ、いたずらに時間をかけるようなことをしなくて済む。優れたストラテジック・プリンシプルを効果的に社内に浸透させることができれば、あらゆる階層の社員に安心して意思決定を任せることができるようになる。彼ら彼女らの判断は会社にとってプラスになるに違いない、と。

これまでの説明から、「ストラテジック・プリンシプルとは、要するにミッションステートメントのことではないか」といった印象を受けた読者もいるかもしれない。たしかに、どちらも会社の進もうとしている方向を指し示しはするが、あくまでも異なる内容を社員に伝えるための異なるツールである。

ミッションステートメントが企業文化を表したものであるのに対して、ストラテジック・プリンシプルは戦略を表したものである。

ミッションステートメントが目標を示したものであるのに対して、ストラテジック・プリンシプルは行動の指針を示したものである。前者が最前線の社員にやる気を出させるものであるのに対して、後者は戦略に沿って判断を下すためのガイドラインを示して、スピーディな行動を促すものである。

この2つの違いを、GEを例に取りながらもう少し詳しく説明したい。GEのミッションステートメントはこのように説いている。「常に揺るぎないインテグリティをもって……」「お客様の成功のために全力を傾注します」「高い目標の設定（ストレッチ）、感動や興奮、形式に囚われず、そして信頼にあふれる環境を創ります」等々。これらのメッセージは社員のハートに訴えかけ、やる気を引き出すものである。

他方、「市場で1位または2位を占めること。さもなければ撤退する」という有名なストラテジック・プリンシプルは、具体的な行動を喚起するものだ。このメッセージの前半（「市場で1位または2位を占めること」）によってマネジャーは戦略上の課題を明確に知ることができ、後半（「さもなければ撤退する」）でさらに念を押されるのである。

3つの特性を備える

持続的な競争優位を築くには、貴重な経営資源——資本、時間、マネジャーのエネルギー、労働力、ブランドなど——をどのように配分すればよいのだろうか。ストラテジック・プリンシプル、すなわち戦略のエッセンスは、この問いに答えるものでなくてはならない。「何をすべきか」だけでなく「何をしてはならないか」を示すものでなければならない。

具体的には、以下のような3つの使命を果たすべきである。

❶経営資源をどの事業に傾けるべきかを決める指針となる。

❷一つひとつの行動が適切なものかどうかを判断するための基準となる。

❸方向性を示したうえで自由なチャレンジを認める。

ＡＯＬも、このような条件を満たすストラテジック・プリンシプルを持っている。ＣＥＯのスティーブ・ケースは、「インターネットの真骨頂は、オンライン上で人と人とのコミュニケーションを可能にする点にある」と考え、それを実現することをＡＯＬのミッションと位置付けている。このため、「人と人をつなぐ――いつでも、どこでも」がタイムワーナーと合併するまでのＡＯＬのストラテジック・プリンシプルであった。

このプリンシプルがあったからこそ、ＡＯＬは「経営資源をいかに割り振るか」といった難しい問題を解決することができた。１９９７年、ＡＯＬは事業を成長させるために資金を必要としていたため、ネットワークインフラを売却してインフラ業務をアウトソーシングした。

当時は、自前のネットワークを持っていることがインターネット事業で成功するためのカギだといった見方が多く、ＡＯＬの決断はリスクを伴うものだと考えられた。だがＡＯＬは、先に紹介したストラテジック・プリンシプルに従って――特にアクセス、ナビゲーション、双方向性などに重点を置きながら――ウェブサイトの接続性を高めることに多くの時間と資金を費やした。結果的にこの選択は正しかった。のちに、インフラ事業は高いリターンを生まないということが判明したからである。

ストラテジック・プリンシプルは、個々の行動が戦略に合致しているかどうかを判断するうえでも役に立っている。ＡＯＬは、事業のグローバル化を進めるに当たって、進出した国の企業と提携するという道を選んだ。このやり方は、自社のテクノロジーやノウハウを他国に移植するよりも時間がかかる場合があるが、それでも、各国の文化や社会をよく知る企業と手を組むことにメリットを見出したのである。そうでなければ、進出先の国で「人と人をつなぐ」ことはできなかっただろう。

ストラテジック・プリンシプルは、社員の裁量範囲を定めているため、それに従えば戦略から逸れることなく新しい試みに挑むことができる。

具体例を挙げて説明したい。AOLのマーケティング担当のバイスプレジデント（当時：現在は副会長兼最高マーケティング責任者）、ジャン・ブラントは、全米の消費者に2億5000万枚を超えるお試し用ディスクを郵送した。この斬新なキャンペーンによって、AOLはサイバースペース上で最も知られる企業の仲間入りを果たした。

ブラントは、「人と人をつなぐ」というプリンシプルに従って、対象顧客に実際に「つないでみる」機会を提供することに経営資源を集中し、視覚的な効果だけを狙った広告に時間やコストをかけることを避けたのである。

AOLの事例が示しているように、優れたストラテジック・プリンシプルは、経営トップが事業分離のような重要な意思決定を下す場合だけでなく、部門長以下の社員が何かを判断する際にも拠り所となる。

また、戦略通りに事業を進めるためにたえず頭を悩ませるといった状態からCEOを解放する。政治問題に詳しいジャーナリスト、故ウォルター・リップマンも次のように述べている。「天賦の才を与えられた偉大なリーダーは、常識さえあればうまく解決できるような仕事にみずから携わるようなことはしない」

さまざまな成功企業を詳しく観察してみると、ストラテジック・プリンシプルを通して、戦略に関するリーダーの叡智――あるいは天才的なひらめき――が現場で働く人々に伝わり、日々の行動指針となっていることが見えてくる。

戦略を環境変化に迅速に対応させる

これまでも、ストラテジック・プリンシプルは企業にとって有用なものであった。とはいえ、よほどの苦境にでもない限り、なくてはならないほどのものではなかった。ところが今日では、ストラテジック・プリンシプルを持つことが成功への必須条件となったのである。

というのも、多くの企業が分権化、高成長、テクノロジーの変化、組織の混乱などに同時に対応せざるをえなくなっているからである。

すでに紹介したような理由によって、あらゆるタイプの企業が分権化を進めるようになってきている。したがって、戦略を実行するに当たっては、組織間で足並みの乱れが生じないように工夫しなければならない。とりわけ、多角化したコングロマリット（複合企業）のように事業部ごとに戦略を決める場合には、ストラテジック・プリンシプルの力によって、全体の整合性を保ちながら各事業部の事情に応じた戦略遂行が可能になる。

ストラテジック・プリンシプルがあれば、本社の意義を明確にすることもできる。ＧＥが以前から掲げている「市場で必ず1位または2位を占める」というプリンシプルは、コングロマリットの強みを強烈にアピールすると同時に、個々の事業部に戦略面での大きなフリーハンドを与えている。

ストラテジック・プリンシプルは、高成長を遂げている企業にとっても非常に重要である。高成長企業では、経験の浅いマネジャーが前例のないやっかいな問題について決断を下さなければならないケースが増えている。そのようなケースであっても、的を射たわかりやすいストラテジック・プリンシプルがあれば、経験不足を補うことができるだろう。この効果を最大限に享受するのが、既存の業界で急速に伸びているスタートアップ企業である。

サウスウエスト航空は、「近距離航路のお客様ニーズに、マイカー旅行と遜色ない運賃で応える」を旗印に急成長を遂げたが、もしこのプリンシプルがなければ、他社の戦略を後追いして結局は失敗していたかもしれない。

同様にイーベイも、「オンラインオークションに特化して事業を行う」と誓いを立てていなければ、多くのオンラインマーケットと同じようにむやみにサービスを広げていたかもしれない。イーベイは、出品物の写真を管理する業務をアウトソースする一方で、代金をクレジットカードで決済するためにビルポイントというサービスへの投資を続けている。

このようにイーベイでは、ストラテジック・プリンシプルに基づいて、全社が足並みを揃えながらオークション事業を充実させようと努力しているのである。

ここ10年というもの、テクノロジーが凄まじい勢いで変化しており、ストラテジック・プリンシプルを持たない企業は厳しい状況に置かれるようになってきている。

現在は、かつてないほど不確実性が高まっており、しかもその中でスピーディに行動することが求められている。とりわけハイテク企業は、不測の事態にも即座に対応しなければならず、往々にして、それぞれの組織の取った対応がそのまま事実上の「戦略」となる。

そのような時、ストラテジック・プリンシプル――たとえばデルの「ダイレクト」など――があれば、最前線のマネジャーたちが、共通の戦略に沿って一貫性のある行動を取るようになるのだ。

ストラテジック・プリンシプルのもう一つのメリットとして、過渡期にも戦略の継続性を保てるようになる点を挙げておきたい。

近年ではCEOが比較的短期で交代することが多いため、リーダーシップをいかに継承するかが各社共通の問題として浮上してきた。戦略の細部は、CEOが交代すれば変わるかもしれない。それでも、ストラテジック・プリンシプルは多くの場合、従来通り生き続けるのではないだろうか。バンガードでは5年前にCEOが交代したが、人事をめぐってわずかな小波が立っただけで、戦略そのものはスムーズに引き継がれた。

新たに会長兼CEOとなったジャック・ブレナンが「ファンドの所有者のためにベストを尽くす」というストラテジック・プリンシプルを継承した。このため、マネジャーたちは、通常のトップ交代時にありがちな混乱とは無縁のまま戦略上の目標を追求し続けることができたのである(組織の混乱時にストラテジック・プリンシプルが果たす役割については、筆者たちの経験をもとにした**章末**「ケーススタディ:ベイン・アンド・カンパニー」を参照)。

ストラテジック・プリンシプルの生きた事例に学ぶ

ストラテジック・プリンシプルとは何だろうか。また、どのようなメリットがあるのだろうか。それを知るためには、実例をひもとくのが何よりの近道だろう。

CASE1 サウスウエスト航空：トレードオフの議論における判断軸とする

サウスウエスト航空といえば、航空業界きってのサクセスストーリーとして知られている。何しろ、この25年間で一度も赤字を出したことのない唯一の航空会社なのである。株価は1972～92年にかけて実に2万1000%も伸びており、この5年間だけを見ても300%ほど上昇している。航空業界にあって極めて異例の記録を打ち立てたのである。

一般には、これほどの勢いで事業が拡大すればひずみが避けられない。すなわち、最前線で働く大勢の社員が執行役員に代わって意思決定を行うようになり、必ずといってよいほど会社を傾かせてしまうのである。ところがサウスウエスト航空では、社員は常にストラテジック・プリンシプルに沿った判断を下している。

運行路線の決定、サービス内容の検討、ルートの選択、運賃の設定、操縦室の設計、発券の手順など、重要でしかも複雑な問題が山積しているが、意思決定に手間取るようなことはない。ストラテジック・

プリンシプルに従ってさえいれば、自然と結論を出すことができるからである。

1983年にデンバー路線に参入した時のことだ。この路線は大きな需要が見込まれ、サウスウエスト航空がアメリカ南西部でプレゼンスを拡大するうえでも有意義だと考えられた。だが、実際に就航してみると、デンバーのステープルトン空港では、フライト・スケジュールの大幅な遅れが常態化した。他の空港では経験したことのないことだった。遅れが生じたのは、離陸準備が長引いたからではなく、滑走路での誘導や、悪天候による着陸困難などが原因だった。

そこでサウスウエスト航空としては、スケジュールの遅延によるコスト増――これはいずれ運賃を押し上げることになる――を受け入れてまで、デンバーへの運航を続けるメリットがあるのかどうか、判断を迫られた。

この時も、拠り所としたのはストラテジック・プリンシプルだった。「(コストが上昇しても)マイカー旅行と遜色ない運賃を保つことができるだろうか」。答えは、どう考えても「ノー」だった。就航から3年後、サウスウエスト航空はこの路線から撤退した。現在もデンバーへは飛んでいない。

CASE2　AOL：行動の正当性を見極める

AOLは新しい分野に大胆かつスピーディに参入することを得意としている。それは主に、「ストラテジック・プリンシプルの精神にかなうかどうか」を基準に次の一手を決めているからにほかならない。社員が新しい事業機会に注目したとする。その場合、彼または彼女は「(その機会に挑むことによって)人と人をよりよくつなぐことができるのか、より多くの人々をつなぐことができるのか」を考える。

ラインマネジャー（当時：現プログラミング部門の社長）のキャサリン・ボアシュニックは数年前に、AOLサイト上のあるBBSで活発な情報交換が行われていることに気づいた。これも「人と人をつなぐ」活動の一つには違いなかったのだが、BBSの運営メンバーにはAOL会員のほかに、好ましからぬ証券アナリストが2人ほど名前を連ねていた。

そこでボアシュニックは、「証券関連サイトを独自に立ち上げてはどうでしょう」と持ちかけた。このようにして「モトリーフール」というサイトが誕生し、個人投資家向けに交流の機会や情報を提供するようになった。

AOLでは、ストラテジック・プリンシプルは組織の深くにまで根を下ろしている。この数年間でAOLによるM&Aは数百回にも及び、おびただしい数の社員がそれに関わってきた。M&Aの最終判断を下すのは経営トップであるが、まずは実務担当者が「ストラテジック・プリンシプルに照らして適切かどうか」を検討する。そのうえ、買収や合併に続く組織統合も、大勢のマネジャーが――トップの指揮の下で――ストラテジック・プリンシプルに沿った形で推し進めるのである。

副会長のケン・ノバクはこう述べている。「当社では、買収や合併そのものはもちろん、組織統合もうまくいっています。すべての活動が『人と人をつなぎ、よりよいコミュニケーションを実現する』という目的で貫かれていますからね」

タイムワーナーとの合併によってAOLは、従来からのダイヤルアップ方式に加え、ケーブルテレビによるアクセス方式を会員に提供することができるようになった。これは「人と人をつなぐ――いつでも、どこでも」というストラテジック・プリンシプルを大きく前進させるものである。

もっとも、このプリンシプルの真価が最大限に発揮されるのは、やはり組織統合の局面であろう。組織統合を推進する際には、何百人もの社員が何千という意思決定を行い、それを実行しなければならないのである。

CASE3　バンガード：方向性を示したうえで自由なチャレンジを認める

バンガード（総資産5650億ドル）は、いつの間にか投資信託分野の巨人へと成長していた。従来は、投資信託会社はほぼ例外なく利益を上げられずに苦しんでいた。マーケティングコストと間接費の負担が大きいこと、そして商品が頻繁に売買されることなどが災いしていたのである。

バンガードはこのような状況を打ち破るために、投資信託を長く手元に置くように投資家に働きかけるとともに、間接費やマーケティングコストを業界の平均以下に抑えた。そして、利益をそのまま投資家に還元した。バンガードは株式会社ではなく相互会社であるため、投資家はファンドの所有者でもある。

以上はバンガードの設立時からの戦略であったが、社員に広く伝えられることがないまま長い年月が過ぎていた。このため、社員は往々にして戦略に合わない提案をしていた。前出のジャック・ブレナンの言葉を借りればこんな具合である。「中堅マネジャーたちが新聞を片手にやってきて、『フィデリティの新しい施策、ご存じですよね。うちもさっそくやりましょう』などと言うわけです」

相互会社ではないライバル企業の戦略が高コストであったにもかかわらず、マネジャーや社員たちは、自分の会社がライバル企業と180度異なる戦略を取っていることを理解していなかったのである。

そこでバンガードは、何年もの時間と多大なエネルギーを傾けてストラテジック・プリンシプルを定め、戦略を何とか社員に伝えようと努力した。現在では、社員が戦略を十分理解するようになったため、トップは安心して判断を任せている。

具体例として、投資信託のオンライン販売という大きなトレンドにバンガードがどのように対応したかを振り返ってみたい。市場調査を行ったところ、投資家は概してオンラインサービスを望んでいることと、オンライン利用者は平均以上に投資に積極的だということがわかった。

そこでバンガードは、低コスト戦略をさらに追求しながら、インターネットによるサービスを展開した。オンラインで口座情報を参照できるようにしたが、売買機能は設けなかったのだ。注目すべきは、初期にAOLと共同で進めたベンチャー事業をはじめとして、オンライン事業を考え出したのはシニアエグゼクティブではなく現場の社員だということである。

ブレナンによれば、ストラテジック・プリンシプルの内容は採用から研修、業績評価、インセンティブに至るまで、マネジメントプロセス全体に反映されているという。

ブレナンは、優れたストラテジック・プリンシプルを持つことの意外なメリットをこう明かしてくれた。「社員の心が一つになりますから、少ない人数で効果的なマネジメントを行うことができるのです」

ストラテジック・プリンシプルをつくるために

イーベイ、デル、バンガード、サウスウエスト航空、そしてウォルマート（「エブリデイ・ロー・プライス」）などは、最も素晴らしく最も広く知られるストラテジック・プリンシプルを持っている。これら企業の創業者は、社員の道標となるようにわかりやすいメッセージを生み出した。

そして、それをもとに構築された戦略が、投資家、人材、顧客を共鳴させ引き付けていった。

他方、長い歴史を持つ多国籍企業（たとえばＧＥ）のリーダーたちは、経営が重大な岐路を迎えた時にストラテジック・プリンシプルを定めた――事業があまりに複雑になり、現場のプライオリティが混乱し、本来であれば真の差別化につながるはずの戦略が曖昧になるおそれが生じたような時に、である。

ストラテジック・プリンシプルをつくろうと思い立つのは、経営のひずみを克服しようとしている企業であることが多い。このような企業は、大きな課題に直面することになる。

戦略からエッセンスを取り出して、覚えやすいシンプルなメッセージにまとめるのは、当然ながら容易なことではない。

言ってみれば、企業のゲノムを操作するようなものである。つまり、自社の特徴を形成する遺伝子だけを抜き出すのである。これは、ヒトの全遺伝子のうち、サルとの違いをもたらしている全体の２％を特定するようなものではないだろうか。あるいは、もっと難しく有用な作業、すなわち、個体の違いを生み出している遺伝子（全体の０・１％）を探し出すようなものかもしれない。

ストラテジック・プリンシプルに盛り込むべき内容を決めるには、何通りものやり方があるだろう。ただし、必ず肝に銘じておかなければならないのが、企業戦略とは、貴重な経営資源をいかに配分すれば持続的な競争優位を得ることができるかを指し示すものでなくてはならない、という点である。

経営者は、こう自問自答すべきである。「差別化につながる独自の価値を生み出すためには、どのように資源を配分すればよいだろうか」。そしてその答えを、差別化のカギを表現した短いフレーズにまとめる努力をしてみることである。

このようなプロセスを経てストラテジック・プリンシプルの原案ができ上がったら、次に、「永続性を持っているだろうか」といった観点から検証してみることである。3年後あるいは5年後までの戦略を示したものにすぎないのか、それとも半永久的に生き続けるもの、すなわち差別化をもたらす遺伝子情報なのか――。

さらに、社員にうまく伝わるかどうかを考えてみることも必要だろう。「わかりやすいか」「要点を突いているか」「覚えやすいか」というように。自社のトラックの横に大きく書けるような（ウォルマートはこれを実践している）、誇りにできるフレーズかどうかも考えてみるとよい。

最後に、具体的な行動を呼び起こすようなものであるか、行動の道標となるものであるかどうかも確かめておくべきだろう。

その際には、前述の「3つの特性」を満たしているかどうかを忘れずに確認することだ。つまり、①経営資源をどの事業に傾けるべきかを決める指針となるか。②一つひとつの行動が適切なものであるか判断するための基準となるか（特に、短期的な利益と長期的な戦略とのバランスを見極めるのに役立つか）。③方向性を示したうえで自由なチャレンジを認めているか。

ストラテジック・プリンシプルは慎重に決めなければならない。したがって、案の段階で、①から③までの問いを執行役員や社員に投げかけ、意見を集めるのが望ましい。そのうえで、「的を射た、説得力のあるストラテジック・プリンシプルができた」と胸を張れるようなら、組織全体に広めてよいのではないだろうか。

もちろん、戦略が実行されてこそ意味があるのと同じで、素晴らしいストラテジック・プリンシプルも効果的に伝達されてこそ、その役割を発揮することができる。

GEのCEOであるジャック・ウェルチは、すべての社員にGEの戦略や価値観（GEバリュー）を根付かせようとする取り組みにおいて、「一貫性」「簡潔さ」「繰り返すこと」などに力点を置いている。これは地味でシンプルなアプローチだが非常に重要である。しかし、その実行には多大な忍耐と努力を要する。

ウェルチは事あるごとに「市場で必ず1位または2位を占める」というストラテジック・プリンシプルを強調している。そのためだろう、GE社員はもちろん、ビジネス分野の記者やジャーナリスト、MBAの学生、他社のマネジャーなどですら、このフレーズを脳裏に刻んでいる。

戦略の見直しに合わせて再考する

どのような戦略も永遠に有効であり続けるわけではない。ストラテジック・プリンシプルも例外ではない。だが、たとえ戦略の個々の要素が入れ替わろうとも、核心だけは生き残るケースが多いのではないだろうか。

戦略は、顧客のデモグラフィック特性やニーズが変わった場合には、大幅に改める必要があるだろう。コスト構造や資産の内訳が——ライバル企業との比較で——変化した場合にも、戦略を見直さざるをえなくなるかもしれない。戦略は短命化している。一般的には、四半期に一度は見直しを、年に一度は改定を行わなければならないようである。

ストラテジック・プリンシプルについても、戦略の見直しに合わせて再考してみるべきだ。だが、それを改める必要があるのは、規制、革新的な新技術、斬新なビジネスモデルなどの影響によって、市場の基本的な経済構造や事業機会が大きく変化した場合のみだと考えられる。

そして、右のような場合ですら、ストラテジック・プリンシプルは少し手直ししたり内容を膨らませたりするだけで十分なのではないだろうか。

GEのプリンシプルは、1981年にウェルチが定めて以来、肉付けされてきてはいるが、本質は変わっていない。

AOLはタイムワーナーを買収したが、だからといってこれまでのストラテジック・プリンシプルを捨ててしまう必要はない。ただ新しい内容を盛り込めばよいだけである。AOLタイムワーナーのストラテジック・プリンシプルは、いずれ必然的に、旧タイムワーナーの持ち味である質の高い優れたコンテンツを具現するようになるだろう。

バンガードも、ストラテジック・プリンシプルの「新しさ」を失わせないように、目に見える形で努力している。

たとえば、自己変革プログラムの一環として、マネジャーたちをいくつかのグループに分けて、過去の意思決定や現在の方針について賛否両論を戦わせている。このような活動の中で、先頃、新たに支店を開設してはならない、投資顧問会社を買収してはならない、という2つの方針が見直しの俎上に載せられた。

侃々諤々の議論があったが、結局、これらの方針は維持されることになった。ブレナンはこう語っている。「ストラテジック・プリンシプルを検討し直してみると、当社がこれまで正しい軌跡をたどってきたということを再確認することができます。とても大きなメリットですね」

言うまでもなくバンガードでは、ストラテジック・プリンシプルを変更すべき時には、そのことに気づくように、しかるべきメカニズムを用意しているのである。

企業の繁栄を支える「羅針盤」の力

ベインでは毎年、さまざまなマネジメントツールの有用性について経営者を対象にアンケートを実施している。そのつど、判で押したように同じ回答ばかりが寄せられる。

「経営を順調に進めるためにはミッションステートメントが大きな役割を果たしている」

たしかにミッションステートメントは、企業の価値観を広め、揺るぎない企業文化を醸成するために欠かせないものだろう。だが、経営者から社員に伝えるべき内容をすべて網羅しているわけではない。

企業にとっては、戦略を伝えるためのツール——すなわちストラテジック・プリンシプル——もなくてはならないものである。少なくともミッションステートメントと同じくらいの価値を持っているだろう。

今日、テクノロジーが速いペースで変化している。高成長企業では分権化を進めている。このような状況の下では、本社がたえず厳しく目を光らせなくても、最前線の社員が戦略を遂行できることが非常に重要である。そのためには、社員がチャレンジ精神を発揮できるように広い裁量を与えることと同時に、個々の施策が戦略から逸脱することがないように具体的な指針を示すことが求められる。

企業経営とはやや趣が異なるが、ストラテジック・プリンシプルと似通った役割を果たすものとして米合衆国憲法を挙げることができる。

合衆国憲法は、「すべての米国民に自由と公正を約束する」という国家の戦略を明確に示し具現するためのものである。その一方で、法律や規制内容を定めるための——すなわち戦略を実行に移すための——指針ともなっている。

企業の戦略は合衆国憲法とは異なって、自由や公正を旨としているわけではない。だが、憲法の精神が米国の繁栄を支えているのと同じように、優れた戦略こそが企業を成功に導くのである。そして、戦略が広く効果的に伝えられない限り、国家も企業もけっして繁栄することはできないのである。

ストラテジック・プリンシプル――成功へのキーフレーズ

すでに何社かの企業が、戦略のエッセンスをわかりやすいフレーズ（ストラテジック・プリンシプル）にまとめている。それらは、全社的に一貫性のある戦略を推進するうえで大きな役割を果たしている。

AOL：人と人をつなぐ――いつでも、どこでも
デルコンピュータ：ダイレクト
イーベイ：オンライン・オークション事業に全力を傾ける
ゼネラル・エレクトリック：市場で1位または2位を占める。さもなければ撤退する
サウスウエスト航空：近距離航路のお客様ニーズに、マイカー旅行と遜色ない運賃で応える
ザ・バンガード・グループ：ファンドの所有者のためにベストを尽くす
ウォルマート：エブリデイ・ロー・プライス

ケーススタディ：ベイン・アンド・カンパニー

私がストラテジック・プリンシプルについて深く考えるようになったのは、およそ10年前のことである。当時、

我がベイン・アンド・カンパニーは倒産の瀬戸際に立たされていた。

ベインが産声を上げたのはいまを遡ること約30年前。設立者ビル・ベインは、簡潔ではあるがパワフルな理念を掲げていた。「コンサルタントの仕事はクライアントに対して──報告書ではなく──結果をもたらすことである」。やがて、戦略コンサルティングを通して結果を生み出すというこの理念は、ベインのストラテジック・プリンシプルとなり、今日まで受け継がれている。

この原則は、優れたストラテジック・プリンシプルの例に漏れず、具体的な行動を引き出すことができる。すなわち、ベインのコンサルタントは、プロジェクトに携わるようになったその瞬間から、提案内容を実行してもらうにはどうすればよいかをたえず考え続けるのである。また、たとえ痛みを伴おうとも、クライアントに真実を伝えるということが徹底される。問題点を明らかにしなければ、結果を出すことはできないからである。

ベインでは、このストラテジック・プリンシプルが骨抜きになることがないように、歯止めも用意している。パートナーの業績を評価する際に、収益への貢献度だけでなく、クライアントに結果をもたらしているかどうかという点を重視しているのである。

私が入社してからも、ベインは高成長を続けた。ところがいまから10年ほど前に、設立時からのパートナーたちが、出資金を引き上げて全株式の30％をストックオプション制度に充てることに決めた。これによってベインは何億ドルもの債務を背負い、巨額の支払利息を抱えることになった。

後にわかったことだが、設立パートナーたちは、年率50％というそれまでの成長率がいつまでも続くと考えていたのである。だが、事業規模を考えれば、それは不可能だった。はたして成長は鈍化し、当時の詳しい意思決定が明るみに出た。

他のパートナーたちは難しい選択を迫られた。皆、他社から魅力的な引き抜き条件を提示された。競合他社やマスコミは、ベインの存続は風前の灯火だろうと考えていた。入社予定者やクライアントは模様眺めをしていた。

そうした状況の中、私たちは会議室でテーブルを囲み、何とか会社を立て直そうと頭をひねった。そして出した結論は、「何よりも重要なのはストラテジック・プリンシプルを忠実に守ることだ」というものだった。

その後の数年間、この結論に沿ってつらい努力を重ねることになった。しかし、大切な決意をすることができた。一つには、危機のさなかに、ストラテジック・プリンシプルにそぐわない大規模プロジェクトを中止した。たとえクライアントの要望によるプロジェクトであっても、大きな成果につながらないものもある、と考えたのである。あの当時、もしストラテジック・プリンシプルを放棄していたら、ベインは存続していなかっただろう。

近年ではストラテジック・プリンシプルは、新規事業を追求するきっかけをも与えてくれている。

7年ほど前のことである。私たちは個人資産分野のコンサルティングに関心を持った。これは法人を対象とした経営コンサルティングとはまったく異なる事業であるため、当初はとまどったが、すぐに、戦略を通してクライアントに結果をもたらすことに変わりはないのだと気づいた。ただ、顧客セグメントが異なるだけだと。この事業を立ち上げようとしていた同僚を「大きな方向性を誤ることはないだろう」と信頼することができたのは、一つのストラテジック・プリンシプルで結ばれていたからにほかならない。優れたプリンシプルを組織全員が共有していたからこそ、未知の分野に挑戦し、成功を収めることができたのである。

ストラテジック・プリンシプルの効用によって、ベインは現在でも、全社の結束を保ったままで新しい分野、市場、事業を開拓し続けている。ストラテジック・プリンシプルは、存続する能力だけでなく進化する能力までも与えてくれているのである。

（ベイン・アンド・グループ会長　オリット・ガディッシュ）

第8章

戦略と業績を乖離させない7つの法則

ベイン・アンド・カンパニー サンフランシスコオフィス パートナー
マイケル C. マンキンズ
元 ブリッジスパン・グループ パートナー
リチャード・スティール

"Turning Great Strategy into Great Performance"
Harvard Business Review, July-August 2005.
邦訳「戦略と業績を乖離させない7つの法則」
『DIAMONDハーバード・ビジネス・レビュー』2005年12月号

マイケル C. マンキンズ
(Michael C. Mankins)
ベイン・アンド・カンパニーのサンフランシスコ支社のパートナー。共著書に *Time, Talent, Energy: Overcome Organizational Drag and Unleash Your Team's Productive Power*, Harvard Business Review Press, 2017.(邦訳『TIME TALENT ENERGY ── 組織の生産性を最大化するマネジメント』プレジデント社、2017年)などがある。執筆時は、マラコン・アソシエーツのサンフランシスコ支社のマネージングパートナー。

リチャード・スティール
(Richard Steele)
マラコン・アソシエーツを経て、非営利コンサルティングファームのブリッジスパン・グループのニューヨークオフィスでパートナーを務めた。

戦略と実績が乖離していく理由

3年前、ある大手メーカーの経営陣は数カ月かけて、欧州市場の事業戦略を策定した。この市場には5年間で6社の競合企業が参入し、低コストの最新技術が発展する一方、市場シェアを獲得しようと激しい価格競争が展開されていた。欧州事業はかつて事業ポートフォリオで重要なポジションを占めていたが、その業績は転落の一途をたどりつつあり、売却の是非についても検討が始められた。

欧州事業の責任者は、業績を好転させるには斬新な問題解決手法が必要であると主張した。具体的には、事業基盤を活かし、販売後のアフターマーケットやリース事業で成長を促すというものだ。この戦略によって、業績を急回復し、収益率と成長率で業界トップに返り咲けると考えたのである。経営陣もこの戦略に好意的で、必要な経営資源の投入を約束した。

ところが、3年が過ぎても、同事業の業績は目標値を大きく下回ったままだった。利益率がわずかに改善したとはいえ、資本コストは目標値にはほど遠かった。アフターサービス部門と金融事業部門とも売上高と利益は目標値に達せず、コストポジションも競合他社より劣っていた。

このメーカーは先頃、半日かけて戦略と業績を検討した。その会議の席上、欧州事業の責任者は一貫して戦略の続行を主張した。「すべての戦略がいまだ実行中です。戦略自体は正しいものです。ただ、それが業績につながらないだけです。より熱心に、より賢明にこの戦略を続けるべきです」

しかし、CEOは迷っていた。業績低迷の原因は、戦略を実践できていないことではなく、戦略そのものにあるのではないか。欧州事業の業績改善は最優先課題だが、責任者が訴えるように、このまま努力を傾けるべきなのか、それとも他の戦略を検討したほうがよいのか。実践方法に問題があるのなら、どうすれば改善できるのか。あるいは事業を売却して、損失を処理すべきなのか——CEOは釈然としないまま、結論を保留して会議を後にした。既存の戦略を続けたところで、業績が回復するのか、まったく自信がなかった。

たいていのCEOの方々が、これと似たような経験をお持ちのことだろう。多くの企業が膨大な時間とエネルギーをかけて戦略を立案するが、その努力が報われるだけの成果を実現している企業は少ない。我々の調査でも、戦略ならびに予想業績の達成度は平均63%にすぎない。

しかも、たいてい予想業績と実績が一致しない原因を正しく把握できていないため、間違ったレバーを引いてしまう。戦略の転換なくして業績は改善しえない状況にあって同じ戦略を続行したり、逆に全社一丸となって戦略を遂行すべき時に戦略を変更したりする。これでは、エネルギーと時間を浪費した挙げ句、業績は低迷していく。

ところが、我々の調査によれば、高業績企業は戦略と業績のギャップを見事に埋めていた。たとえば、バークレーズ・キャピタル、シスコシステムズ、ダウ・ケミカル、3M、ロシュなどである。これらの企業は市場動向を正確に把握し、現実的な計画を実行する。要するに、計画立案と実践のプロセスさえ整備できれば、実績が予想を下回るリスクを確実に低減させられるのである。

業績が予想を下回れば、すぐさま原因を特定して対策を講じる。そのプロセスは、独自の計画立案手法、全社的なプロセス管理による資源配分など、さまざまな手順を要する。筆者らの経験から言えば、これらが戦略の立案と業績の達成に抜群の効果を発揮する。

2004年秋、マラコン・アソシエーツは『エコノミスト』誌の調査部門と共同で、売上高が5億ドル以上のグローバル企業197社の経営陣を対象にアンケート調査を実施した。

その目的は、高業績企業では戦略がどれくらい業績に影響するのか、つまり戦略の業績達成度について知るためである。また、予想業績の実現性を低下させる要因、達成度を高める手段についても調査した。その結果、興味深くも深刻な状況が明らかとなった。

調査対象企業が抱える製品市場や地域は多岐にわたっており、大半が計画の立案と実践に関する共通する悩みを抱えていた。第1に、長期目標を達成できずにいた。第2に、計画の立案と業績を監視するプロセスが不十分だった。言うまでもなく、原因は計画段階にあるのか、それとも実践段階にあるのか、あるいは両方なのか、まったく別の理由によるのか、特定できていなかった。具体的には、以下の5つの問題点が浮き彫りとなった。

❶予想業績と実績を比較しない

調査結果によれば、前年度の戦略計画を振り返り、事業部門ごとにその実績と予想業績をいつも比較している企業は全体の15%に満たなかった。すなわち、予想業績に基づいて投資やポートフォリオ戦略を意思決定するにもかかわらず、予想業績の実現性については検証されていないのだ。

言い換えれば、実績が予想業績と乖離していても、なお予想業績を根拠に投資を決定するという重大な過ちまで犯しているといえる。事実、戦略が失敗したことを承知しながら、他の戦略を模索することなく、「焼け石に水」のように投資を続ける企業が多すぎる。その原因は、実績と予想業績を常時比較していないことにある。

❷中期実績は常に予想を下回る

図表8－1「ベネチアン・ブラインド現象」は、中期の実績と予想業績を比較したものだ。我々のクライアントも例外ではない。数年間の予想業績が横一列に並び、斜めになり、まるでベネチアン・ブラインドのように見える。まずまずの業績でも、ベネチアン・ブラインドの「始点」は前年のそれより高い位置で始まるとはいえ、前年の予想業績には達しない。つまり、実績は予想業績を下回り続けるわけだ。

この現象はほかにも、数多くの問題を引き起こす。第1に、経営陣は予想業績を信頼できず、中期戦略において大規模投資を追加できない。中期戦略に必要な資源を配分できなければ、年度の事業計画や予算によって、長期の投資や戦略を決めることになる。

第2に、ポートフォリオ管理が崩壊する。予想業績が信頼できなければ、経営陣は当該事業が会社と株主の利益につながるのか、はたまた未来の買収者の利益となるのかを判断できない。その結果、業績はいずれ回復するという期待だけで株主価値を損なう事業が継続され、一方で株主価値を高める事業は資源の不足に悩まされる。

第3に、投資家との関係にも悪影響を及ぼしかねない。ＣＦＯやＩＲ（財務広報）部門の責任者は、

図表8-1｜ベネチアン・ブラインド現象

ベネチアン・ブラインドのように見える下の図は、実際に多くの企業で起こっている現象を表している。図中の実線は、初年度の業績はほぼ横ばいだが、次年度からは業績が大きく伸びるという戦略計画を示している。2000年1月に承認された「戦略計画2001」では2001年に実績が予想を上回り、同部門のマネジャーはその功績ゆえに報酬を受けた。新たに策定された「戦略計画2002」も、初年度はまずまずの業績で、翌年から目覚ましい成長を遂げることになっている。1年後、実績が予想を上回って新たな計画が策定され、「戦略計画2003」「戦略計画2004」と続くわけである。しかし実際には、各計画の始点を結んだ点線が実績である。

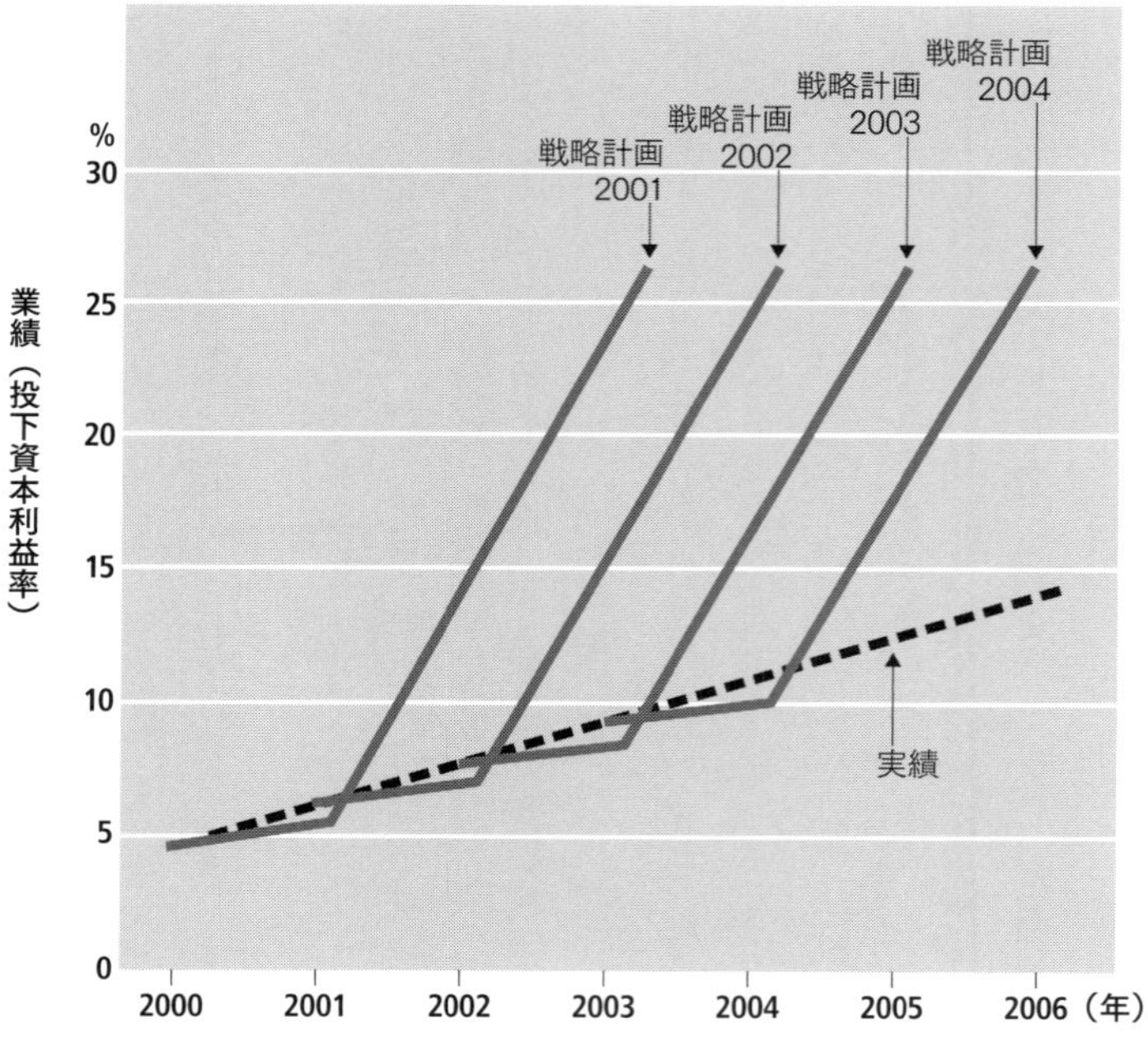

図表**8-2**｜**失われた戦略の価値**

今回の調査では、マネジャーを対象に、戦略の計画段階と実践段階で起こる重要問題についてヒアリングした。その集計結果をまとめたのが、下の円グラフである。

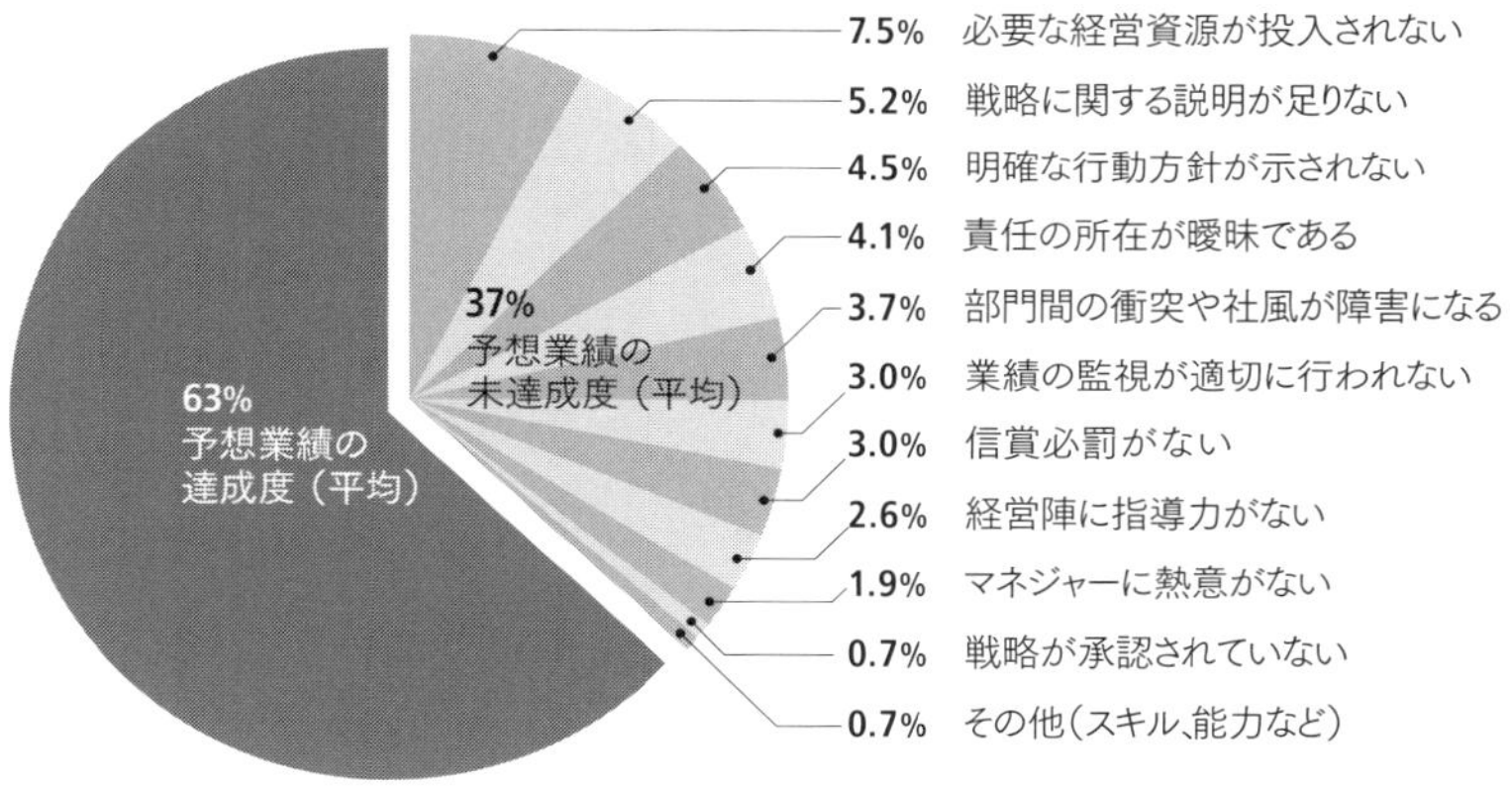

四半期の実績が予想を下回らぬよう事業部門の予想業績を過小評価し、万一に備えて余力を残していることが多い。しかし、このようなリスク対策が万全というわけではない。いずれにしても、不正確な予想業績は証券アナリストや投資家の不信を招くだけである。

❸戦略の価値が実践段階で損なわれる

多くの企業が計画段階での業績予測が不正確なのは、戦略の価値を十分認識していないためである。先の調査によれば、戦略は予想業績の63％しか実現できず、3分の1以上の企業が50％以下であった。言い換えれば、現在進行中の戦略の価値を認識すれば、その実現性は60％から100％に跳ね上がる可能性もあるといえる。

図表8－2「失われた戦略の価値」に示したように、戦略と実績が乖離する原因はさまざまだ。たとえば、ずさんな計画、資源配分のミス、

不十分なコミュニケーション、曖昧な責任の所在などである。

具体的に説明したい。図表8－2の円グラフにおける100％は期待業績とその価値を示しているが、経営陣は将来的に一定の業績と価値をもたらすと判断して戦略を策定する。ところが、資源を投入すべきタイミングを逸すると、戦略の価値は約7・5％損なわれる。さらに、説明不足のために約5・2％、アクションプランの不備によって約4・5％、責任の所在の曖昧さから約4・1％が失われている。

もちろんこれらの数字は、今回調査した経営陣の経験に基づく平均値であって、すべての企業、すべての戦略に当てはまるものではない。しかし、戦略の立案と実践のプロセスを検証する際、注力すべき点が明らかになった。

戦略が承認されても、その中身が周知されなければ、戦略に則った具体的な行動も、適切な資源配分もできない。そのため、現場の社員たちは、いつ、何をすべきなのかがわからない。また、上司から期待される業績を上げるにはどのような資源が必要なのかも見当がつかず、当然業績目標を達成できない。さらに、未達の責任が不問となれば、同じ過ちが何度も繰り返される。これが大半の企業の現状である。

❹トップが業績低迷の原因を把握していない

戦略と業績が乖離していく原因は、計画段階にあるのか、実践段階にあるのか、その両方なのか、あるいは原因は別にあるのか、経営陣はまったく把握していない。戦略の立案、資源配分、業績管理のプロセスがその原因を覆い隠してしまっているからだ。

戦略において達成困難な業績目標を掲げると、実績が予想を下回っても痛みを感じず、「今回もホッケースティック（当初はマイナスとなるが、どこかの時点でプラスに転じていくという業績推移のパターン）になるようだ」の一言で片づけられてしまう。いかに現実的な計画でも、これでは危機感を抱きにくい。

しかも、重要な行動が計画通りに実行できたのか、予定通りに資源が配分されたのか、ライバルの反応は想定内だったのかなどについて確かめる手立てがない。業績が予想を下回り、低迷を続ける時、そこに至る経緯や理由を示す正確な情報がなければ、経営陣は適切な対策を講じることなどできない。

❺予想業績の未達成が恒常化する

多くの企業で起こっていることだが、社内の雰囲気がいつの間にか変わり、以前にもまして戦略の立案や実践が遅々として進まなかったり、失敗したりすることがある。筆者らの経験によれば、このような変化は知らぬ間に、しかも短期間で表れる。

ひとたび変わってしまった企業文化を元に戻すのは至難の業だ。たとえば、非現実的な計画が立案されれば、社内では「実現など不可能だ」と受け止められる。予想通り未達が続けば、それを当然と感じるようになる。こうなると、業績目標はもはや約束ではない。

ミドルマネジャーたちも、業績目標に関して「どうせ実現しないのだから、あえて火の粉を被ることはない」と無責任になり、次第に業績の向上よりも、責任を回避する方法を探し始める。こうして企業は自己批判力を失い、自身の問題点を率直に語ることも、実績を改善することも、もはや不可能になっていく。

戦略を業績に結び付ける7つのルール

戦略と業績のギャップは深刻な問題とはいえ、努力次第で解決できる。実際、高業績企業の多くが戦略の価値を顕在化させる方法を熟知している。これらの企業では、戦略と業績を乖離させないために、戦略の立案と実践を別々ではなく、同時にレベルアップさせる。言わば方程式の右と左に同時に取り組み、双方の関連性を明確にしているといえる。

筆者らは高業績企業の調査とコンサルティングに数多く関わってきた。その経験から、高業績企業は、以下に紹介する7つのルールに従って戦略を立案し、実践している。これらのルールに従えば、実績が予想を下回っても客観的に分析することができる。つまり、戦略そのものが間違っていたのか、計画段階や実践段階に問題があったのか、あるいは社員の能力が不足しているのかを判断できるのだ。

7つのルールに従えば、早い段階で問題を特定し、実績が予想を下回ることもない。いずれも簡単な内容で、当然と思われることも含まれているが、全社的に取り組むことで、戦略の価値が向上し、高業績の可能性も高まる。

ルール1　単純かつ明快な目的

多くの戦略は実に抽象的である。ビジョンや抱負と混同されることも少なくない。このように戦略の説明が曖昧なため、具体的な行動に発展しにくい。戦略が組織に浸透するには、社員一人ひとりが全社の目指す方向性とその理由を理解していなければならない。つまり、戦略と業績が一致しない理由の一つは、戦略が具体的でないことにある。

高業績企業は、戦略の立案と実践に当たって、高い目標を掲げて延々と説明するような真似はしない。わかりやすい言葉で、社員たちの行動指針について説明する。

たとえば、バークレーズ銀行の投資銀行部門、バークレーズ・キャピタルは、欧州の投資銀行業界で急成長を遂げ、驚異的な高業績を上げているが、同社CEOのロバート・E・ダイヤモンド・ジュニアは次のように述べている。

「我々がどこへ向かっているのか、またどこに足を踏み入れないのかは明らかでした。米国の巨大投資銀行に対抗するつもりなど毛頭ありませんでしたし、まして株式発行市場における低収益分野に参入するなど、論外です。狙いは、ユーロの取り扱い、急速にニーズが高まっていた確定利回り商品、そしてグラス・スティーガル法(注1)の撤廃です。我々はその方針を全社員に説明し、他社との違いはもちろん、戦略を徹底的に理解させました。だからこそ、戦略のカギを握る業務に集中できたのです」

バークレーズ・キャピタルをはじめとする高業績企業は、全社員で目的を共有し、戦略がその具体的内容をはっきり示している。特に重視すべきは、他社が説明不足ゆえに損なっている戦略の価値を確保している点である。なお、効果的な資源配分とアクションプランを立案し、責任の所在を明らかにしていることも重要である。

ルール2　仮説を検証する

事業部門の戦略立案は交渉の産物といえる。部門目標と予想業績は、本社部門との協議の末、合意に至る。言わば駆け引きである。

事業部門のマネジャーは、自分たちのボーナスが減らないように短期の業績予測を、それも低めに設定する。一方、経営陣は、取締役会などのステークホルダーを考慮して、業績を長期的に向上させることを求める。その結果、事業部門の予想業績は低く見積もった短期予測と高く見積もった長期予測に決着し、実態から遊離してしまう。つまり、CEOの誰もが経験しているように、ホッケースティックの図が描かれる。

戦略の立案に、査定やインセンティブを反映させない企業もあるだろう。ただしその場合、予想業績の算出方法自体に問題がある。たとえば多くの企業では、経理部門とマーケティング部門や経営企画部門が完全に分離している。そのため、各事業部門の財務担当者は各項目について詳細な予想業績を作成し、短期の予想業績は堅実で控えめな数値に抑える。

一方、長期予測は漠然とした情報に基づいて算出される。たとえば予想売上高は、概して平均価格、市場成長率、市場シェアにより決定される。長期コストと運転資金は、効率化の活動から算出された生産性の改善率を根拠にしている。このような予想業績では、問題の所在がわかりにくい。部門の各項目の予想業績だけならば問題ないが、全社的な戦略と予想業績に至っては上ぶれして、実現にはほど遠い。

戦略立案について、高業績企業の考え方は他の企業のそれと異なる。高業績企業にとって予想業績とは、実際の仕事を推進するパフォーマンスドライバーである。それゆえ長期計画を立案する場合、前提となる仮説に、市況や自社と競合他社の実績格差が正しく反映されているかについて検討する。

2002年7月、エドワード・ブリーンは、タイコ・インターナショナルの再生という任務を背負ってCEOに就任した。同社が劇的な業績回復を果たした理由について、彼は「一つには、戦略立案プロセスを一新したからです」と語っている。

ブリーンがCEOに就任した当時、タイコは42の事業部門に、数百に上るプロフィットセンターがぶら下がった、まるで迷路のような組織だった。これは、長年にわたってM&Aを繰り返してきた結果にほかならない。たいていの事業にまっとうな戦略がなく、信頼できる予想業績を立てた事業は事実上皆無だった。

このようなコングロマリットゆえの複雑な状況を収拾するため、ブリーンは、経営企画、マーケティング、財務の3部門にわたるクロス・ファンクショナル・チームを設け、同社の主要市場の収益性、製品やサービス、コスト、競合他社と比較した価格ポジションについて詳しいデータを集めさせた。

CEO就任直後の半年間、このクロス・ファンクショナル・チームは週2回、経営陣に調査結果を報告し、協議を重ねた。議題は事業部門の長期予測ではなく、その前提となる仮説についてである。この会議において市況の見通しが合意されれば、財務部門はあっという間に各事業部門の業績予測を立てることができた。その数値はステークホルダーたちを満足させ、かつ社内的にも矛盾のないものだった。

予想業績とその前提となる仮定を別々に検討すれば、各事業部門と本社部門は経済実態に即して議論できる。すると事業部門は、従来のように専門的な説明で本社部門を煙に巻くことはできない。かたや経営陣も、非現実的な目標を事業部門に押し付けられなくなる。

さらに重要なのは、経営陣と各事業部門が事実に基づいて協議するようになることだ。両者の間に垣根がなくなると同時に信頼関係が生まれ、戦略はより迅速に、より効果的に立案される。

ダイヤモンドいわく「ファンダメンタルズとパフォーマンスドライバーを詳細に把握していれば、事細かに管理する必要などありません。自分たちで対処すべき問題、私の指示を仰ぐべき問題、一緒に取り組むべき問題を区別できますから、たいていのことはチームに任せておけるのです」。

ルール3　フレームワークを共有する

予想業績の前提となる仮説や市況について、本社部門と事業部門が建設的に議論するには、何らかのフレームワークが欠かせない。たとえば、筆者らがコンサルティングを提供している企業の大半が、ハーバード・ビジネス・スクール教授のマイケル・E・ポーターなどの競争論に基づいた「プロフィットプール」という概念を使っている。(注2)

この概念を用いると、長期業績は自社の事業が属する産業全体のプロフィットプールの合計、そのプロフィットプールにおける自社のシェアによって決まる。プロフィットプールシェアは、競合企業と比較した自社の市場シェアと収益性によって決まる。

そこで、本社部門と事業部門はまずプロフィットプールの規模と成長性について意見をすり合わせる必要がある。製紙業界や航空業界など、過当競争が繰り広げられている場合、プロフィットプールは小さく、マイナスになるケースもある。一方、飲料業界や製薬業界のように、競争があまり激しくない場合、プロフィットプールは大きい。

筆者らの見解はこうだ。まず本社部門が詳細なベンチマーキングを実施して、事業ごとにプロフィットプールを概算し、その規模と成長性を予測する。次に各事業部門が自部門のビジネスモデルとポジショニングを考慮して、実質的なプロフィットプールシェアを検討する。

優位な立場であれば、市場シェアの維持と拡大、平均以上の収益性向上、あるいはそのいずれも可能であり、プロフィットプールシェアを増大できるだろう。一方、競争優位に乏しい部門のそれは小さくなる。こうして、部門ごとに長期のプロフィットプールシェアを予測し、本社部門と見解を一致させた後は簡単である。その予測に基づいて本社部門が立てた予想業績が各部門のロードマップとなる。

戦略を立案するためのフレームワークは標準的なもので十分である。むしろ重要なのは、本社部門と事業部門が共通言語で話し合うことだ。なぜなら、戦略、マーケティング、財務など、異なる部門が集まる中、参加者全員が理解し、使用できる言葉こそ求められているからである。

経営陣には、製品市場の業績と財務の業績を結び付けるフレームワークが重要である。これがなければ、各部門の戦略がもたらすであろう予想業績が妥当かどうか、実現可能かどうかを判断できない。また、実績が予想を下回った時、その実践がまずかったのか、計画が非現実的で裏付けのないものだったのかなど、問題の所在もはっきりしない。

ルール4　資源配分の初期決定

より現実的な予想業績、より実現性の高い計画立案には、欠かせない資源の配分と投入タイミングを早い段階で話し合う必要がある。シスコシステムズはクロス・ファンクショナル・チームによって、まさしくそうしている。

このチームは、CEOのジョン・チェンバースやCFOのデニス・パウエル、業務担当バイスプレジデントのランディ・ポンドら経営陣との定例会議で調査結果を報告し、提言する。資源配分と投入時期が決まれば、2年計画が立てられる。各部門の実績と資源配分は毎月チェックされ、計画の進捗度と予想業績の達成度が確認される。

事業部門が戦略を実現させるために資源の追加を要求した場合、計画のどの段階で必要なのかが明らかになれば、何をすべきかが見えてくる。資源の投入時期を明確にすることで、隠れた問題が浮上するからだ。たとえば、顧客の購買パターンを変えるにはどれくらいの期間が必要か、新しい営業チームを短期間で配置できるか、競合他社はすぐさま応酬してくるだろうかといった問題である。対処は難しいが、解決策を示すことができれば、その問題に関する戦略と予想業績の実現性は格段に高まる。

資源ニーズを早期に見極めるメリットはこれだけに留まらない。市況やマーケットドライバーについて議論しやすくなるほか、戦略の質はもちろん、その実現性も高くなる。

シスコでは、急成長するケーブル市場において事業を拡大するうえで必要な資源について協議し、既存製品の改良と新製品の開発を担う優秀なエンジニアが不足していることに気づいた。そして、各部門のエンジニアを必要に応じて使うことをやめ、ケーブル事業のスタッフとして、高度な技術性を備えるエンジニアを一定数確保し、本社の直属とすることを決めたのである。その後、同社の財務部門は、エンジニアの人数、新製品の開発期間、ケーブル事業の売上高を監視し、戦略が具体的な行動に落とし込まれる状況をつぶさに観察し続けた。

ルール5　優先事項を明確にする

戦略を成功させるには、意思決定と行動への落とし込みが必要だが、戦術の実行には優先順位がある。予想業績を達成するための戦術は、適時かつ的確に実行されなければならない。高業績企業では、全社的に優先事項が周知徹底されており、各層のマネジャーたちがみずからの任務を熟知している。

売上高100億ドルのコングロマリットのテクストロンでは、予想業績の実現に不可欠な事項を事業部門ごとに特定する。改善上の優先事項をそれぞれ具体的な行動に落とし込み、責任、スケジュール、KPI（主要業績評価指標）を明確にする。こうして経営陣は、各部門における改善上の優先事項の達成度を把握できる。そして、改善上の優先事項と個々の行動は、5人の執行役員から成る経営委員会から10の事業部門まで、全社員に周知される。

CEOのルイス・キャンベルは、同社の手法について次のように説明する。「全社員が1時間で、自分は何をすべきかを正しく理解できなければなりません。我々の目標配分の手法を使えば、全社員が各自の責任と優先事項を認識できるのです」

スイスの大手製薬会社、ロシュの手法はテクストロン以上に徹底している。事業計画に基づいて詳細な業績契約を作成しているのだ。戦略の実現に必要な行動やリスク管理を契約によって規定し、業績に決定的な影響を与える最優先事項である「実行課題」が5～10件リストアップされる。その内容は、上層部から下層部まで全社に伝えられる。

会長兼CEOのフランツ・フーマーをはじめとする経営陣は、この手法について次のように説明する。「目的は全社員に、戦略計画の中で約束した内容をよく理解させ、実践するうえでの行動の優先順位を明らかにすることです。実行課題さえ決定すれば、意思決定がぶれることはありません。これを貫徹しなければ、戦略は成功しないわけですからね。最高司令部が実行の仕方まで監視するなど不可能です。しかし、優先事項の決定には関与できます。また、コミュニケーションも深まり、無手勝流のマネジャーも管理できるというわけです」

ルール6　業績を継続的に監視する

事業部門が、予想業績を達成するために資源の追加を要求した場合、ベテラン経営者ならば、その要求の妥当性を直観的に判断できる。しかし、この種の洞察力は一朝一夕に身につくものではなく、試行錯誤の賜物でしかない。

高業績企業では、業績をリアルタイムに追跡するという方法を併用し、試行錯誤の期間を短縮している。計画に基づいて資源の配分状況と業績を継続的に監視し、フィードバック情報を得ることで計画の変更や資源の再配分を実施する。フィードバック情報をリアルタイムで得られれば、計画や実践に問題が生じた時、経営陣は瞬時に対策が立てられるというメリットもある。しかも、計画段階と実践段階のいずれに問題があったのかも即座にわかる。

テクストロンでも、KPIの監視を徹底している。実績が予測を下回るといった赤信号が点灯する事態は、定例の業務報告を通じて逐一報告される。たとえ実行段階で問題が生じても、CEOのルイス・キャンベルやCFOのテッド・フレンチが参加する経営委員会が、必要な情報を把握して問題を特定し、対策を講じている。

ダウ・ケミカルの驚異的な復活劇でも、同様の手法が重要な役割を果たした。２００１年12月、同社の業績が急落した時、取締役会は、１９９３年から99年までＣＥＯを務めたビル・スタブロプロスに再任を要請することを決定した。そして、スタブロプロスはＣＥＯ就任後、ＣＯＯのアンドリュー・リベリス（現ＣＥＯ）ら経営陣と協力して、戦略の実践に腐心した。

当時、彼らは、予想業績を「業績向上ドライブ」と呼んで活用した。その内容は次の２つである。第１に、79の事業部門ごとに具体的な業績評価指標を決め、毎週、これらの指標をチェックし、進捗度を調べた。第２に、月曜日の朝に全マネジャーを集め、実績と計画の間に重大なギャップが生じている場合、その説明を求めた。「おかげで、戦略がどれくらい奏功しているのか、その状況を全社員が知っていました。全社員で実績を把握していたからです」とリベリスは言う。

不確実性の高い業界では、業績の継続的な監視がいっそう重要である。不測の事態が生じ、せっかくの計画も水泡に帰することも少なくないからだ。

ボーイングの民間航空機部門では、ＣＥＯのアラン・ムラーリーを筆頭に、経営陣が毎週、ミーティングを開いて中期計画に照らしながら実績を検討している。彼らは先行指標として資源配分を監視し、計画の進捗度を判断する。そのため、四半期決算を待たずに、毎週軌道修正できる。

また、乗客数の増減パターン、各路線の収益率、搭乗率、新規受注など、業績に影響を与える主要因の善後策も用意している。言うまでもなく、不測の事態が起きても即座に計画を軌道修正し、実行するためだ。

たとえば、２００２年後半のＳＡＲＳ（重症急性呼吸器症候群）騒動では、発生からわずか１週間で対策を講じ、事業計画への影響を最小限に抑えた。香港、シンガポールなど、アジアのビジネスセンターへの乗客数が急減していたため、近い将来、同地域への空輸量も大幅に減少すると予測したのだ。同時に、中期計画の延期と規模の縮小を決定し、財務への中長期的な影響を考慮したものに変更した。

ルール7　実行力の醸成とインセンティブ

戦略は、社員のモチベーションと能力を抜きには実現しえない。いかなる手法を用いるにしろ、成否は社員たちの双肩にかかっている。当然、筆者らが調査した企業も、マネジャーの選別と育成が成功のカギであると認識している。社員たちの能力を向上させるのは容易ではなく、年数もかかる。しかし、彼ら彼女らのケイパビリティは、何十年にもわたって戦略の立案と実行の推進力となる。

「最も重要なことは、一流の人材だけを雇うことです」とバークレーズ・キャピタルのボブ・ダイヤモンドは言う。「一流ではない人材にかかる『隠れたコスト』は莫大な額に上ります。当社の社員数は倍増しましたが、採否はすべて経営陣が決めています。また、同僚というのは最も厳しい目を持つ、言わば陪審員のようなものです。ですから、我々経営陣も各々が推薦する候補者を互いに厳しく吟味し、合格基準を高く設定するように戒めています」

優れた手腕を発揮した有能な社員には、インセンティブを与えることも重要である。バークレーズ・キャピタルでは、「顧客」「実力主義」「チーム」「誠実さ」という4つの価値観を強化するために、「リング・フェンス報酬」（特定個人に限定して支払われる金銭的インセンティブ）という独自の給与システムを採用している。これは、利益率の低い新市場に参入した場合でも、スター社員にインセンティブを保証するものである。

「社員が目標を達成しているのに、トップが約束したインセンティブを支払わなければモチベーションは低下します。トップは常に言行一致を心がけ、公平でなければなりません。そうでなければ、生産性の高い人材を失うはめになるでしょう」

高業績企業は、社員の育成にも熱心に取り組む。3Mの前CEO、ジェームズ・マクナーニは就任後、すぐに経営陣と協力し、新しいリーダーシップモデルを考案した。彼らは1年半もかけて議論を尽くした末、高業績を上げ、責任を果たす企業として認知されるには、リーダーに6つの要素が不可欠であるという結論に至った。

すなわち、「指針を明示せよ」「目標は高く設定せよ」「周りを活性化せよ」「創意工夫せよ」「3Mの経営理念を実践せよ」「成果を上げよ」という6つの要件が3Mのリーダーには求められる。このモデルによって、同社は長年にわたって高業績を維持し、発展の礎を再び築いたのである。

＊　＊　＊

戦略と実績のギャップを解消するメリットは大きい。業績は最大で67%も飛躍し、この範囲内での業績向上が確実に期待できるばかりか、戦略、予想業績、実績を関連付けられれば、全社的に相乗効果が生まれる。

戦略が輝かしい実績となることで、経営陣は自信を取り戻し、積極的に目標を立て、全社に号令を発し、変革にも前向きに着手する。もちろん、ミドルマネジャーたちも目標を達成し、昇進や金銭的インセンティブを求めて、さらに高い目標に挑戦する。これこそが企業の原動力となる。

予想業績を達成し続ければ、大胆な手法をいぶかり、業績に一抹の不安を感じていた投資家たちも、経営陣の言葉を信用するようになる。その結果、株価が上がり、目標と業績を達成した時のインセンティブも確保される。

さらに、高業績企業には志願者が殺到するものだ。すると、優秀な人材が実績を生み、実績がインセンティブを生み、インセンティブがさらに優秀な人材を生むという良循環が形成される。つまり、戦略と実績のギャップを解消するメリットは、業績だけに留まらず、企業文化を変え、組織能力、戦略、競争力に長期的な発展をもたらすのだ。

【注】

（1）米国ではグラス・スティーガル法により、1933年以降銀行業務と証券業務の兼務が禁止されていたが、1999年に撤廃された。

（2）プロフィットプールについてはOrit Gadiesh, James L. Gilbert, “Profit Pools: A Fresh Look at Strategy,” HBR, May 1998.（邦訳「事業再構築への収益構造分析：プロフィット・プール」DHB 1998年11月号）、およびOrit Gadiesh, James L. Gilbert, “How to Map Your Industry's Profit Pool,” HBR, May 1998.（邦訳「プロフィット・プール・マップからの戦略発想」DHB 1998年11月号）を参照。

第9章

バランス・スコアカードによる戦略的マネジメントの構築

ハーバード・ビジネス・スクール 名誉教授
ロバート S. キャプラン
パラディウム・グループ 共同創業者
デイビッド P. ノートン

"Using the Balanced Scorecard as a Strategic Management System"
Harvard Business Review, January-February 1996.
邦訳「戦略実行力の本質」
『DIAMONDハーバード・ビジネス・レビュー』1997年2-3月号

ロバート S. キャプラン
(Robert S. Kaplan)
ハーバード・ビジネス・スクールのマービン・バウワー・リーダーシップ開発記念講座名誉教授およびシニアフェローを務める。マネジメント・アカウンティングの分野で、ABC (Activity-Based Costing：活動基準原価計算) とBSC (Balanced Scorecard：バランス・スコアカード) の提唱者の一人であることは広く知られている。

デイビッド P. ノートン
(David P. Norton)
パラディウム・グループの共同創業者。キャプランとともにバランス・スコアカードの創始者の一人。

バランス・スコアカードとは何か

世界中の企業が、情報主導型の競争に適応せんとして自己変革を図っている。いまや、無形資産（intangible assets）を開発する能力は、有形資産（physical assets）を投資・管理する能力よりも、競争優位を左右する決定的な要素となっている。

筆者らはこのような変化に鑑み、数年前に「バランス・スコアカード」と名づけたコンセプトを紹介した。これは、伝統的な財務指標に、①顧客、②社内ビジネスプロセス、③学習と成長という3つの視点を補ったものである（**図表9－1**「ビジョンと戦略を解釈する4つの視点」を参照）。

バランス・スコアカードを利用することによって、財務上の成果を追いかける一方、将来の成長に必要とされるケイパビリティを構築したり、無形資産の獲得状況をモニターしたりできる。バランス・スコアカードは、けっして財務指標を代替するものではなく、財務指標を追加補助するものなのである。

最近では、当初の予想を超えてバランス・スコアカードを活用している企業がいくつか出現している。これらの企業は、「バランス・スコアカードは新しい戦略的マネジメントシステムの基礎となるだけの価値がある」ことを発見した。

このように着目してバランス・スコアカードを利用すれば、「長期戦略と短期的な行動をいかに関連付けるか」という従来のマネジメントシステムではうまい解答が出せなかった問題を解決することが可

図表**9-1**｜**ビジョンと戦略を解釈する4つの視点**

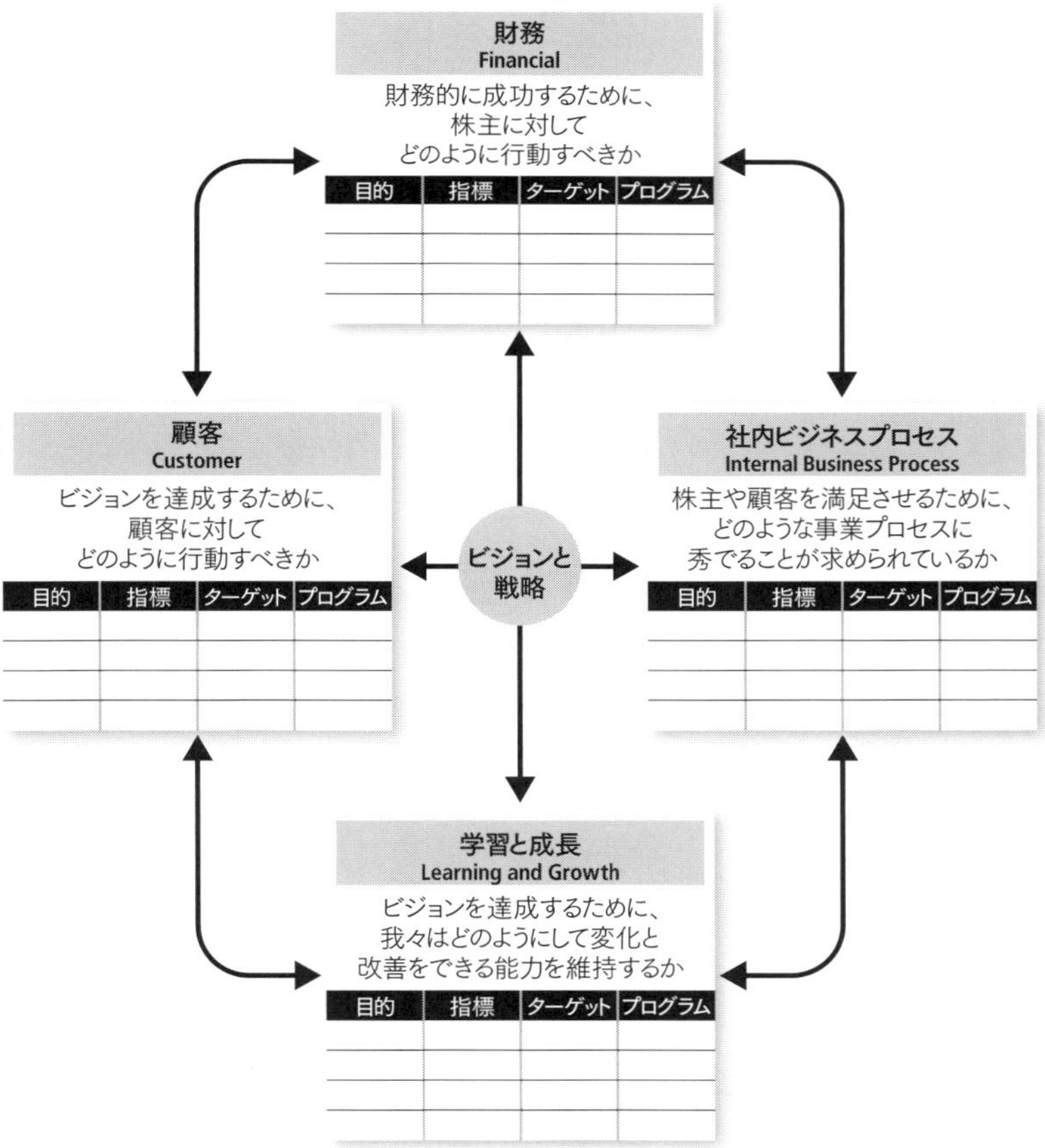

能となる。

ほとんどの企業では、営業および経営上のマネジメントシステムを、財務指標か財務目標に基づいて構築している。このような指標や目標は、長期目標とその進捗状況とはほとんど無関係な存在だった。

大半の企業で見られるが、それゆえ、短期的な財務指標を重視するあまり、経営戦略の策定と実行との間にギャップが生じてしまう。

マネジャーはバランス・スコアカードを利用することで、業績評価を行う際、短期的な財務指標が唯一の評価指標だと考える必要がなくなる。

さらに、バランス・スコアカードを単独で用いる、あるいは組み合わせることで、新しい4つのマネジメントプロセスを導入できる。これらは、これまでその関係が見えなかった長期目標と短期的な行動とを戦略的に結び付ける（**図表9-2**「戦略をマネジメントするための4つのプロセス」を参照）。

新しいプロセスの第1は、「ビジョンをわかりやすい言葉に置き換える」ということである。

マネジャーは、このプロセスを通じて、組織ビジョンと戦略に関するコンセンサスを形成することができる。トップマネジメントが〝最良〟だと思っていても、「業界トップになる」「ナンバーワンの供給者になる」「エンパワーされた組織にする」といった崇高なスローガンは、現場の行動指針として有効に機能するような実務上の言葉に置き換えることは難しい。

一般社員がビジョンや戦略スローガンに従った行動を取るためには、トップマネジメント全員がそのようなスローガンに合意し、それが長期的な成功のためにわかりやすく述べられた「統合された目的と指標」に置き換えられなければならない。

図表**9-2**|**戦略をマネジメントするための4つのプロセス**

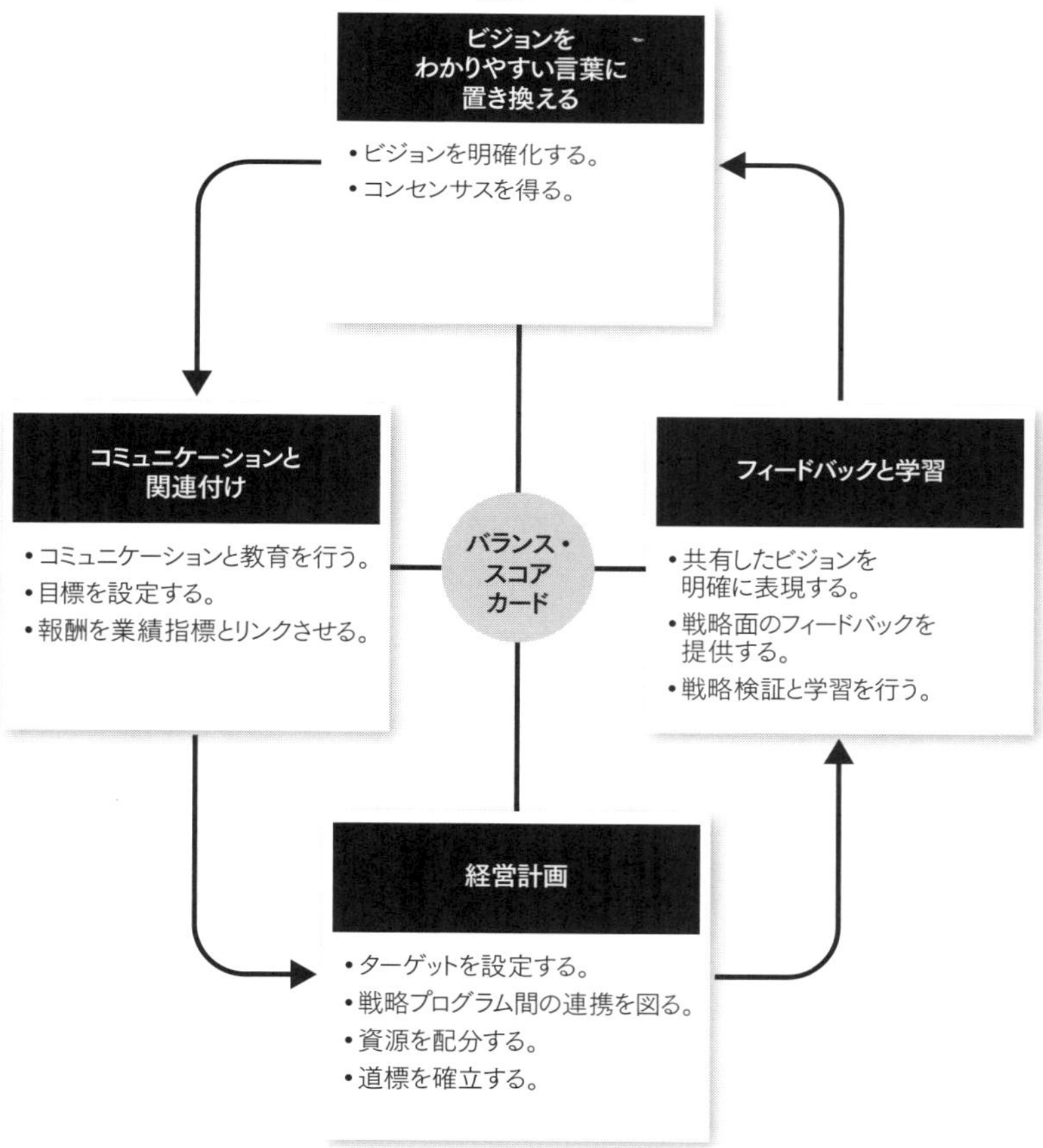

第2のプロセスは、「コミュニケーションとの関連付け」である。マネジャーはこのプロセスを通じて、組織の上部と下部に戦略を伝え、その戦略と事業部別あるいは個人別の目的を関連付けることができる。これまで事業部は、財務上の実績によって評価されてきた。また、個人のインセンティブは短期的な財務目標と連動していた。

しかし、バランス・スコアカードによって、長期的な戦略目標を組織の上から下まで浸透させ、事業部および個人の目的がその長期戦略と結び付いていることを確信させることができる。

第3のプロセスは「経営計画」である。このプロセスを通じて、経営計画と財務計画を統合させることができる。今日ほとんどの企業が、さまざまな変革プログラムを実施している。いずれのプログラムにも、シンボリックな推進者、理論家、コンサルタントたちが関わっており、彼ら全員がトップマネジメントの時間、エネルギー、資源などを自分たちの活動に割いてもらえるよう競い合っている。マネジャーが、長期的な戦略目標を達成させるために、これらのプログラムを一つに統合することは困難である。そのような計画は、往々にして不満足な結果になってしまう。

しかし、バランス・スコアカードの指標に沿って策定された意欲的な目標を掲げ、これに基づいて資源配分したり、優先順位をつけたりするならば、長期的な戦略目標に貢献するようなプログラムだけを選び出し、うまくコーディネートすることができる。

第4のプロセスは「フィードバックと学習」である。このプロセスを通じて、我々が〝戦略的学習〟と呼ぶ能力が生まれる。既存のフィードバックプロセスやレビュープロセスは、会社、事業部、社員個人が、当初に割り当てられた財務上の目標を達成できたか否かに主眼が置かれている。

マネジメントシステムの中核にバランス・スコアカードを置くことによって、短期的な業績を、顧客、社内・ビジネスプロセス、そして学習と成長の3つの視点からモニターすることができる。と同時に、最近の業績から見て長期的な戦略目標がどの程度進捗しているかを評価することもできる。

このように、バランス・スコアカードによって、リアルタイムの学習を反映させながら、企業戦略を修正することが可能になる。

筆者らが調査したり、一緒に仕事をしたりしてきた100を超える組織のうち、最初から戦略的マネジメントシステムを新たに構築する目的でバランス・スコアカードを導入した企業は皆無であった。

しかし、ほとんどのトップマネジメントが、バランス・スコアカードが重要な経営プロセスのフレームワークを与え、その焦点を明確にしてくれることに気づいてくれた。

それらは、たとえば、事業部別や個人別の目標設定、事業計画、資金配分、経営上の新プログラム、そしてフィードバックに学習といったプロセスである。

以前ならば、そのようなプロセスはコーディネートされることはなく、短期的な事業目的に向けて運営されることがしばしばであった。バランス・スコアカードを構築することによって、トップマネジメントは当初の単なる「企業の業績指標の幅を広げる」という目的をはるかに超えて、企業変革プロセスを歩み始める。

たとえば、ある保険会社（仮にナショナル社としよう）が最初のバランス・スコアカードを作成したのは、保険引き受けのスペシャリストになるために新しいビジョンを構築する必要があったからだった。

しかし、ナショナル社では、いったんバランス・スコアカードを使い始めると、ＣＥＯおよびトップマネジメントは、バランス・スコアカードによって組織の新戦略が導入できるばかりか、自社のマネジメントシステムについての精密検査ができることを知った。

その後CEOは、社員全員に宛てたレターの中で、ナショナル社がバランス・スコアカードとその背景にある哲学を、マネジメントに利用することを明らかにした。

ナショナル社は30カ月という時間をかけて、一段階ずつ改良を重ね、新しい戦略的マネジメントシステムを構築した（**図表9-3**「どのようにして戦略的マネジメントシステムを構築したか」を参照）。

ナショナル社では、このような行動を反復的に続けたおかげで、マネジメントシステムが安定化した。また、これが全体的なマネジメントシステムとして確立するまでに、前述の4つのマネジメントプロセスをそれぞれ2〜3回ずつ再考することもできた。

CEOは、全社員が長期的な戦略目標の達成を第一義とする会社に変革させたのである。このようなことは、単なる財務的なフレームワークではけっしてできないことである。

ビジョンをわかりやすい言葉で表現する

某エンジニアリング会社の社長は、トップマネジメントたちと一緒に数カ月かけて、社是（ミッションステートメント）の策定を終えた。その後、現場のプロジェクトマネジャーからの電話を受けた。

「私は社是を信じています。ですから、私は社是に従って行動したいのです。いまここにお客さんがいます。私はどうすればよいのでしょうか」

取り乱しながらマネジャーはこのように訴えた。

同社の社是は、他の多くの会社と同様に、「質の高い社員を雇用し、顧客ニーズを超えるサービスを提供する」と宣言していた。しかし社員と顧客の間で板挟みの立場にある現場のマネジャーは、社是の言葉をどのように具体的な行動へ結び付けてよいのかわからなかった。

CEOはこの電話によって、「日常活動がどのように企業ビジョンの達成に貢献するのか」という社員の理解と社是との間に、大きなギャップが存在することを思い知った。

競合2行の合併によって成立したメトロ銀行（仮名）も、バランス・スコアカードの作成中に似たようなギャップに気づいた。

トップマネジメントたちは「ターゲット顧客に優れたサービスを提供する」という新体制のトータル戦略について合意が成立していると考えていた。

調査によると、既存顧客および潜在顧客は、5つの基本的な市場セグメントに分けられ、その一つひとつが別々のニーズを持っていることがわかっていた。

バランス・スコアカードの「顧客の視点」の部分の指標を作成しているうちに、25人いるトップマネジメントたちは、戦略の文言に同意していたものの、各人が「優れたサービス」について異なった定義をしており、「ターゲットとなる顧客」についても異なったイメージを抱いていることが明らかになった。

25人のトップマネジメントたちは、バランス・スコアカードの4つの視点を満たすための業務上の指標を策定するために、「戦略計画書の意味とは何か」という問いに明確に答えなければならなくなった。

Step❺

ビジョンの具体化

事業単位のバランス・スコアカードを検証することによって、当初の企業戦略に含まれていなかった複数の事業単位間にわたる課題が発見される。ここで、企業レベルのバランス・スコアカードは改訂される。
（スタートから12カ月後）

Step❻-A

全社規模でのバランス・スコアカードの伝達

1年経過し、トップマネジメントによるチームが、戦略へのアプローチ方法に納得した段階で、バランス・スコアカードは組織全体に周知される。
（スタートから12カ月後以降）

注：ステップ❼、❽、❾、❿は、定期的なスケジュールに基づいて実施される。バランス・スコアカードはマネジメントプロセスにおける恒常的な一部分となる。

Step❽

月次および四半期ごとのレビュー

事業単位別のバランス・スコアカードが企業全体で認知されたら、従来以上に戦略に力点を置いた月次のレビュー、ならびにそれを補助する四半期ごとのレビューが始まる。
（スタートから18カ月後以降）

14	15	16	17	18	19	20	21	22	23	24	25	26

Step❻-B

個人の業績目標の確立

上から3層までのマネジャーたちは、自分の目標とインセンティブとなる報酬とを、自分たちのバランス・スコアカードとリンクさせる。
（スタートから13 ～ 14カ月後）

Step❼

長期計画および予算の改訂

各指標についてそれぞれ5カ年間の長期目標が確定される。これらの目標を達成するために必要な投資が決定され、資金手当てが行われる。5カ年計画の最初の1年分が年間予算となる。
（スタートから15 ～ 17カ月後）

Step❾

年次のレビュー

3年目の年初に、当初の戦略は達成され、戦略は改訂が必要となる。トップマネジメントの委員会は、戦略上の課題を10個リストアップする。各事業単位は、戦略とバランス・スコアカードの改訂への第一歩として、各課題に対する考え方を明確化するよう求められる。
（スタートから25 ～ 26カ月後）

Step❿

全員の業績をバランス・スコアカードへ関連付ける

全社員に対して、自分自身の目標をバランス・スコアカードと関連付けることが求められる。企業全体のインセンティブとなる報酬も、バランス・スコアカードと関連付けられる。
（スタートから25 ～ 26カ月後）

（p.296に続く）

図表**9-3** | **どのようにして戦略的マネジメントシステムを構築したか**

Step❶

ビジョンの明確化

新規に結成されたトップマネジメントチームのメンバー10人が、3カ月間共同作業を行った。バランス・スコアカードは、一般的なビジョンをみんなに理解させ、伝達可能なわかりやすい戦略へと置き換える。このプロセスは、戦略へのコンセンサスとコミットメントを確立するのに役立つ。

Step❸-A

戦略にそぐわない投資の削減

企業レベルのバランス・スコアカードによって、戦略上の優先順位が明確化され、戦略に貢献しない実施中のプログラムが発見される。
（スタートから6カ月後）

時間軸（単位：月）

0	1	2	3	4	5	6	7	8	9	10	11	12	13

Step❷-A

ミドルマネジャーへの伝達

上から3層までの経営陣（100人）が集められ、新しい戦略について学習し、議論を行う。バランス・スコアカードはその際の伝達手段となる。
（スタートから4～5カ月後）

Step❸-B

企業変革プログラムのスタート

企業レベルのバランス・スコアカードによって、事業分野を超えた変革プログラムの必要性が認識される。このような変革プログラムは、各事業単位が自分たちのバランス・スコアカードを準備するのに並行してスタートされる。
（スタートから6カ月後）

Step❷-B

事業単位レベルのスコアカードの策定

企業レベルのバランス・スコアカードのひな型をつくる。各事業単位では、その戦略をバランス・スコアカードに置き換える。
（スタートから6～9カ月後）

Step❹

事業単位レベルの
バランス・スコアカードの検証

CEOやトップマネジメントは、個々の事業単位のバランス・スコアカードを検証する。CEOはこの検証作業によって、事業単位の戦略に参加し、知識を得ることになる。
（スタートから9～11カ月後）

（p.294から続く）

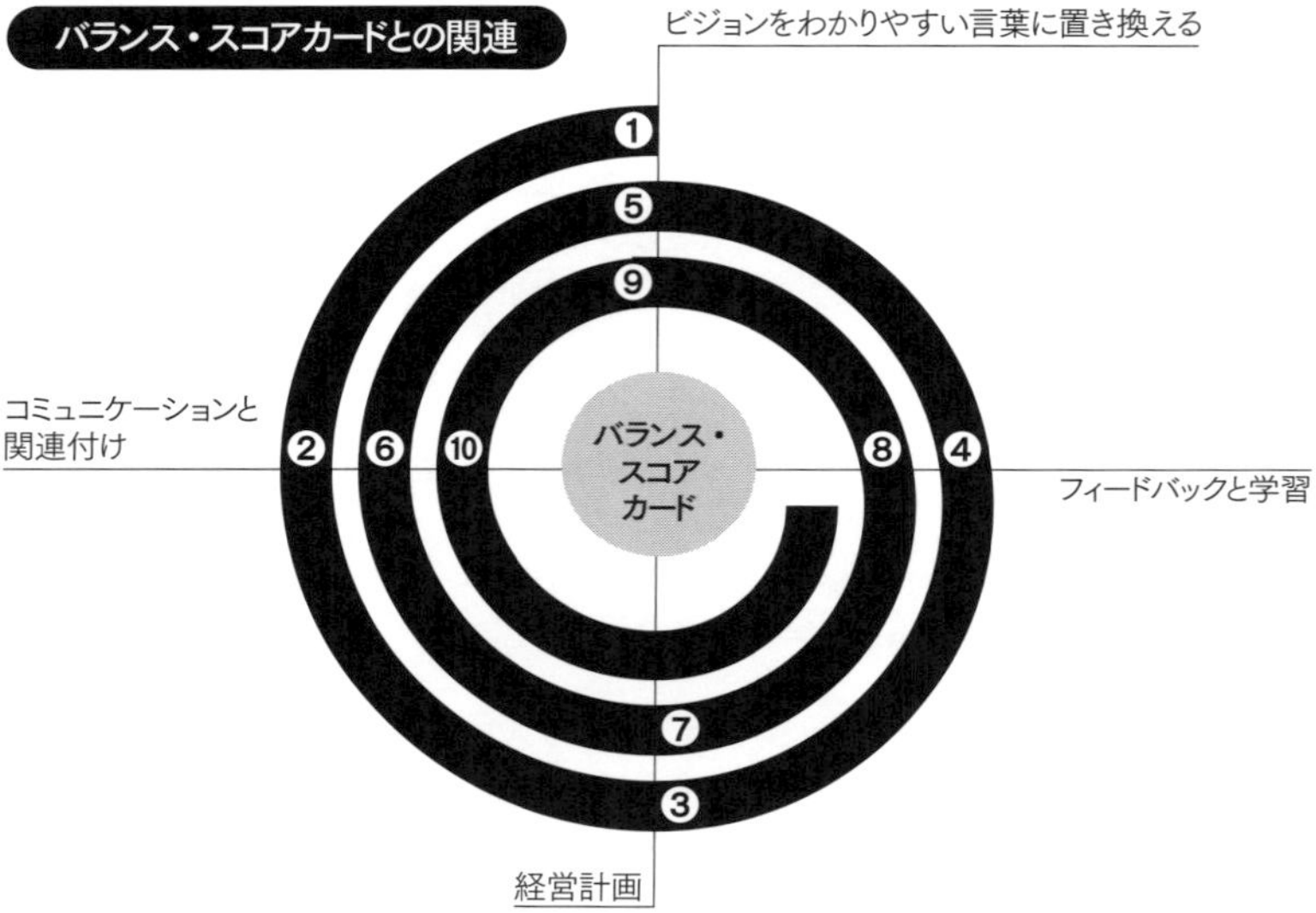

トップマネジメントたちは、最終的に、「新しい商品とサービスによって収益の増加を促進すること」として合意した。

また彼らは、顧客セグメントの中で最も望ましい3つを選び出し、これに合意した。彼らは、バランス・スコアカード上の指標として、ターゲットとなる顧客セグメントに提供すべき商品やサービス、ならびに各セグメントの顧客と銀行が築くべき関係について策定した。

一方、バランス・スコアカードは、厳選された価値をターゲット顧客に提供するために縮小せねばならない、行員のスキル面のギャップ、情報システム面でのギャップについて明らかにした。

バランス・スコアカードをつくることによって、その銀行のトップマネジメントの間にコンセンサスが形成され、経営陣の持つビジョンはその実現に向けて働く行員たちに意味を持つような言葉に置き換えられた。

コミュニケーションと関連付け

「現在、業界のトップテンに入る人たちは、戦略というものにかつてないほどの理解を深めている。この理解をビン詰めにしてみんなで共有できないのは、本当に残念だ」

ある巨大石油会社のトップマネジメントの一人がこうこぼした。しかし、バランス・スコアカードがあれば、このようなことも実現可能になる。

筆者らが関わった企業の一社に、バランス・スコアカードの作成に当たって、上位階層における3層の人たちを意図的に関与させたところがある。

まずトップマネジメントは、財務と顧客に関する目標を作成した。次に、それより下位の2階層のマネジャーたちに、彼らの持つ能力や情報を総動員させて、これら財務と顧客に関する目標を達成するために必要な社内のビジネスプロセスの目標、および学習・成長の目標を策定させた。

たとえば、顧客の期待に応えるには予定通りの納品が不可欠であることを知っているグループの人たち（下位マネジャー）は、受注処理、スケジュール策定、そしてその実行といった他社よりも秀でていなければならない分野を特定した。

そのためには、最前線の社員たちを再訓練し、彼らが使う情報システムを改良しなければならなかった。そこで下位マネジャーのグループは、そのような重要なビジネスプロセス、スタッフの能力、システムの能力などに対する業績指標を作成した。

バランス・スコアカードを作成するに当たって、多くの層の人々の参加を求めることは時間がかかるが、いくつかの利点がある。

たとえば、社内目標を決める際により多くのマネジャーの情報を組み入れることができる、マネジャーは長期的な戦略目標に対する理解をいっそう深めることができる、このような広範囲の参加が目標達成へのコミットメントをより強化していく、といった点が挙げられる。

しかし、マネジャーにバランス・スコアカードを理解させることは、企業目標と個人の行動とを関連付けていくための第一歩にすぎない。

バランス・スコアカードは、その企業が株主や顧客に対して何を達成しようとしているのかを、社内に伝達する役割を果たす。

しかし、バランス・スコアカードの利用者は、社員個々人の業績をトータル戦略と連携させるために、通常、次の3つの行動を忘れてはならない。それは、①コミュニケーションと教育、②目標設定、③報酬と業績指標とのリンク、である。

❶コミュニケーションと教育

戦略を実行することは、それを遂行しなければならない人たちを教育するところから始まる。

組織によっては、戦略の伝達をトップにだけとするという選択を取る企業もあるが、ほとんどの場合、組織のトップからボトムに至るまで、戦略を周知徹底したほうがよいと考えられている。

広範囲の伝達プログラムによって、戦略や、その実現のために社員が達成すべき目標について、全社員と認識を共有することができる。

たとえば、パンフレットやニューズレターを配布したり、一回限りでも全員参加の集会を開催するといったイベントを試みることで、そのようなプログラムはうまくスタートできるかもしれない。

組織によっては、バランス・スコアカードの指標を図解して説明する掲示板を設けて、そこに毎月の結果を記入・更新しているところもある。また、グループウェアと電子掲示板を使って、バランス・スコアカードを全社員の机に置かれたPCに流し、各指標に関する意見交換を奨励している組織もある。

このような手段は、社員が目標を達成する、もしくはそれを超えるための提案を交わし合う場としても利用できる。

事業ユニットの戦略を具現化させたものとして、バランス・スコアカードは、本社や取締役会といった組織の上層部へも伝達されなければならない。

バランス・スコアカードを利用することで、各事業ユニットは、自分たちの長期戦略を、包括的かつ相互関連した財務的および非財務的指標を使って数値化し、トップマネジメントに伝えることができる。

このように数値によって伝達することで、競争に勝つための長期戦略が実施されていることを、トップマネジメントや取締役会に具体的な言葉で知らしめることができる。

指標はフィードバックや責任を考える際の基礎にもなりうる。長期戦略がうまく機能していない、もしくはうまく実行に移されていないことが他の指標からわかった場合、仮に短期的な財務目標を達成していたにしても、それは十分な業績として評価されるべきではない。

さて、バランス・スコアカードは、取締役会のみならず、社外の株主に対しても伝達されるべきだろうか。

筆者らは、トップマネジメントが、バランス・スコアカードの指標が戦略面の業績を管理し、財務面からの将来業績を予測することについて自信を深めてくれれば、いずれ社外の投資家に対しても（他社との競争上、問題のある部分の情報は明らかにせずに）、このような指標を伝達する方法を考え付くだろうと考えている。

スウェーデンに本社を置く、保険・金融会社のスカンディアは、そのアニュアルリポートの中に、〝ビジネスナビゲーター〟という名の付録をつけた。

ビジネスナビゲーターとは、「当社の将来に対する行動指針となり、リニューアルや発展を促進するもの」と定義されている。その付録では、スカンディアの戦略と、その戦略を伝達し、評価するために使っている指標について述べている。と同時に、その指標に基づいた過去1年間の業績も報告している。

これら指標は各事業部向けに調整され、市場シェア、顧客満足度および維持度、社員のスキル、社員への権限委譲、技術展開といった項目を含んでいる。

バランス・スコアカードを伝達することで、長期戦略へのコミットメントと責任感を強化できる。

先のメトロ銀行のある首脳が言ったように、「バランス・スコアカードは、モチベーションを促し、義務感を持たせることにもつながる」のである。

図表**9-4** | **個人用スコアカード**

企業目的

- 7年間で企業価値を2倍にする。
- 収益を毎年平均20%で増加させる。
- 資本コストを2%上回る内部収益率（internal rate of return）を上げる。
- 生産および自己資本を10年間で20%増加させる。

企業目標					スコアカード指標	事業ユニットのターゲット					チーム／個人の目標とプログラム
1995	1996	1997	1998	1999	【財務指標】	1995	1996	1997	1998	1999	
100	120	160	180	250	収益（単位：100万ドル）						1.
100	450	200	210	225	ネットのキャッシュフロー						
100	85	80	75	70	管理費および営業費用						2.
					【事業指標】						
100	75	73	70	64	1バーレル当たりの生産費						
100	97	93	90	82	1バーレル当たりの開発費						3.
100	105	108	108	110	年間総生産量						
チーム／個人の指標：ターゲット											
1.											4.
2.											
3.											
4.											5.
5.											
名前： 所属：											

❷目標設定

しかし、多くの人々の行動を変えるためには、単に企業目標を自覚させるだけでは十分とはいえない。組織の高次元における戦略目標や指標は、何らかの形で、事業ユニットや個人の目標や指標へと置き換えられる必要がある。

ある巨大石油会社の石油発掘グループは、組織目標と関連した個人目標を、社員自身が自主的に作成できるように手助けするテクニックを開発した。同社は、社員がシャツのポケットや財布に入れて持ち歩けるような、小さな折りたたみ式の〝個人用スコアカード〟を作成したのである（**図表9-4**「個人用スコアカード」を参照）。

この個人用スコアカードには3つの欄が設けられて、そこに情報を盛り込むようにしてある。

第1の欄には、企業目的や業績指標、企業目標が述べられている。

第2の欄には、企業目標を各事業ユニットの目標に置き換えるためのスペースがある。

第3の欄では、個人およびチームレベルの目的のうち、どれが事業ユニットや企業の目標と一貫性があるか、また自分たちの目的を達成するためにどのような行動を取っていくか、といったことを書き込まなければならないようになっている。

また、自分たちの目的を評価する指標を5つ列挙し、それぞれの項目について何らかの目標を設定することが求められている。この個人用スコアカードによって、実際に業務に携わっている人々やチームに対し、企業および事業上の目的を伝達することが可能になる。そして、自分自身でこれらの目的を意味のある仕事や目標に置き換えることができるようになる。

彼らは〝ポケットの中〟という身近なところに入れて、このような情報を持ち運べるのである。

❸報酬と業績指標とのリンク

報酬制度についてもバランス・スコアカードと関連させるべきか。

金銭的な報酬と業績とを結び付けることは強力な手段になると考える企業がいくつかあるが、そこでは、早々とバランス・スコアカードと関連させることに着手している。

たとえば、石油会社のパイオニア・ペトロリアム（仮名）は、インセンティブ報酬を計算するための唯一の算定根拠として、バランス・スコアカードを用いている。

同社はトップマネジメントの賞与の60％を、資本利益率、収益性、キャッシュフロー、営業費用という4つの財務指標を加重平均して算出された意欲的な目標の達成状況にリンクさせている。残り40%は、顧客満足度、ディーラーの満足度、社員満足度、環境に対する責任（空中や水中に放出される廃棄物水準の変化など）の測定指標に基づいて決定される。

同社の社長は、「報酬をバランス・スコアカードにリンクさせたことによって、企業と戦略を連携させることができた」と話す。彼によれば、「当社ほどうまい関連付けのできている企業は、私の知る限り競争相手にはいない。そしてこのことがよい結果を生んでいる」ということだ。

このように関連付けることは、魅力的かつ強力だが、同時に危険をはらんでいる。たとえば、バランス・スコアカードに適正な指標を採用しているだろうか。また選択した指標のために、有効かつ信頼性のあるデータを持っているであろうか。指標に掲げられた目標を達成する方法いかんによっては、予想外の結果が起こりはしないだろうか。このような疑問を自問自答しなければならない。

加えて報酬計算に際して、伝統的に、複数の目標にウェイト付けを行い、それぞれの項目の達成状況に応じてインセンティブ報酬を算出するという手法を取ってきた。

このような手法の場合、目標が数少ないためいくつも達成されている一方で、その他の目標がまったくの未達に終わったとしても、かなりの額のインセンティブ報酬が支払われることになる。

このような事実に鑑みる限り、戦略目標のうち重要な部分については、最低限の水準をクリアすることを要求するアプローチのほうがより適正だと思われる。

つまり、ある年度において、最低要求レベルの一つでも達成できなかった個人は、インセンティブ報酬を受け取れないということになる。このような条件を設定しておけば、短期的にも長期的にも、社員はバランスよく業績を達成しようと動機付けられるに違いない。

逆に、バランス・スコアカードを導入した結果、短期的な数値ベースのインセンティブ制度の重視度を低めた組織もある。そのような企業では、トップマネジメントが下位のマネジャーと、指標と目標の作成、目標業績と実際の業績といったバランス・スコアカードの項目について対話することによって、マネジャーたちの業績や能力を理解する絶好の機会が得られることを見つけた。マネジャーの能力について詳しく知ることができれば、トップマネジメントは、彼らに主観的判断によって報酬を与え、このような主観的評価について正当な弁明ができるようになる。

この方法の場合、明文化された数値に基づいた報酬査定に付きまとう、ルールを逆手に取ったり、結果を操作したりといった弊害を減らすことができる。

筆者らが調査した会社の一つに、中間的な立場を取っているところがある。その会社では、2つの評価基準を同じ比率で運用して、事業部のマネジャーの賞与を決めている。

1つ目の基準は過去3年間で見た財務目標（経済的付加価値）の達成度、2つ目はバランス・スコアカード上の顧客、社内ビジネスプロセス、学習と成長の3視点から導かれる指標に照らした業績の主観的評価である。

バランス・スコアカードがインセンティブ報酬の決定において役に立つことに疑いの余地はない。具体的にどのような役割であるべきかについては、さらに多くの企業が報酬とスコアカード指標とをリンクさせていくにつれて、おのずと明確さの度合いが濃くなっていくだろう。

「ゴムが空という壮大なものに出会う場所ですよ」

長期計画の作成プロセスについて、あるトップマネジメントはこのように表現した。彼は他の企業についても同様の感想を漏らすに違いない。

なぜなら、多くの企業では、財務指標に基づいたマネジメントシステムが、変革プログラムや資源配分と、長期戦略上の優先事項とを結び付けることに成功しているとはいえないからである。

問題は、ほとんどの組織において、戦略計画と資源配分・予算とが別々の手続きや部門によって作成されていることである。企業戦略を策定するために、トップマネジメントは例年職場を離れて、企画や開発担当のマネジャーや外部コンサルタントたちと数日にわたって活発な議論を戦わす。

そしてこのようなプロセスの中で、3、5、10年後の期待（もしくは希望、祈願）を明確にしていきながら、戦略計画は作成されていく。

ところが、多くの場合、このようにして作成された計画も、その後12カ月もの間、トップマネジメントの本棚に眠ってしまう。

一方、戦略計画とは別に、財務スタッフによって資源配分や予算は作成されており、次年度の売上げ、支出、収益、投資等の目標が決められる。財務スタッフの立てる予算は、ほぼすべて財務上の数字で作成されており、一般的に戦略計画上の目標と関連付けられることはほとんどない。

マネジャーたちが、その翌年に月次や四半期ごとのミーティングを開く際、議論の対象となるのはどちらに関する書類だろうか。たいていは予算についてである。というのも、定期的に開かれる業績検証のミーティングの場合、各項目の予算と実績を比較することに主眼が置かれるからである。

では、戦略計画が再び議論されるのはいつになるのか。たぶん次の年次に関してトップマネジメントとミーティングが行われる時だろう（ここでまた新たな3、5、10年の長期計画が作成される）。

バランス・スコアカードを作成することによって、戦略計画と予算プロセスは余儀なく統合される。したがって、予算が確実に戦略を後押しすることになる。

バランス・スコアカードの利用者はバランス・スコアカードの4視点に基づいて、自分たちの仕事の進捗状況を管理する指標を選択し、目標を設定する。

次に彼らは、どのような行動が目標達成のために必要かを決定し、そして4視点に照らしてその行動の測定指標を認識し、みずからが選んだ戦略方針の進捗状況を測定する短期的な道標を決定する。

このようにバランス・スコアカードを策定することによって、財務上の予算と戦略目標を関連付けることが可能になる。

たとえば、スタイル社（仮名）のある部門は、CEOが設定した「売上げを5年間で倍増させる」という、一見不可能に見える目標を達成するための戦略を立案することになった。

同社の戦略計画による予測では、売上目標に10億ドル不足していた。当該部門のマネジャーはいくつかのシナリオを考えた後、業績同上に寄与する5つの活動を増強することに合意した。

その5つとは、①新規の出店舗数、②新規および既存店舗に訪れる新規の来店客数、③来店客のうち実際に買い物をする顧客の割合、④既存顧客のうち自社の顧客として留まる顧客の割合、⑤顧客1人当たりの購入額であった。

このマネジャーは、売上げの増加を促す活動を見定め、それぞれの目標についてコミットできたことによって、CEOの意欲的目標についてようやく納得することができた。

バランス・スコアカードを構築する際に、戦略目的を明確にし、重要な要素を探し出すというプロセスは、組織変革のプログラムを管理するフレームワークを作成することにもつながる。

リエンジニアリング、エンパワーメント、タイムベース・マネジメント、TQMといった変革プログラムは、何らかの成果がもたらされることが約束されている半面、お互いに社内の稀少資源を求めて争うことでもある。その中でも最も稀少な資源とは、トップマネジメントの時間と関心である。

たとえば、メトロ銀行では、合併してまもなく、70の異なる変革プログラムをスタートさせた。これらのプログラムは、より競争力を身につけ、いっそう業績を上げることを狙っていたが、全社的な戦略と十分に統合が図れていなかった。

バランス・スコアカードを構築した後に、マネジャーたちは、これらのプログラムの多く（たとえば、収益性の高い個人顧客層へのマーケティング）を中止し、それ以外のプログラムも戦略目的により合致しているプログラムに吸収させた。

たとえば、「セールスのスキルの低いセールス担当者を強化する」というプログラムは、「幅広い新商品を、選ばれた3つの顧客層に売り込むことができるように、セールス担当者を信頼されるファイナンシャルアドバイザーに再訓練する」という大プログラムに置き換えられた。
このような路線変更ができたのも、バランス・スコアカードによって、同行の戦略目的を達成するためには、どのようなプログラムが必要かがよりよく理解されたからである。

戦略が定義され、要素が見つかれば、バランス・スコアカードはマネジャーに対して、組織の戦略上の成功のために最も重要とされるプロセスを改善、リエンジニアリングすることに専念するようにと促す。

このようにして、バランス・スコアカードによって行動と戦略が関連付けられ、連携が図られていく。戦略を行動に結び付ける最後のステップは、バランス・スコアカードの指標について、具体的な短期的ターゲット、もしくはマイルストーンを確立することである。

マイルストーンは、現在のプログラムがいつ、どの程度、そのような指標に影響を与えるかということに関するマネジャーの考えを実際に表現したものである。

マネジャーは、マイルストーンを確立するプロセスにおいて、従来の予算作成プロセスを、財務上の目標だけでなく、戦略的目標をも反映したものへと拡大していくことになる。

詳細な財務計画の重要性に変わりはない。しかし、財務上の目標にはそれ以外のバランス・スコアカードにある3つの視点が欠けている。

経営計画と予算が統合されたプロセスでも、トップマネジメントは依然、短期的な財務業績の予算を作成する。しかし同時に、彼らは顧客、社内ビジネスプロセス、学習と成長の3つの視点に関する指標について、短期的な目標も導入する。

このようなマイルストーンが確立されれば、マネジャーは戦略の背後にある理屈と戦略の実行という両方を常時検証することができる。

経営計画を策定するプロセスが終わる頃には、マネジャーはバランス・スコアカードの4つの視点すべてに関して、長期的な目的を設定していることが望ましい。彼らは、必要な戦略プログラムを発見し、必要な資源をそうしたプログラムに割り当てているはずであるし、彼らの戦略目標の達成進捗状況を管理する指標についてのマイルストーンを確立しているはずである。

フィードバックと学習

「バランス・スコアカードのおかげで、常に戦略を検証できます。リアルタイムでリサーチをしているようなものですね」

あるエンジニアリング会社のCEOが我々にこう語ったことがある。「策定した戦略を実施していく際、その戦略がうまく機能しているか、もし機能していないならばそれはなぜかということを、いつの時点でも知ることができる能力」

この能力こそ、バランス・スコアカードがトップマネジメントにもたらすものである。

「ビジョンをわかりやすい言葉に置き換える」「コミュニケーションと関連付け」「経営計画」という3つのマネジメントプロセスは、戦略を実行するうえで必要不可欠なものである。

しかし、現在のような不確実な世界においては、これらのプロセスだけでは十分とはいえない。これらのプロセスは重要な「シングル・ループ」の学習プロセスを形成している。

シングル・ループの持つ意味合いとは、目的は不変であり、計画された軌道から逸れることは修正せねばならない欠陥であると考えることである。このシングル・ループのプロセスに従えば、計画を実行していくための戦略やテクニックは、その時々の事情に応じて再検討される必要がない、さらに、そもそも再検討をされることは予定されていないことになる。

現在、多くの企業が、変化の激しい環境下で複雑な戦略を使って事業活動を展開している。したがって、戦略は策定された当時では有効であっても、事業環境の変化によってその有効性を失っていく可能性がある。

新たな脅威やチャンスが常時発生する環境下では、ハーバード大学教授のクリス・アージリスが唱える「ダブル・ループの学習」、すなわち人々が物事の因果関係に抱いている前提や理論に変化を与えるような学習が必要となる（DHB1991年11月号「防衛的思考を転換させる学習プロセス」を参照）。

予算から業績を検証したりする財務ベースのマネジメントツールでは、トップマネジメントは「ダブル・ループの学習」を行うことはできない。

なぜなら、一つには、このようなツールが業績を唯一の視点からしか評価しないからであり、もう一つには、戦略に関する学習が行われないからである。

戦略に関する学習とは、フィードバック、戦略の前提となっている仮説の検証、そして必要な修正を行うことの3つから成り立つ。

バランス・スコアカードは戦略的学習に不可欠な3つの要素を提供してくれる。

第1に、共有すべきビジョンをはっきりと描き、チームとして達成すべき業績を明確かつ実務的な言葉で定義することである。バランス・スコアカードは、個人の努力と成果を事業ユニットの目的と関連付ける、全体的なモデルを伝達していく。

第2に、バランス・スコアカードは戦略のフィードバックシステムを与えてくれる。

経営戦略というのは、因果関係に関する仮説の集まりであると見ることもできる。

戦略のフィードバックシステムによって、事業ユニットに内在するさまざまな仮説を、検証、確認、修正できるはずである。事業計画ごとの短期的目標（＝マイルストーン）を掲げることで、トップマネジメントは業績に貢献する要素の変化と、それに関連した具体的な目標の変化との関係を予測しようとしている。

たとえば、メトロ銀行のトップマネジメントは、複数の金融商品を既存顧客と新規顧客に効果的に販売するに当たって、そのために必要となる訓練や情報システムへのアクセスを改善するのにどれくらいの時間が必要となるかを見積もった。

彼らはまた、行員の販売能力がどの程度の効果を与えるかということについても推定した。

別の組織では、視点ごとに設けられた指標において、それぞれがどのように、そしてどのくらい連動しているかを測定することで、バランス・スコアカードにおける因果関係の仮説について、その実効性を確かめようと試みている（**図表9－5**「どのように4つの視点における指標を連携させたか」を参照）。

この会社では、「社員のモラール」という学習と成長の視点に関する指標と、「顧客満足」という重要

図表9-5｜どのように4つの視点における指標を連携させたか

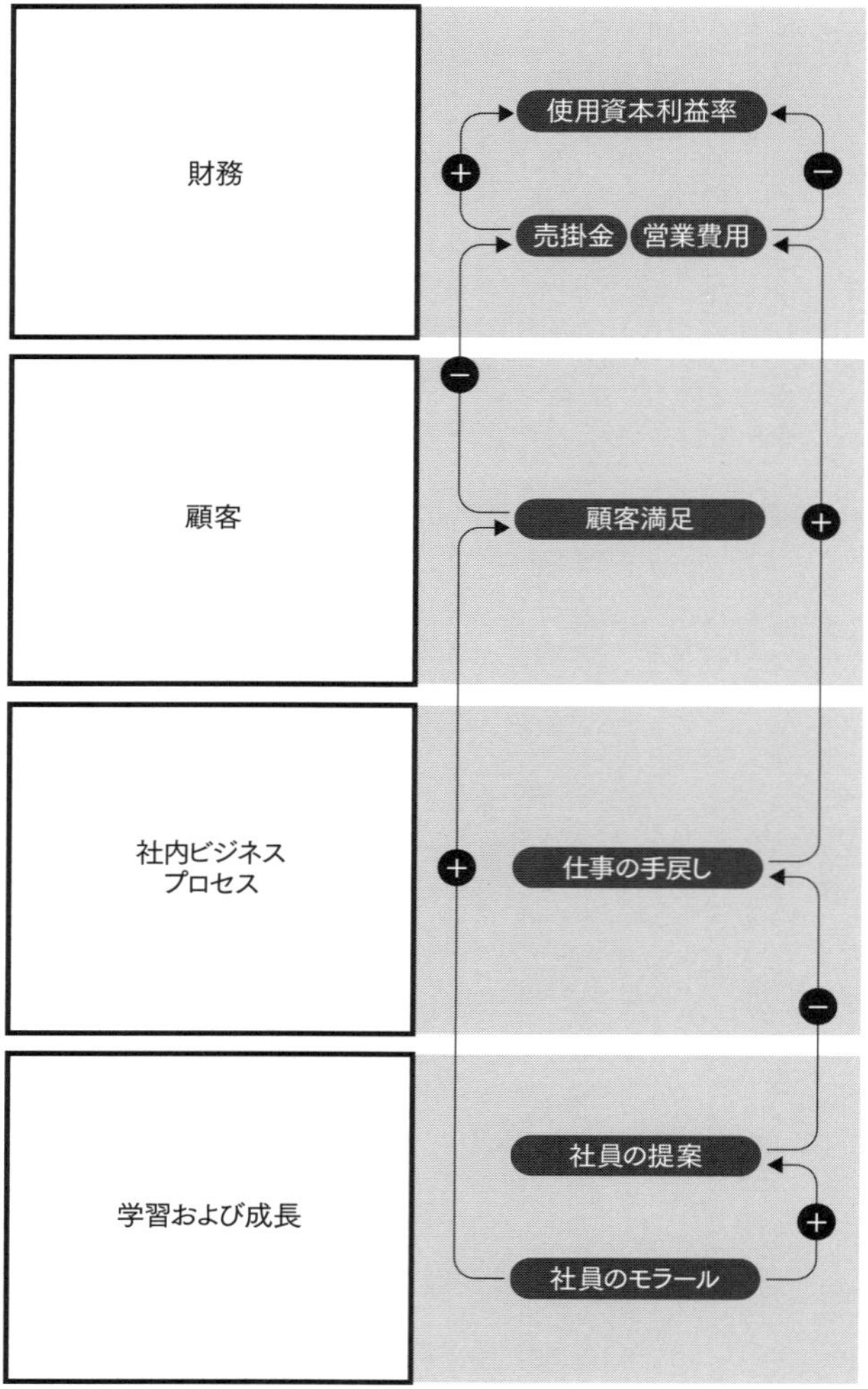

な顧客の視点に関する指標との間に、際立った相関性があることを発見した。

また、顧客満足は「請求書の早期決済」につながり、そのことが売掛金の劇的な減少につながって、資本利益率の向上にも役立った。

社員のモラールと社員による提案件数（これらは学習と成長の指標である）の間の相関関係や、提案件数の増加と仕事の手戻りの減少（社内ビジネスプロセスの指標）との相関といったことも発見した。

このように強い相関関係という証拠が出てくれば、組織の経営戦略を確認する一助ともなる。

一方、もし期待したような相関関係が観測されなければ、それはトップマネジメントが期待したほどに、その事業ユニットの戦略の前提となっている理論がうまく機能していない、ということを示唆しているのかもしれない。

大規模組織では特にそうだが、バランス・スコアカードの各指標間に有為な相関や因果関係を見出すためのデータを必要最低限集めるには、どうしても数カ月から数年もの長い時間がかかるものだ。

短期的には、マネジャーの戦略面に与えた影響を評価するには、主観的、もしくは定性的評価に頼らなければならないかもしれない。しかし、時間が経ち、より多くの証拠が蓄積されるにつれて、より客観的根拠に基づいて指標間の因果関係を予測できるようになっていく。

短期的な業績に基づいて意思決定を行っている現状に比べれば、マネジャーが戦略の根拠となっている前提を体系的に考えるだけでも、改善といえる。

第3は、バランス・スコアカードは、戦略的学習に不可欠な戦略の検証を可能にする。

伝統的な手法によれば、全社、あるいは各事業部の担当役員間による月ごとや四半期ごとのミーティングで、直近の期の財務業績を分析する。その際の議論では、過去の業績はどうだったか、なぜ財務上の目標が達成できなかったかについて重点的に説明される。

バランス・スコアカードがあれば、業績に貢献する要素と目的との因果関係を明確にすることが可能となり、全社および事業ユニットの担当役員は、定期的に開かれる業績検証のミーティングでも、事業ユニットにおける戦略の実効性や実施状況を評価することができる。

事業ユニットの社員に、業績に貢献する要素（たとえば、社員の再訓練、情報システムの導入、新しい財務的商品やサービス）が十分に与えられたにもかかわらず、期待された結果（たとえば、ターゲット顧客における売上増）を達成できないとすれば、それは戦略の前提となっている理論が有効ではないかもしれないという可能性を示唆している。売上げが伸びないのは、事前の警戒信号ともいえる。

マネジャーは戦略が機能していないことを示すシグナルを深刻に受け止め、市場環境、顧客への価値提供、競争相手の行動、内部能力といった項目について、すでに合意された結論を再考する必要がある。

そのような検証を行った結果、現在の戦略についての確信を深めつつ、他方でバランス・スコアカード上の戦略指標間の数的関係を微調整することになるかもしれない。

しかし時には、新しい市場環境や内部能力に鑑みて、その事業ユニットには別の戦略が必要であるという結論に至るかもしれない（ダブル・ループ学習の事例である）。

いずれにせよ、バランス・スコアカードは、主要なトップマネジメントに自社の戦略の現実性について学習することを促す結果となる。

トップマネジメントレベルで戦略的学習を可能にすることこそ、バランス・スコアカードの特徴である。また、戦略的マネジメントシステムを構築しようとする者にとって、バランス・スコアカードが大変貴重となるゆえんが、ここにある。

新しいマネジメントシステムの確立へ向けて

多くの企業は、最初に導入したバランス・スコアカードのコンセプトを、業績評価システムの改善のために採用した。このような企業は、目に見える形の結果を得たものの、その成果は限られたものだった。

しかし、そのようなコンセプトを採用したことで、望ましい業績改善について明確化し、そして合意し、絞り込みを行うことに成功した。

最近、筆者らはバランス・スコアカードを、戦略的マネジメントシステムとして統合的かつ反復的に利用するという、その用途を拡大させている企業が現れたことを知った。

バランス・スコアカードの使い方をまとめると次のようになる。

- 戦略を明確化し、リニューアルする。
- 企業全体に戦略を伝達する。
- 事業ユニットや個人の目標を戦略と連携させる。

●戦略目標を長期目標や年間予算と関連付ける。
●戦略プログラムを確定させ、連携させる。
●戦略についての学習を促し、戦略を改善するために定期的な業績検証を行う。

バランス・スコアカードは、各マネジメントプロセスを連携させ、組織全体が長期戦略の達成に重点を置くようになる。

ナショナル保険では、同社のマネジメントシステムの一つひとつを再構成する際、バランス・スコアカードを用いることで、CEOやマネジャーは中核となるフレームワークを手に入れた。

また、バランス・スコアカードのフレームワークにはいくつかの因果関係が内在していることをすでに述べたが、そのため、マネジメントシステムのある構成要素を変革することは、それ以前に別のところで行われた変革の補強に役立った。

したがって、30カ月にわたって行われた変革では、お互いが勢いを付け合うこととなり、組織は予定していた方向へと進み続けることができた。

もしバランス・スコアカードがなかったならば、企業の方向を変換させ、新しい戦略やプロセスを導入することにおいて、一貫したビジョンや行動を実現できないケースが多かったに違いない。

バランス・スコアカードは、戦略の実行を管理するためのフレームワークを提供するのみならず、競争、市場、技術といった環境の変化に応じて、戦略自体を進化させることも可能にするのである。

第10章

意思決定のRAPIDモデル

ベイン・アンド・カンパニー マネージングディレクター
ポール・ロジャース
ベイン・アンド・カンパニー アドバイザリーパートナー
マルシア・ブレンコ

"Who Has the D?"
Harvard Business Review, January 2006.
邦訳「意思決定のRAPIDモデル」
『DIAMONDハーバード・ビジネス・レビュー』2006年4月号

ポール・ロジャース
(Paul Rogers)
ベイン・アンド・カンパニーの中東・トルコ支社のマネージングディレクター。
ブレンコらとの共著に *Decide and Deliver: Five Steps to Breakthrough Performance in Your Organization*, Harvard Business Review Press, 2010.（未訳）がある。

マルシア・ブレンコ
(Marcia Blenko)
ベイン・アンド・カンパニーのアドバイザリーパートナー。ロジャースとともにベインのグローバル・オーガニゼーション・プラクティスをリードした。

意思決定力は高収益組織の条件

意思決定力というものは、言わばビジネス界で流通する一種の通貨のようなものだ。いかなる成功も失敗も、またチャンスを物にできるか否かにおいても、誰かの判断がうまくいったのか、もしくは他の誰かが判断を誤ったのかの結果である。多くの企業において、たいてい意思決定力は、奪い合いになる。個々の利害に大きく関わってくるからだ。したがって、意思決定力は組織能力を左右する。業種、規模、知名度の大きさを問わない。いかに戦略が優れていようと、的確な意思決定が素早く下せなかったり、その意思決定をきちんと実行できなかったりすれば、事業基盤は揺らいでしまう。

しかるべき意思決定をしかるべきタイミングで下していることが、高業績組織に共通する特徴である。グローバル企業350社の経営陣を対象に調査したところ、競合他社よりも組織の生産性が高いという自信を示したのは、わずか15%にすぎなかった。実際、これら高業績組織の優位とは、意思決定の質であり、そのスピードであり、実行力だった。

生産性の高い組織は、戦略上の意思決定、つまり市場への新規参入あるいは撤退、買収や売却、資源配分や人材配置に関する判断が優れている。また、一貫性とスピードが求められる業務上の意思決定、すなわち、どのように製品のイノベーションを推し進め、どのようにブランドをポジショニングし、どのように流通パートナーと付き合うのかといった課題でも強みを発揮している。

とはいえ、毅然とした行動力で定評ある組織でさえ、誰が、どの課題について意思決定するのかについて曖昧になっていることが少なくない。このような場合、意思決定プロセスで足踏みしかねない。そのようなボトルネックが生じるのは、次の4つの利害対立においてである。

- ●グローバル対ローカル
- ●本社対事業部
- ●部門対部門
- ●社内対社外パートナー

グローバル対ローカルによるボトルネックは、ほぼすべてのビジネスプロセスや部門で発生する。なかでも代表的なのは、ブランドマネジメントや製品開発にまつわる問題であり、とりわけローカル市場のニーズをどこまで製品に反映させるべきかをめぐって意見が対立しやすい。同じくマーケティングでも、プライシングや広告にまつわる決定権をローカルに与えるべきかどうかで問題になりやすい。

2番目のボトルネックである本社対事業部をめぐる問題は、親会社と子会社の間で起こりやすい。子会社や事業部は日々、顧客に接している。本社は大局的に目標を設定し、組織の引き締めを図る。では、意思決定権はどちらに置かれるべきだろうか。たとえば、大型投資案件の場合、現場が決定すべきなのか、それとも本社なのか。

3番目のボトルネック、すなわち意思決定権をめぐる部門対部門の綱引きは、最も一般的なものだ。

たとえば、新製品を開発する際、どこのメーカーでも製品開発部門とマーケティング部門の間を調整する必要がある。どちらが何を決めるべきか。両部門を交えた会議を開いても、たいていはおざなりの妥協に落ち着きがちである。また、当初の調整会議では、えてして最終決定者が参加していないため、後に見直さなければならないはめとなる。

アウトソーシング、ジョイントベンチャー、戦略的提携、そしてフランチャイズなどが普及するにつれて、4番目のボトルネック、すなわち社外のパートナーとの間で生じる意思決定上の問題は増加の一途をたどっている。このようなコラボレーションに当たって、どのような種類の意思決定ならば、社外パートナーに任せられるのか、またどのような種類の意思決定は社内に留めるべきかについて、具体的に決めておかなければならない。通常、前者は戦略の実践に関わる意思決定であり、後者は戦略そのものに関する意思決定となる。

有力アパレルメーカーや靴メーカーは、かつてアウトソーシングした際、工場労働者の賃金や労働条件を海外の委託先にすべて任せてしまったため、労働搾取という非難を浴び、汚名を着せられるという大失敗を犯している。

「RAPID」のステップでボトルネックを解消する

意思決定にまつわるボトルネックを解消するステップの中で最も重要なのが、役割と責任を明確に割り振ることである。優れた意思決定を下すには、どのような類の意思決定が組織能力を左右するのかを見極める必要がある。

進むべき方向性は誰が提案するのか、それに同意すべきは誰か。誰が助言し、最終的に意思決定する責任を負うのは誰であり、その後の面倒を見るのは誰か。仕事の流れについても決めなければならない。こうすれば、各業務の連携が円滑化し、対応も速くなる。

意思決定プロセスにおける各役割を明確化し、責任を割り振る手法はいろいろある。我々が数年をかけて開発した手法は「RAPID《ラピッド》」と呼ばれるものだ。この手法は、すでに多くの組織で意思決定ガイドラインづくりに活用されている。

もちろん万能薬ではない。それに、優柔不断な者にはいかなるツールも無意味だ。それでも、出発点にはなる。RAPIDという文字そのものが、意思決定に伴う主な役割を表す。すなわち「提案」(R：recommend)、「同意」(A：agree)、「実行」(P：perform)、「助言」(I：input)、「意思決定」(D：decide)で構成されるが、必ずしもこの順番とは限らない(**章末**「意思決定の手引き」を参照)。

提案担当者は、計画立案や代替手段を提起する責任を負う。その内容はデータや分析によって裏打ちされていなければならず、合理性、実効性、そして効率性などについても常識的でなければならない。

同意者は、提案の実施に先立って承認するのが仕事である。提案を退ける時には、提案者と一緒に代替案をまとめるか、最終意思決定者に上申しなければならない。ただし、優れた意思決定を下すには、このような否決権の持ち主を数人に絞る必要がある。たとえば、コンプライアンス(法令遵守)を担当する執行役員や、その意思決定によって大きな影響を被る部門を統括する責任者などだ。

助言者の役割を担う者は、提案を適切に検討するためにあらゆる関連情報を提供する責任を負う。たとえば、その提案はどれくらい現実的か、仕様変更の提案が製造上問題を起こさないかなどである。異論や反対がある場合には、しかるべきタイミングで助言者を検討作業に加えることが重要だ。提案者は助言者の意見に必ずしも従う必要はないが、それを考慮する義務はある。助言者が提案を実行する立場を兼ねている時には、とりわけそうである。

コンセンサスを図ることは望ましいが、これを意思決定の基準にしてしまうと、実行を妨げたり、最大公約数的な妥協を招いたりしかねない。いったん下された決断に、関係者すべてを積極的に関わらせるほうが実際的であるのは言うまでもない。

最終的には、誰か一人が意思決定を下さなければならない。この人物の責任は、最終意思決定を下すだけに留まらず、それを組織に取り組ませることでもある。強力なリーダーシップを発揮するには、的確な意思決定力を持ち合わせ、意思決定に関わるトレードオフや偏見、実行部門について熟知していなければならない。

さらに、下された意思決定を実行する人たちがいる。彼ら彼女らは決定された内容を適切かつ効率よく実行する責任を負う。これは大変重要な役割である。よい意思決定を素早く実行することは、最高の意思決定を段取り悪く、のろのろと実行することに勝る。

ＲＡＰＩＤは組織運営のやり方を一新するために用いられることもあれば、単にある意思決定上のボトルネックを解消するために役立てられることもある。企業によっては、最も重要な10～20件の意思決定に用いたり、ＣＥＯをはじめとする経営陣の意思決定に活用したりしている。一方、顧客サービスの改善など、組織全体に応用している場合もある。

意思決定プロセスが円滑化すると、自然と評判がよくなるものだ。たとえば、米国の某大手物流会社では、経営陣がＲＡＰＩＤを難しい意思決定に応用した。これを見た現場もさっそくこれを採用した。

では、ＲＡＰＩＤが実際にどのように機能するのか、意思決定上のボトルネックを解消した４つの実例から見てみたい。

たばこメーカー：グローバル対ローカルのボトルネック

今日の大企業はおしなべてグローバルに事業展開している。原材料をある国で買い付け、それを別の場所で加工し、最終製品を世界中で販売するといった具合だ。たいていの組織は各地域の市場シェアやノウハウを確保すると同時に、スケールメリットを追求する。しかし、その結果、意思決定はひどく複雑になる。

グローバルマネジャーの職務とローカルマネジャーのそれにまたがる意思決定も少なくない。さらに、別の地域がそこに関係してくることさえある。サプライチェーンを効率化するためにどのように投資すべきか、製品の標準化を進めるべきか、それともローカル市場に合わせて調整すべきか。

ここで肝になるのは、グローバルとローカルのどちらにも偏りすぎないことだ。グローバルに偏りすぎると、ローカル市場の嗜好を見落としやすくなり、臨機応変な対応や効率性が損なわれやすい。一方、ローカルに偏重しすぎると、スケールメリットやグローバル展開している法人顧客を失いやすくなる。

このバランスをうまく図るには、自社において最も重要な価値を特定し、常にそれに従って意思決定を下すことである。これこそ、世界第2位のたばこ会社、ブリティッシュ・アメリカン・タバコ（BAT）のCEO兼会長だったマーチン・ブロートンの課題だった。

1993年、彼がCEOに就任した時、最大のライバルから激しい攻勢が続いていた。ブロートンはグローバルにスケールメリットを働かせる必要性を感じていたが、BATの意思決定プロセスと責任分担はそれにそぐわないものだった。

世界を4分割し、それぞれに地域事業本部を置いていたが、各々が独立して動いており、協力など望むべくもなく、むしろ本部同士で競い合うことさえあった。グローバルブランドの一貫性を維持することは難しく、地域事業本部間に相乗効果を働かせ、コスト競争力を強化しようと試みたが、徒花に終わった。業界筋からは「世界には7つのメジャーなたばこ会社がある。その4つはBATである」と揶揄される始末だった。

ブロートンは、こうした事態に終止符を打とうと決意した。彼が思い描いた組織は、グローバル企業ならではの力を発揮するものだった。具体的には、アルトリアのマルボロのような勝ち組ブランドと肩を並べるグローバルブランドを確立し、葉たばこなどの原材料をグローバル規模で調達し、イノベーションと顧客管理の一貫性を高めることだ。

とはいえ、意思決定の中央集権化がすぎて、ローカル市場での機敏さや意欲を損なうという愚も避けたかった。そこで、まず最も重要な意思決定を誰が担うのかをはっきりさせた。実験場となったのは調達分野だった。

これまでは、各地域事業本部が独自にサプライヤーを選び、すべての原材料を購入していた。しかし、ブロートンの指揮の下、本社にグローバル調達チームが新設した。このチームには、サプライヤーを選択し、原料たばこや一部の包装材料などについて価格や品質基準を交渉する権限が与えられた。

これまでの地域調達チームは、グローバル調達チームの管理下に置かれた。そして、本社がサプライヤーと調達契約を交わす一方、実行責任は各地域調達チームに移行し、地域ごとの納品やサービスなどの詳細を詰めることになった。グローバル調達のスケールメリットが生まれない原材料、たとえば北米市場のメンソール入りフィルターなどについては、これまで通り地域調達チームに任せた。

調達分野における意思決定権の見直しが軌道に乗るにつれて、他の主要分野についても、意思決定の見直し作業が進められた。これは言うほどに簡単ではない。BATほどの規模の企業となると、膨大な数の組織で成り立っており、効率的な意思決定システムを構築するのは大仕事である。さらに、意思決定権とは権力にほかならず、人はそれを手放したがらない。

重要なのは、新しい意思決定システムに従って働く人たちの権限を見直すことだった。BATでは、ブロートンが複数のワーキンググループをつくり、それぞれ公式にも非公式にも次世代リーダーと目されている人たちに運営を任せた。

たとえば、ブロートンの後任としてCEOに就任したポール・アダムズは、当時地域事業本部を率いる立場であったが、ブランドや顧客管理に関する意思決定プロセスを再構築するチームを取りまとめた。

ブロートンは直属の部下を含め、他の経営陣には、各人の責任は上がってくる提案に助言することであり、否定することではないとはっきり伝えた。また、コンセンサスを求めるという一般的な過ちも犯さなかった。コンセンサスはえてして行動力を鈍らせる。そこで経営陣には、意思決定システムを変更するか否かを決めることが目標ではなく、変更することに熱意をもって取り組むように社内に促すことであると言い渡した。

意思決定権を統合整理したことで、グローバル・オペレーションと地域の柔軟性を両立させることに成功した。効率や集中力が高まったことはBATの業績が証明している。同社は一〇年近くにわたって、売上げ、利益、時価発行総額の伸びで競合他社の平均を上回っている。英国の株式市場では優良銘柄の一つとなり、たばこ業界でもグローバルプレーヤーとして再評価されるようになった。

製薬メーカー：本社対事業部のボトルネック

意思決定における鉄則は、しかるべき地位のしかるべき人物に最終判断を委ねることである。BATの場合ならば、スケールメリットを得るために、各地域事業本部の権限をグローバル調達チームにいくらかを移管する必要があった。

多くの企業において、経営陣と事業部長たちのパワーバランスが調整されている。意思決定権が本社部門に集中しすぎると、当の意思決定は次第に勢いを失い、ついには停止してしまう。本来ならば、現場で意思決定すべき案件を経営陣に上申してしまうことも、性格こそ異なれども、同じように意思決定の実行を鈍らせる。

実際、このような問題を経験している組織は多い。中小企業ならば、経営陣が、あるいは一人のリーダーが、あらゆる重要案件について適切な意思決定を下すこともできるだろう。しかし、組織が成長し、事業の複雑性が高まっていくと、隅から隅まで把握したうえで意思決定することは難しくなる。

マネジメントスタイルの変更も――CEOが交替することがそのきっかけとなる――似たような緊張を生じさせる。たとえば、英国の某大手流通企業では、重要な意思決定のすべてを創業者に委ねるのが習わしだった。

ところが、トップが代わり、後任者は経営陣にコンセンサスを求めるようになった。すると、経営陣たちは戸惑い、意思決定は遅れがちになった。よくあることだが、たいていの経営陣や取締役会は、この流通企業と同じように、マネジメントスタイルが変わった時、意思決定権を合わせて変更したりしない。

2000年の後半、製薬会社のアメリカン・ホーム・プロダクツ（現ワイス・ファーマシューティカルズ）では、あるビジネスチャンスをめぐって、この問題が頭をもたげた。同社の医薬品部門は買収と提携を通じて、バイオテック、ワクチン、そして伝統的な医薬品という三本柱を擁していた。

いずれも固有の市場特性、研究課題、業務上の課題を抱えていたが、主要な意思決定はすべて本社経営陣に上申されていた。その結果、「あらゆる議題をゼネラリストが検討していました」と、ワイスの北米およびグローバル事業担当の社長を務めるジョゼフ・M・マハディは言う。「つまり、最善の意思決定ではなかったのです」

やがてバイオテック事業に、千載一遇のチャンスが訪れた。慢性関節リューマチ治療薬であるエンブレル（一般名エタネルセプト）で、いっきに業界をリードできるかもしれないというのだ。ただし、発売のタイミングがカギを握っていた。この時、ワイスが抱えていた意思決定の問題が浮上してきた。

ライバルも同様の新薬開発を急ピッチで進めており、したがっていっそうのスピードが必要とされた。新工場を建設し、生産能力を拡大することもその一環であり、候補地はアイルランドのサウスカウンティ・ダブリンにあるグレンジキャッスル・ビジネスパークだった。

この意思決定は、何ともややこしいものだった。まず、無事当局の認可が得られるかどうか。また、世界最大のバイオ医薬品生産施設という、ワイスにすれば過去最大の投資（約20億ドル）でもある。しかも、そもそも新薬の需要の歩留まりは読みにくい。

さらに、エンブレルはイムネックス（現アムジェン）と共同販売する予定であった。したがって、グレンジキャッスルに生産施設を建設するに当たっては、技術的なノウハウの蓄積や移管、そして不確実な競争環境といった要素も考慮しなければならない。委員会は2社にまたがって存在しており、それゆえ有益な助言も得られず、経営陣は状況を把握するだけでも苦労した。

もちろん、チャンスは待ってくれない。そこでワイスは、グレンジキャッスルを初めて視察してから半年後、さっそく工場の建設に着手した。しかしこの時、より大きな問題に直面した。マーケティングや生産能力など、経営陣の助言が必要な場合に限っては上申するが、通常の場合には、業務知識に明るい現場が即断即決できるように意思決定プロセスを改革しなければならなかったのである。

微妙な問題については、これまで通り経営陣から是非を仰ぐが、グレンジキャッスルに関する決定権の大半が事業部長に委譲された。この投資にゴーサインが出された後、エンブレル事業の意思決定権は、バイオテック事業担当のエグゼクティブ・バイスプレジデント、キャバン・レッドモンドと彼のチームに委ねられた。

イムネックスと提携するにしても、そのための段取りは一筋縄にいかない。そこでレッドモンドは、バイオテック担当の製造部門をはじめ、マーケティング、需要予測、財務、R&Dなどのマネジャーたちから助言を集め、早々に手順についてまとめた。計画をきちんと遂行する責任は事業本部にある。この点は以前と変わらない。しかしいまや、レッドモンドはスタッフの力を借りながら、重要な意思決定を下すことができる。

これまでのところ、グレンジキャッスルへの投資はおおむね報われているといってよい。エンブレルはリューマチ薬の一大ブランドへと成長し、2005年前半には17億ドルを売り上げた。

また、ワイスの意思決定力も大きく向上した。2005年前半、FDA(米国食品医薬品局)が耐性菌感染症に有効な抗菌剤タイガシルの承認検査を優先的に実施すると発表した時も、機敏な行動を見せた。タイガシルの優位を確保するには、処理技術の改善、原材料の手配、品質管理の徹底、生産体制の構築など、さまざまな重要課題を取りまとめなければならなかった。そのため、現場を預かるバイオテック部門内の、さらに1ないし2段低い階層の管理職に意思決定を委譲した。

「官僚主義に陥ることなく、意思決定に関係各位を巻き込んでいく仕組みを整え、タイガシルの発売を急ぐことにしました」とマハディは言う。2005年6月16日、同薬はFDAに承認されたが、何とその3日後にワイスは量産体制に入った。

百貨店：部門間のボトルネック

組織の命運すら左右する決定的な意思決定というものは、複数部門にまたがる課題であることが少なくない。実際、「部門横断的なコラボレーション」はビジネスの金言となり、自社と顧客に最善の結論を導くうえで不可欠になっている。

たとえばトヨタ自動車やデルはそういったコラボレーションに定評があるとはいえ、彼らにしても、常に大きな課題になっている。独立独歩で仕事を進める部門が出てくれば、関連情報にうとくなったり、我々こそ関わるべきであると考える他部門から横やりを入れられたりすることもあるだろう。

部門横断的な重要課題は、えてしてまとめにくいものである。このせいで足踏みしているうちに、後々大きなツケを支払わされかねない。問題は、誰に意思決定権があるのかをはっきりさせていないことだ。

たとえば、某自動車メーカーでは、新車の発売が予定に間に合わなかった。もちろん大損失である。その原因は、マーケティング部門と製品開発部門のどちらが標準装備の内容や外装の色のバリエーションを決めるのか、はっきりしていないからだった。筆者らがマーケティング部門に標準装備の決定権はどちらにあるのかを質したところ、83％が「自分たちである」と答えた。一方、同じ質問を製品開発部門に聞いたところ、64％がやはり「自分たちである」と述べた（**章末**「意思決定がなかなか進まない」を参照）。

部門間の意思決定で支障を来すという問題は、流通業界でも珍しくない。1864年に1号店を開店し、現在英国を代表する百貨店であるジョン・ルイス・パートナーシップは、他の小売企業に比べれば、この問題を速やかに解決できる組織文化を持ち合わせている。20世紀初頭、創業者の息子であるジョン・スペダン・ルイスは、従業員持ち株制度を最初に導入した人物である。以来、経営陣と従業員との間に結ばれた固い絆は、業務のあらゆる面で見られる。それは、従業員数5万9600人、売上げ50億ポンドの規模に達した2004年時点でもそのまま維持されている。

協調とチームワークの伝統を誇るジョン・ルイスでさえ、部門横断的な意思決定は難しい。同社では、瓶詰めの塩と胡椒の品揃えを自慢にしており、他店では20種類程度しか並べていないが、50種類もの品を揃えている。バイヤーは、価格帯とデザインの傾向で売れ筋を絞れば、在庫切れが起こりにくく、売上げも増えると考えた。

ところが、実際にやってみると、売上げが落ちてしまった。バイヤーは、その原因が何なのか、陳列棚を見るまでまったく見当がつかなかった。バイヤーは販売スタッフと十分相談しないまま、この変更を実施したため、バイヤーの意図は店頭に反映されなかったのだ。品数を減らしたせいで、売り場スペースは半分に減らされ、当然、同じスペースを維持したまま、各種商品について在庫を確保するという所期の目的は達せられていなかった。

こうした意思決定の主導権という問題に取り組むに当たって、ジョン・ルイスではまず意思決定プロセスの各役割をはっきりさせた。その際、バイヤーには商品カテゴリーごとに配分すべきスペースを決定する権限を与えた。また販売スタッフには、そのスペースの決定に納得できなければ、バイヤーと交渉する権限を与える一方、商品陳列に関する責任を負わせた。このようにコミュニケーションを改善し、店頭陳列が計画通りに修正されると、塩や胡椒の売上げは、従来の水準をはるかに上回る結果となった。

塩と胡椒の小瓶をめぐる両者間の意思決定プロセスを整理するのは比較的やさしい。ジョン・ルイスにすれば、塩と胡椒の小瓶は数ある商品群の一つにすぎないからだ。しかし、全社的に意思決定プロセスを再構築するのは大仕事である。規模が大きくなればなるほど、部門間のボトルネックを解消するのが難しくなる。各部門の動機や目標はそれぞれ異なっており、これらがぶつかり合うことも少なくない。購買と販売、マーケティングと製品開発といった部門間で意思決定権の取り合いが起こった時には、どちらかにその権限を与えてしまうのがよい。誰かが価値の生み出されている場所を客観的に考え、それに従って意思決定の役割を割り振らなければならない。

しかし、部門間のボトルネックの解消は、意思決定権を移管するよりも、しかるべき情報の持ち主がそれを進んで共有するかどうかにかかっている場合が多い。もちろん最終意思決定権の所在をはっきりさせることは大切ではあるが、それ以上に重要なのは、決まったことを日常業務に織り込んでいくことなのだ（**章末**「ディシジョン・ドリブン組織」を参照）。

アウトドア用品メーカー：社内対社外のボトルネック

組織内の意思決定だけでも十分難しいにもかかわらず、遠く離れた外国の組織との間で事を決するとなると、さらに事態は複雑化する。このため、強固な戦略でさえ失敗に帰することがある。そこで、コストや品質上の優位性を得るためにアウトソーシングする時には、どの案件は社内で意思決定すべきか、またどの案件はアウトソーサーに意思決定を委ねるべきかを考えなければならない。

アウトソーシング以外でも、戦略的提携、たとえばグローバル展開する銀行がITベンダーの力を借りてシステムを開発したり、メディア企業がコンテンツを制作会社から購入したりする場合、あるいはフランチャイズ制で事業展開する場合なども、同様の問題を抱えがちである。

どちらが何について意思決定すべきかについて、唯一最善解はない。とはいえ、契約を結べば、後はうまくいくと考えるのは誤りである。米国のあるアウトドア用品メーカーは最近、低価格帯の屋外ガスストーブに進出しようと試みた際、そのことを思い知らされた。

同社では、中国企業に高級品の生産を委託しており、これまでのところ順調だった。そのような折、ウォルマート、ターゲット、ホーム・デポなどのディスカウントストアが台頭するにつれて、低価格品を提供しなければならず、海外生産をいっそう推し進める必要に迫られた。

スケジュールを考えると、失敗は許されなかった。何しろ2004年4月から6月にかけて工場の生産ラインを変更し、クリスマス商戦に間に合わせようというのだ。さっそく問題が噴出した。中国のパートナー企業は、コストはともかく、米国の消費者が求める品質水準についてあまりに無知だったのである。

米国本社からコスト高の設計が送られてくると、中国パートナーの工場長は、契約した価格で納めるために品質を落とした。たとえば、安物の原材料を使ったせいで、退色が起こった。製造は難しくないが、電源スイッチは使いにくい位置に取り付けられていた。鋳型成型が必要な複雑な部品を、複数の部品を溶接してつくったせいで、見栄えが損なわれた等々――。

これらの問題を解決するために、メーカーの経営陣はどの意思決定を太平洋のどちら側で下すべきか、線引きをはっきりさせなければならなかった。そこで、設計と製造のプロセスを5段階に分け、各段階で意思決定がどのように下されているのかについて検証した。また、設計仕様もより細かく指定し、それに製造現場がどのように対応すべきかをあらためて具体化させた。

以上の目的は、単純に決定権を割り振ることではなく、それぞれの意思決定からしかるべき価値を引き出すことだった。完成品の見栄えや使い心地に関わる意思決定については、米国本社の承認を義務付けた。一方、これら以外のことについては、中国側で決めてよいことにした。たとえば、見栄えや機能、手触りなどに影響を及ぼさない原材料については、中国パートナーの技術者が自主的に意思決定できることとしたのだ。

この体制変更を徹底するために、同社では技術者チームを中国に派遣し、設計仕様の受け渡しをより円滑化したり、本社に上申していては時間のかかる意思決定を現地で下したりした。

本社のマーケティング責任者は、消費者が自宅に持ち帰った商品を10分以内、6段階以下で組み立てられることを要求した。この時、中国に派遣された技術陣は、現地の製造チームにさまざまなアドバイスを提供し、それを実行させる責任を負った。

この一件は、大規模な設計変更が不可避であったため、最終決定権は本社に残した。一方、ロジスティックス関連の意思決定は、中国側の技術者チームの専決事項とした。その結果、梱包が工夫され、コンテナ1台当たりの積載量が3割以上も増え、輸送コストは大幅に削減された。

＊　＊　＊

会議に呼ばれて、「どうして私がここにいるんだろう」と思うことがかなり減ったと感じ始めたら、組織としての意思決定力が向上しつつある兆しといえる。会議を始める時、誰が助言し、誰が最終決定権を行使するのか、全員がわかっていれば、意思決定の質は高まる（**章末**「意思決定力の問診表」を参照）。

意思決定が苦手な組織を一夜にして達人に変えられる魔法はない。同じく、アクシデントや事業環境の変化をあらかじめ織り込んで計画を立案できるわけでもない。しかし、勝利する組織は、意思決定が隘路に入りそうな場面を見越したうえで、事業環境の変化に応じて意思決定権と各人の責任を見直している。もちろんたやすいことではない。しかしだからこそ、ライバルにすれば、真似するのは難しい。本稿で紹介した手順を踏めば、次の意思決定はずっとスムーズに下すことができるだろう。

意思決定の手引き

優れた意思決定を下すのは、明快かつ具体的に役割を割り振ることにかかっている。そう言われれば当たり前だが、大半の企業が意思決定に悪戦苦闘している。あまりにも多くの人たちが「自分の責務である」と勝手に思っているせいか、あるいは逆に誰もそう思っていないからだ。

RAPIDをはじめ、意思決定支援ツールは、役割を割り振ったり、関係者を巻き込んだりするうえで効果的だ。カギとなるのは、誰が助言を提供し、誰に最終決定権があり、誰がそれを実行するのかをはっきりさせることにある。

RAPIDの5文字は、重要な意思決定の役割に応じたものだ。「提案」(R：recommend)、「同意」(A：agree)、「実行」(P：perform)、「助言」(I：input)、「意思決定」(D：decide)である。ただし、読み進んでもらえばわかる通り、必ずしもこの順番とは限らない。覚えやすくするための頭文字と割り切ってほしい。

R…提案

この役割を担う人は、提案し、助言を仰ぎ、正確なデータや分析を提供し、タイムリーかつ分別ある意思決定を支援する責任を負う。提案をまとめるうえでは、助言者と相談し、さらに彼ら彼女らを当事者として巻き込んでいかなければならない。提案者には分析スキル、常識、そして社内を如才なくまとめる力が必要である。

A…同意

この役割を担う人は、提案についての是非を述べる役割を担う。是非を決めるに当たっては、できるだけ提案者と議論すべきである。むろん、提案内容を改善するためだ。しかし、なかなか決着がつかなかったり、どうしても合意に達しなかったりする場合、決定権の持ち主に上申する。

I…助言

この役割を担う人は、意思決定を下すうえでの相談を受ける。助言者はたいてい実行にも関わっているものであり、提案者はこの助言を真摯に受け止めなければならない。とはいえ、それを絶対に受け入れる必要はないが、だからといって、ないがしろにしてはならない。しかるべき人が関わっていなかったり、やる気に欠けていたりすれば、何を決めても実行段階でぐらつきやすくなる。

D…意思決定

この役割を担う人は、正式な意思決定者としての権限を有する。決定事項について最終的な責任を負い、意思決定プロセスのあらゆる問題についても裁定する権限を持ち、組織に実行を促す責任を負う。

P…実行

ひとたび決定が下されたら、ある個人かグループが、その実行の責任を負う。場合によっては、決定した人々が実行者になることもある。

優れた意思決定を下すには、これらの役割を書き出し、責任を割り振るのは必要不可欠だが、これに続くプロセスも大切である。各役割を担う人を増やしすぎると、その重みでプロセスが崩壊しかねない。最も効率的なのは、具体的でありながら、必要に応じて応用を利かせられるだけのシンプルさを確保することだ。

意思決定プロセスが足踏みし始めたら、えてして3つの問題発生ポイントに起因している。第1は、誰に最終決定権があるのかがはっきりしていないこと。2人以上の人間がこの権利を主張し始めると、意思決定プロセスは主導権争いの狭間で膠着してしまう。この逆も、同じくらい性質が悪い。誰も重要な意思決定に責任を負わないことで問題が生じる。

第2に、提案への拒否権を持つ人が多すぎると、提案者は頭を抱えるはめになる。また、社内に賛同者が多すぎると、その意思決定はたいてい十分社内に浸透しない。第3に、助言者が多すぎれば、少なくともその一部は、これといった貢献を果たしていない証拠である。

意思決定がなかなか進まない

筆者らが調査した某自動車メーカーでは、マーケティング部門と製品開発部門のどちらが新製品に関する決定権を持つのか、混乱を来していた。

「標準装備の中身について決める部門はどこか」

この問いについて、製品開発部門の64％が「自分たちである」と答え、マーケティング部門の83％も「自分たちである」と答えた。

「車体の色に関する決定権はどちらにあるのか」

この問いについて、製品開発部門の77％が「自分たちである」と答え、マーケティング部門の61％も「自分たちである」と答えた。

新車の発売が遅れたのも無理はない。

ディシジョン・ドリブン組織

高業績組織の特徴は、優れた意思決定を素早く下せることだ。そのような特徴を有する組織の大半が、次のような原則に従っている。

意思決定の優先順位をはっきりさせる

事業価値の創出につながる意思決定を何より重視する。そのいくつかは大きな戦略上の意思決定となるが、日常的な意思決定もそれに劣らず重要であり、戦略を効率的に実践するうえで欠かせない。

行動こそ目標

優れた意思決定は、それだけに終わることなく、その後の実行を伴わなければならない。もちろん、組織を挙げて行動しなければならないが、コンセンサスを得ることが目標ではない。コンセンサスはえてして行動を妨げる。大切なのは、みんなが当事者意識をもって取り組むことである。

曖昧さを排す

責任の所在を明らかにする必要がある。誰が助言するのか、判断するのは誰か、そして実行するのは誰か。それをきちんと決めておかないと、意思決定が隘路に入り、どんどん遅れていくのが関の山である。単純明快とは、必ずしも少人数に権限を集中させることではない。誰が意思決定し、助言し、実行責任を負っているのかをはっきりさせることにほかならない。

スピードと適応力が欠かせない

優れた意思決定を素早く下せる企業の新陳代謝は高い。それゆえ、チャンスを確実につかみ、障害を乗り越える。意思決定力に優れた人は、人々がすぐに集まり、最も大切なことについてすんなり意思決定できるような組織環境を整える。

意思決定は肩書きに優先する

どのような意思決定メカニズムを構築しても、あらゆる状況において優れた意思決定が下せるというわけではない。問題は、その状況に最もふさわしい適材を配置することだ。

風通しのよい組織は役割を強める

意思決定にまつわる役割を明確にすることは欠かせないが、それだけで十分とはいえない。正しい意思決定アプローチについて、その評価法、インセンティブ、情報の流れ、組織文化などによって強化を図らない限り、意思決定志向は定着しない。

論より行動

意思決定にまつわる役割を決める際には、そこで新たな役割を担う人々を巻き込むことだ。新たな意思決定について彼ら彼女らに考えさせることで、状況への適応が促される。

意思決定力の問診表

あなたが関わった直近の意思決定3つについて振り返り、次の質問に自問自答してみてほしい。

❶その意思決定は適切なものだったか。
❷しかるべきスピードで決断したか。
❸それはきちんと実行されているか。
❹しかるべき人たちが関わっていたか。
❺次の点ははっきりしていたか。
●誰が解決策を提案したか。
●誰が助言したか。
●誰に最終決定権があったか。
●誰が実行の責任を負ったか。
❻意思決定の役割分担、プロセス、期限は守られたか。
❼その意思決定は事実に基づいていたか。

❽異論や反証があっても、最終決定権の所在は明らかだったか。
❾その意思決定者は、社内のしかるべき職位の人物か。
❿業績評価基準やインセンティブは正しい意思決定を促すものか。

『Harvard Business Review』（HBR）とは

ハーバード・ビジネス・スクールの教育理念に基づいて、1922年、同校の機関誌として創刊された世界最古のマネジメント誌。米国内では29万人のエグゼクティブに購読され、日本、ドイツ、イタリア、BRICs諸国、南米主要国など、世界60万人のビジネスリーダーやプロフェッショナルに愛読されている。

『DIAMONDハーバード・ビジネス・レビュー』（DHBR）とは

HBR誌の日本語版として、米国以外では世界で最も早く、1976年に創刊。「社会を変えようとする意志を持ったリーダーのための雑誌」として、毎号HBR論文と日本オリジナルの記事を組み合わせ、時宜に合ったテーマを特集として掲載。多くの経営者やコンサルタント、若手リーダー層から支持され、また企業の管理職研修や企業内大学、ビジネススクールの教材としても利用されている。

ハーバード・ビジネス・レビュー 戦略論文ベスト10
戦略の教科書

2019年 9 月11日　第 1 刷発行
2023年 2 月21日　第 3 刷発行

編　者――ハーバード・ビジネス・レビュー編集部
訳　者――DIAMONDハーバード・ビジネス・レビュー編集部
発行所――ダイヤモンド社
〒150-8409　東京都渋谷区神宮前6-12-17
https://www.diamond.co.jp/
電話／03･5778･7228（編集）　03･5778･7240（販売）
装丁デザイン―デザインワークショップJIN（遠藤陽一）
製作進行――ダイヤモンド・グラフィック社
印刷・製本―三松堂
編集担当――小島健志

ISBN 978-4-478-10746-1